I0767041

Misión, eliminar la pobreza mundial

Capítulo I

Primera reunión de los 5 hombres y 5 mujeres, más ricos del mundo;

 Sera durante 3 días, contando cada día con seis horas de discusión de los siguientes temas;

- ¿Que es el mundo para nosotros?

- ¿Cómo vemos las culturas que nos rodean a nivel mundial?

- ¿Que podemos ofrecer a la población para que tenga un mundo que cumpla con sus expectativas?

- ¿Cuál es nuestro legado, que pensamos dejar, para ser recordados por siempre?

-Exposición y unión de ideas.

-Creatividad y Proyectos.

Al entrar a la sala de exposiciones brilla con un gran resplandor, al observar a la derecha hay un epitafio, enmarcado como en oro y dice;

Si murieras hoy, que desdicha.

Si murieras hoy, que dejarías.

Si murieras hoy, que te falta por hacer.

Si murieras hoy, cuáles serían tus últimas palabras.

Si murieras hoy, cual sería tu último deseo.

Respira profundo y date cuenta que la vida es hermosa.

Estas vivo, simplemente para dar lo mejor de ti.

La vida que tienes te pertenece, vívela con sabiduría.

Que el mundo sea testigo de que vives y que te falta mucho por hacer.

Continuo mi camino, subimos unas escaleras, se observa una puerta plateada, entramos es un lugar esplendoroso, se siente un olor agradable como a romero y lavanda que despierta todos mis sentidos. Existe una mesa grande donde están doce asientos, no hay lugar para los medios masivos de comunicación, va ser una reunión confidencial donde nosotros como escritores sabremos lo que ocurre y lo tendremos plasmado con letras, el otro escritor no lo conozco, pero lo veo que esta asombrado por la belleza, el lujo que nos rodea, observo otro pergamino, enmarcado como en oro que dice;

Hoy este día es el más importante de tu vida.

Hoy estas presente, disfrutando de tus sentidos.

Hoy eres dueño de este instante.

Hoy depende de ti, si estás dispuesto hacer creativo.

Hoy depende de ti, si te sensibilizas.

Hoy depende de ti, si sientes la energía como recorre tu cuerpo.

Hoy depende de ti, si sientes el espíritu en tu cuerpo, en tu corazón.

Hoy simplemente, hoy eres dueño de este instante.

Hoy trascenderás en el mundo, porque el ayer ahí quedo.

Hoy trascenderás por siempre, porque el futuro es incierto.

Continuamos observando las instalaciones nos dirigimos a un pasillo, lleno de cuadros de pintores famosos, al terminar hay una puerta hermosa de madera la abren, hay otra puerta de cristal es algo fantástico, un jardín esplendoroso con cascadas artificiales, mariposas, se escucha el silbido de las aves, como un canto especial que fascina mis oídos, la caída del agua se escucha, como si los ruidos se unieran y expresaran una melodía. Continuamos nuestro camino, todos los rostros se ven encantados, subimos unos escalones, automáticamente se abre una puerta grande, se encienden las luces, al centro hay una orquesta que comienza a tocar una melodía suave, siento que hace vibrar todo mí cuerpo, no sé si sea la ubicación del salón, la arquitectura, pero es un sonido que nunca había escuchado y eso que he asistido a infinidad de conciertos.

En el camino a mi asiento, observo una sala gigante hay infinidad de pinturas de compositores famosos, incluso hay un letrero que dice "La música más hermosa del mundo aquí la escucharas". Hay otro pergamino a la derecha a unos pasos de la sala de los cuadros de los compositores trascendentes durante varias épocas. Dice;

La música es un lenguaje universal

Cada nota refleja la lucha constante.

Cada instrumento en conjunto crea el lado espiritual.

La música es vida, es energía para el alma.

La música es alegría, es nostalgia, es amor.

La música activa los sentidos.

La música es agua en el desierto.

La música es la expresión de que están presentes sus autores por siempre.

La música refleja que de la nada surge la creatividad.

La música nos enseña que los milagros existen.

Que lo imposible se hace posible en el descubrimiento del infinito.

La música es como el oro brilla, pero ilumina nuestro espíritu.

Continuamos nuestro camino salimos de ese gran lugar, entramos a algo muy brillante, la luz es natural como si estuviéramos afuera, oh es grandioso, es un acuario gigantesco, hay muchos asientos de color blanco, me siento que suavidad, nos dan una bebida, sabe cómo a frutas, su olor es esquicito, me quedo asombrado de la arquitectura del lugar, me imagino que estoy buceando, pero puedo respirar bien, es una fauna fabulosa, arriba, abajo, a los alrededores, estamos como en una capsula o submarino, se asemeja, me asombro de la creatividad, como el cerebro es tan fabuloso, que como decía el pergamino pasado, lo imposible se puede hacer posible. La imaginación y el querer hacer las cosas van de la mano, otro pergamino hay, se observa como si estuviese dentro del mar, está dentro de la pecera gigante en un arrecife fabuloso dice;

El mar es inmensidad.

El mar es un mundo todavía desconocido.

El mar es algo magnífico de la creación.

El mar nos enseña que lo que nos rodea es maravilloso.

El mar nos dice que el conocimiento nunca termina.

El mar nos expresa que cada día, cada instante, hay algo nuevo por conocer.

La lucha constante nos hace encontrar otros caminos.

El amor a lo que hacemos, nos hace como el mar, incansables.

El mar está en constante cambio, su energía e inmensidad, se observan y se sienten.

El mar es belleza, es temor, es tempestad, es destrucción.

El respetar sus estados de ánimo, es semejante al respeto de nuestros semejantes.

Cada persona es única, como es único lo que nos rodea.

El mar es inspiración, es respeto, es energía, es fuerza, es amor.

Continuamos nuestro majestuoso camino es grandioso este lugar, su olor es grandioso se siente frescura, energía a la vez, se oye un sonido inmenso es una cascada gigante no se escucha su ruido simplemente la observo es fantástica, me imagino tocarla, pero me lo impide un vidrio transparente, a un costado hay una mesa en forma rectangular con términos en forma redonda son catorce sillas modernísimas me siento que suavidad, al costado está un panel, está un jefe de ceremonia anunciando:

Nos hemos reunido este día con la única vocación de hacer que el mundo nos recuerde por siempre, no solo por las riquezas materiales, si no por el brillo que está por surgir hacia el lado humano, en donde el desarrollo se manifiesta como la luz que ilumina corazones, las puertas están abiertas para cualquier persona que desee alcanzar el éxito, transmitiéndolo a la sociedad a través de un proyecto que beneficie al mundo y como objetivo general, nuestra misión, eliminar la pobreza mundial, es algo muy difícil, pero que en esta vida es sencillo nada es regalado, al contrario esta vida necesita de líderes dispuestos a luchar con valentía, coraje, humanismo, decisión, amor.

Tenemos la presencia de los líderes más destacados del mundo que nos han impactado con sus riquezas, son los cinco hombres y cinco mujeres más ricos del mundo, hoy en este día quieren pasar a la historia al enfrentar el desafío más importante en sus vidas su Misión, eliminar la pobreza mundial, señoras y señores esta es una reunión confidencial por seguridad sé que decidieron cambiar su nombre, pero están comprometidos que al final del proyecto conoceremos sus nombres completos, les damos una calurosa bienvenida presento a la señora Katherine, quedo sorprendido todos se incorporan a sus respetivos lugares, tienen un antifaz dorado su vestimenta es blanca con bordados morados alrededor y en el centro un sol resplandeciente, la señora Katherine está en el lujoso panel para dar su discurso, compañeros de la industria y los negocios es un honor estar entre ustedes con el objetivo general de cambiar el mundo en donde el bienestar, la sonrisa, la felicidad, sea una parte de logro para cada rincón, eliminando la pobreza tendremos otra visión, contribuiremos dejando una huella que dure por siempre, suenan los aplausos, el jefe de ceremonia atento agradece a la señora Katherine a continuación el señor Markl jefe de desarrollo humano, nos va hablar de cómo se llevó a cabo el concurso para designar a los doce participantes seis mujeres y seis hombres, este proyecto se inició hace cuatro años se realizó una convocatoria mundial en donde se presentó, en cada lugar, en cada rincón, se le dio tal difusión, que no hubo quien no se enterara de este fantástico evento, la convocatoria decía así;

Misión, eliminar la pobreza mundial

Por medio del día presente se convoca a todo el mundo, no importando, religión, sexo, cultura, estatus social, únicamente que tenga como objetivo ayudar con un proyecto sofisticado para eliminar la pobreza en el mundo.

Requisitos físicos;

-Contar con excelente salud: es muy importante la salud, ya que se van a realizar pruebas físicas, incluso de alto rendimiento y si eres el ganador, vas a viajar por todo el mundo para dar a conocer tú proyecto y debe ser un ejemplo a seguir.

-Condición física excelente: debes practicar un deporte frecuentemente y haber destacado, que tu físico, sea atlético, durante la competencia te vas a someter a esfuerzos de elite, se te va dar un entrenamiento, pero debes tener antecedentes deportivos.

Requisitos Psicológicos;

-Debes estar sano mentalmente, manejar tus emociones adecuadamente al lugar o al tiempo en donde estés.

-Tener control mental, porque estarás bajo constante presión, que incluso evitaras darte por vencido.

-Ser gran motivador: que lleves a tu equipo al éxito ante las adversidades

-Ser un gran líder: pensando por siempre en el lado humano, contribuir para el desarrollo de la sociedad.

8

-Tener una historia de vida en donde hayan pasado dificultades, donde la pobreza haya sido latente, sufrimiento extremo, donde se hayan superado todas las dificultades y convertirse en una persona que se está iniciando para el éxito o que ya lo consiguió.

Requisitos éticos y morales;

-Tener una conducta ejemplar: de acuerdo a los estándares culturales, sociales del mundo, ser una persona de gran educación y de comportamientos altruistas, sabios e inteligentes de ayuda a los necesitados.

-Honradez: Muy importante, la honestidad, saber la responsabilidad que se tiene al presentar un gran proyecto, no haber cometido ningún delito, ni haber ocasionado mal a ningún ser viviente.

-Disciplina: ser responsable, puntual en horarios, proyectos, citas, seguir ideales con respeto y con un fin de desarrollo, ser disciplinado en todo lo que te rodea.

-Respetar: a mí mismo y mis semejantes, no importando su cultura, preferencia social, respetar el eslogan ¨cada persona es dueña de su vida no afectando a terceros al contrario beneficiando a todo el mundo que este a su alcance¨.

Requisitos especiales:

-Deseos de superación: contribuyendo al desarrollo de la sociedad en general, ¨no darme por vencido ante los retos por muy sofisticados o difíciles que parezcan¨.

-Desear dejar una huella positiva en este mundo: ¨luchar día con día por ser mejor, más humano, más sabio, más realista, de que los sueños se pueden hacer realidad con constancia, determinación, focalización y liderazgo¨.

-Comprometidos con ustedes y los tuyos: "qué camines con la frente en alto, que en tu interior sepas que eres capaz de ayudar, de que tu proyecto es valioso, es más que eso, es un proyecto de vida en donde el universo es testigo de tu amor, sinceridad y cada gota de sudor te respalda con el sello de la perseverancia, realizado con la gratificación de haber dado el mayor esfuerzo hoy".

-Que en tu corazón exista paz: "que a tu alrededor exista amor, que ilumine el camino de la tristeza, que tu espiritualidad, felicidad, logro se han dignos de la belleza natural, que tu logro reúna corazones, mentes brillantes que no se detengan, con un solo objetivo de beneficiar a los que más lo necesiten, que tus herramientas poderosas se manifiesten en la felicidad, alegría y amor".

-Que tus pensamientos estén en el horizonte: "Tu mentalidad tiene que ser global, no pensar en unos cuantos, tu estrategia debe abrir infinidad de corazones, que tu energía se vea reflejada mayormente que la velocidad de la luz por el mundo, que tu luz ilumine toda la obscuridad existente, que llene de ideas y que se sepa que lo imposible suele ser posible".

Esta evaluación se llevará a cabo durante dos años, con las mejores mentes del mundo, solo serán doce ganadores 6 mujeres y 6 hombres dispuestos a entregar la vida y el alma, no solo por el premio del primer lugar, si no por cumplir con la Misión, eliminar la pobreza mundial.

Soy su servidor Markl, hoy es un gran día se cumplieron cuatro años en lo que inicio el proyecto dos años de la estructura y dos años para seleccionar a los doce ganadores, los tendremos un año en una isla del océano índico, en donde se va llevar a cabo una evaluación inmensa para encontrar el proyecto ganador que erradique la pobreza en el mundo y que el ganador cuente con la mentalidad de transmitir los valores de su proyecto, que su imagen sea de fortaleza hacia las futuras generaciones, todo esto va ser confidencial debido a lo fantástico del proyecto, únicamente nosotros somos conscientes, de nuestras metas, objetivos, logros, que vamos a conseguir para el mundo.

Soy Markl entrego el alma y el corazón en este proyecto, guarda silencio, se escuchan unos aplausos llenos de energía, entrega, fortaleza, el jefe de ceremonia Anthoni, está impaciente esperando que dejen de sonar los aplausos para intervenir, gracias al señor Markl Jefe de Desarrollo Humano, comienza hoy una gran travesía, nuestro barcos, están conscientes del rumbo que llevan, nuestras brújulas nos indican el camino esencial, pero nosotros deseamos buscar más y nos aventuramos a conocer infinidad de caminos para solucionar un problema mundial que está en nuestras manos, ha sido un camino difícil, con muchos obstáculos, pero al final, nuestro interés, nuestro coraje positivo a salido triunfante.

Estamos a poco tiempo de pasar a la historia, convirtiendo lo irreal en real, encontrando las soluciones, para desaparecer el sufrimiento que transmite la pobreza, hoy el universo es testigo de nuestro proyecto, es algo único en la vida, durante la historia del mundo jamás puesto en práctica, somos conscientes del trabajo constante que ya empieza a dar frutos tenemos a los doce participantes llenos de energía y atentos al gran compromiso que les espera, están listos por comenzar, por hacer historia en esta gran concurso, guarda silencio Anthoni y se escuchan unos aplausos, por favor señoras y señores tomemos 30 minutos de descanso vamos a disfrutar un delicioso postre realizado por nuestros magníficos chefs, termina el discurso todos caminan hacia otra sala se abre y huele delicioso, yo me quedo en la sala de juntas observo a mi alrededor quedo como siempre asombrado por el gran lujo que la rodea me dirijo hacia la cascada cubierta por el vidrio casi natural, lo único que elimina el ruido de la cascada por que la belleza es incomparable, rodeada de vegetación, observo al lado izquierdo, oh como no me di cuenta otro pergamino luce resplandeciente y dice:

Los milagros son como el agua en el desierto

Mi riqueza no solo es material, mi sabiduría es riqueza.

No fue fácil alcanzar mis metas mi mente me decía no puedes, es mucho para ti, es difícil.

Continúe mi camino con la esperanza de soñar y ver plasmados esos sueños en la realidad, algún día.

Hubo ocasiones en las que no encontraba salida, intente irme por el camino fácil, pero algo me lo impedía.

Varias personas me dijeron que era imposible, que no me hiciera ilusiones, incluso reían por mis sueños, por eso deje de contarlos y me hice dueño de ellos.

Cuando empecé a darme cuenta que los milagros existen, mi perspectiva cambio, la energía volvió a mi cuerpo, sentí un calor inmenso, mi rostro resplandeció.

Las personas a mí alrededor agregaron varias justificaciones hacia mi éxito, no creyeron en que los milagros existen.

Me rodee de personas positivas, espirituales, emprendedoras, mi vida cambio.

Dios me cobijo con un manto maravilloso lleno de luz, en donde la felicidad me rodeo y supe mi verdadero oficio de estar a aquí en esta tierra fantástica y hermosa.

Los milagros existen, porque muchas veces llegan en tiempos de tempestad, obscuridad, cuando piensas que no hay salida, tocan a tu puerta.

Cuando sientes desfallecer, el agua en el desierto aparece, es el gran milagro que te refresca, que te revive, que te da fortaleza para continuar.

En el mundo únicamente el 1 por ciento de la población, sabe que los milagros existen y son los que van hacer de nuestra tierra un lugar magnífico y fantástico.

Los milagros existen…

Que bello pergamino coincide con esta gran sala, con esta gran belleza, con lo que está aconteciendo en este lugar, ¿porque no quieren que nadie se entere de esta gran reunión?, ¡tiene miedo a fallar con esta gran responsabilidad! En fin sacare luego mis deducciones, salgo de la sala me dirijo a un lugar que huele riquísimo, es un colorido majestuoso, es una mesa impresionante rodeada de chefs y los comensales, se me abrió el apetito, aquí todas las salas son muy grandes, tomo una tarta la huelo, su aroma frutal y el recién salido del horno, comienzo a comerla, recorro el gran lugar varios comen, a la vez platican, voy a tomar un café, observo un cuadro encima de una ventana sin vidrio en donde se observan los cocineros, trabajando extenuantemente, se ve alegría, coordinación, observo el letrero y dice:

El postre y su delicia

Mis ojos te observan, eres magnífico.

Mi olfato te percibe, como lo más delicioso.

Mi paladar te disfruta, sintiendo cada ingrediente en mi gusto.

Despúes disfrutarte mi estómago lo agradece, quiero más.

Es creado con manos artesanas que entregan el máximo esfuerzo en su elaboración.

La elaboración de un producto único, te da personalidad, te hace notar ante las multitudes.

Cuando haces algo con amor, delicadeza, con grandeza y decisión, tu espíritu se engrandece.

Cuando haces lo que te gusta, cuando puedes dedicar tu vida al trabajo en el que sueñas, estás enamorado y eres capaz de hacerlo gratis únicamente por el gusto y la satisfacción.

Haz cruzado la barrera, de saber porque estás en este mundo.

El postre y su delicia es mi carta de presentación, es mi amor y mi espiritualidad transmitida a la vez.

El postre y su delicia, me llena de motivación y emoción porque sé que contribuyo para ser un mundo mejor.

Oye que bien es maravilloso leer en cada lugar palabras y palabras que si las analizas bien, tienen un gran significado, que al tocar el corazón te vuelven más espiritual, continuo, hay una cascada gigante de chocolate ,los chefs proporcionan infinidad de frutas frescas, como si fuese una brocheta, parezco niño emocionado, si esto lo hubiera visto en mi niñez, yo creo que me imaginaria en una tierra de cuento, que grandioso lugar, están dando indicaciones que en cinco minutos comienza nuevamente el encuentro en la sala de juntas, disfruto de mi brocheta súper especial de frutas frescas con chocolate continuo mi camino, varias personas están ingresando, ya casi termino, yo también lo voy hacer, voy por un chocolate, para estar en mis cinco sentidos atento a las grandiosidades que siguen, sinceramente no lo puedo creer de tener el privilegio de estar aquí y escuchar lo que cualquiera en el mundo quisiera saber es un gran privilegio, lo voy aprovechar al máximo, sé que es algo que jamás se va a repetir en vida, entro a la hermosa sala, tomo mi asiento dice sr. Richc en el gafete, me siento como en mi escritorio, sube a la tribuna Anthoni con un caminado seguro optimista, su traje casi color oro lo distingue con elegancia, bienvenidos nuevamente señoras y señores, es una maravilla encontrarnos en este gran lugar para ser testigos de estas palabras que están siendo grabadas en nuestra mente y corazón, este día es único, comenzamos nuevamente la continuación de un gran proyecto que beneficiara a toda la humanidad, hoy somos desconocidos en todo el mundo, nadie sabe de nuestra reunión, pero al final del proyecto nos conocerán, hasta en el rincón más escondido de la tierra gozaran de nuestros beneficios, que con ayuda de toda la población participante haremos de este mundo una gran comunidad que pasara a la historia, en donde las futuras generaciones van a saber de nuestra semilla y del cultivo, ellos van a disfrutar del fruto, a continuar el habito de hacer crecer el proyecto día con día, suenan unos aplausos energizantes.

La señorita Laeva CEO Desarrollo Integral externo e interno de personalidad nos va a mencionar brevemente el perfil de las doce personas que estarán en la competencia por el primer lugar y la realización de su proyecto. Colaboradores, fundadores de este gran proyecto, estamos aquí presentes para dar a conocer las características específicas de los concursantes, fue un trabajo en conjunto, muy difícil en la forma de seleccionar a los doce, ya que se presentaron multitudes de trabajos importantes para el desarrollo, pero las personalidades siguientes han dado su mayor esfuerzo y están comprometidos a seguir, aumentando su potencial, porque saben el compromiso tan grande que les espera, al conocerlos a los doce, observe que cada uno de ellos cuenta con una magia especial, con un sentido espiritual altruista de carácter mundial, doy por inaugurado y un gran inicio del grandioso proyecto, comenzamos;

DAMAS:

1.- Nombre: Florencet

    Edad: 28 años

    País: Canadá

    Profesión: Ingeniero geólogo

    Proyecto: Agua potable para todo el mundo

    Deporte: Gimnasta

    Idioma: Inglés y Francés

    Altruismo para el mundo: Por medio del agua pura cumplir con la necesidad primordial.

2.- Nombre: Rosalinda

    Edad: 32 años

    País: México

    Profesión: Ingeniero en alimentos

    Proyecto: Alimentación nutritiva para el mundo

Deporte: Natación

Idioma: Español, Inglés, Japonés

Altruismo para el mundo: crear tus propios alimentos que sean nutritivos y agradables.

3.- Nombre: Joharim

Edad: 29 años

País: Sudáfrica

Profesión: Maestría en Negocios internacionales

Proyecto: Trabajo para todo el mundo

Deporte: Ciclismo

Idioma: Inglés, Alemán, Portugués.

Altruismo para el mundo: crear empleos para que beneficien a todas las sociedades.

4.- Nombre: Giselle

Edad: 31 años

País: Alemania

Profesión: Psicólogo

Proyecto: Crear una mentalidad positiva en todo el mundo

Deporte: Atletismo

Idioma: Inglés, Alemán, Francés.

Altruismo para el mundo: Indicar y darle seguimiento a las fortalezas personales

5.- Nombre: Akeilas

Edad: 34 años

País: Rusia

Profesión: Medico

Proyecto: Salud para todo el mundo

Deporte: Patinaje artístico sobre hielo

Idioma: Ruso, Inglés, Alemán, Francés

Altruismo para el mundo: Salud física y mental para erradicar la pobreza mundial.

6.- Nombre: Queenie

Edad: 37 años

País: Australia

Profesión: Ingeniero en Telecomunicaciones

Proyecto: Evitar el cambio climático

Deporte: Natación

Idioma: Inglés, Griego, Italiano

Altruismo para el mundo: por medio de las telecomunicaciones crear en todo el mundo programas para que haya riqueza natural y económica.

CABALLEROS

7.- Nombre: Akiakv

Edad: 38 años

País: Alaska

Profesión: Ingeniero Industrial

Proyecto: crear industrias que faciliten la alimentación

Deporte: Patinaje artístico sobre hielo

Idioma: Inglés, Francés, Ruso

Altruismo para el mundo: el desarrollo de industrias para alimentar al mundo, con productos de fácil transportación y que caduquen en 10 años.

8.- Nombre: Joao

Edad: 39 años

País: Brasil

Profesión: Ingeniero Aeroespacial

Proyecto: creación de materiales para construcción

Deporte: Futbol

Idioma: Portugués, Inglés

Altruismo para el mundo: Recolección de basura y desechos, para crear materiales resistentes para que todo mundo cuente con viviendas.

9.- Nombre: Winstond

Edad: 30 años

País: Inglaterra

Profesión: Chef

Proyecto: Alimentación de calidad

Deporte: Rugby

Idioma: Inglés, Español, Francés

Altruismo para el mundo: Crear a nivel mundial centros de alimentación para la población en general.

10.-Nombre: Jenst

Edad: 31 años

País: Dinamarca

Profesión: Doctor en filosofía

Proyecto: construir felicidad

Deporte: Rugby

Idioma: Danés, Inglés,

Altruismo para el mundo: Se han encontrado que la felicidad es una necesidad mundial, objetivo específico hacer organizaciones en todo el mundo dedicadas a la felicidad.

11.-Nombre: Mahatmae

Edad: 24 años

País: India

Profesión: Físico matemático

Proyecto: prestar dinero para creación de negocios que den empleo

Deporte: Yoga

Idioma: Hindi, Inglés, Español, Francés, Italiano, Ruso, Chino

Altruismo para el mundo: Utilizar la creatividad e innovación para fomentar que la población en el mundo cree sus propios empleos proporcionándoles financiamiento a los proyectos que tengan futuro.

12.- Nombre: Ryud

Edad: 27 años

País: Japón

Profesión: Ingeniero en electrónica

Proyecto: Aprovechamiento de la energía solar

Deporte: Karate

Idioma: Japonés, Inglés, Alemán

Altruismo para el mundo: Utilizar la energía solar para desaparecer la pobreza en el mundo, transportes con energía solar, electricidad, alimentos.

El perfil de todos los finalistas es genial, va ser muy difícil para los jueces escoger al ganador, todos cuentan con un proyecto grandioso digno de premiar en conexión con las sociedades, con la manifestación más grande de la "Misión, eliminar la pobreza mundial", sobre sus hombros está el peso indescifrable, de la gran responsabilidad que tienen sobre un tema de todos los tiempos, un tema que no ha tenido solución, un tema que un solo milagro lo puede salvar, ese gran milagro que nos identifica en este gran proyecto, en donde cada paso cuenta, en donde se entregara el alma, el corazón y las ideas plasmadas en la realidad, hoy es un gran día lleno de retos y de apoyo incomparable, la sabiduría es la única herramienta que puede salvar este grande proyecto, los milagros existen pero hay que trabajar y alcanzar la máxima determinación de atreverse a hacer lo que otros no han realizado, ese algo que nos hará trascender a través de la historia, a través de cada sonrisa, a través de cada suspiro, a través del amor.

Cualquier persona en el mundo tuvo la gran oportunidad de pertenecer a este gran grupo, cualquier persona tuvo la oportunidad de ver plasmadas sus ideas, estas doce personalidades, son los mejores del mundo que van a tomar la decisión de contribuir a algo único, algo grandioso, que es el desarrollo mundial, de los individuos que más lo necesitan, gracias soy Laeva, entrego como todos, mi corazón en este gran proyecto. Se escucha un breve instante de silencio, suena como un trueno enérgico una bomba de aplausos, se ve el entusiasmo, la energía y la gran responsabilidad que amerita el gran proyecto, no paran lo aplausos, el señor Richc se acerca al estrado el micrófono lo espera.

Señoras y señores, que asombroso es conocer toda la magia de este gran proyecto y saber de antemano la gran responsabilidad que corre por la venas de todos los organizadores, participantes, mentores, profesores, creadores de este gran proyecto, hoy es un día único lleno de aprendizaje y conocimiento para alcanzar lo más importante que es la sabiduría, los cuestionamientos van a surgir, de la importancia de la confidencialidad de este proyecto, la manifestación de ideas se pueden detener por personas negativas o sin conocimientos de la importancia de proyectos que contribuyan al desarrollo y crecimiento, la coordinación es relevante en el logro de objetivos, por tal motivo la prensa quedo a un lado, abordándola de manera respetuosa que en cuanto se encuentren los resultados esperados, se dará un paso importante no solo para comunicárselo a los medios, si no que todo el mundo sea testigo de la eficacia del proyecto, lo que muchas veces se puede observar o imaginar cómo una utopía, puede ser real consiguiendo el milagro más grande, en donde no se encontraba alternativa, nosotros estamos jugando nuestras cartas reales de la trascendencia mundial, en donde se observaba un desierto estamos dispuestos a encontrar agua, en donde existía hambre, estamos dispuesto a crear una forma clara de desenvolvimiento estructurado para erradicar la pobreza mundial, estimados presentes hoy este día fue único y especial, a trabajar duro con una energía descomunal, para demostrar que los milagros existen.

Termina la ceremonia se escucha una música suave que no impide los aplausos, suena como a energía, poder, capacidad, logro, eficacia, metas, riqueza, luz, es fantástico como una canción puede inspirar y visualizar varias emociones, cada persona se retira con un gran misterio, sabiendo de la gran responsabilidad que se tiene, hasta yo me siento responsable de este gran proyecto lo siento en mi corazón, estoy con la gran ilusión de que sea realidad, son pocas las personas en este mundo que en verdad quieren dejar una huella productiva, me sorprende de los 10 más ricos del mundo; 5 mujeres y 5 hombres, ellos teniendo vidas ejemplares preocupados por el mundo, suena sensacional, único y especial, estoy orgulloso de formar parte de este proyecto grandioso, no me gusta mucho la confidencialidad de la información, muero de ganas de que mi familia sepa, que todo el mundo conozca el gran proyecto, pero por algo me escogieron y por algo estoy aquí recuerdo cuando firme el contrato de confidencialidad decía:

Fecha:

Misión, eliminar la pobreza mundial

Nombre:

Datos personales.

Soy Richc, manifiesto debido a la selección que se realizó, para pertenecer a este gran grupo, soy consciente del peligro que corre la información al transmitirla, por tal motivo se me pide que mi confidencialidad va ser especial para este proyecto, no comentando nada, ni a familiares, amigos y personas ajenas al proyecto, mi contribución es hacia algo muy importante que va tener hallazgos mundiales, tu corazón, tu alma, tu espíritu, serán dejados en este proyecto, tu silencio es de beneficio causal, tu contribución es única y especial, siéntete orgulloso de pertenecer a una familia que desempeña una gran labor, siente la conciencia de que estas en algo fantástico nunca realizado con éxito en la historia de nuestra vida, carga con la responsabilidad, la disciplina, el compromiso de algo único que trascenderá por todos los tiempos en beneficio de las futuras generaciones, el concepto de humanidad desde hoy corre por tus venas, somos un equipo, debemos ser leales a nuestro equipo, somos dueños de los resultados, la organización mundial es la única responsable y dueña de la información, los éxitos obtenidos son responsabilidad del equipo de trabajo, terminado el proyecto de 5 años se transmitirá la información que el organismo considere pertinente, como objetivo del desarrollo en el mundo, si estoy de acuerdo con todo lo estipulado firmo en compromiso.

Atentamente

Como 20 firmas iban en la parte de abajo del atentamente y el contrato llevaba otras hojas con letras pequeñas se asemejaba a los contratos que luego firma uno, que por la flojera y la incapacidad de ver las letras pequeñas, ya no nos enteramos de lo demás, en fin lo firme por eso estoy aquí, me siento feliz, le he tomado mucho amor y significado es un grandioso proyecto único, que sale con la mejor intensión, desde el corazón, el alma, los sentimientos, la espiritualidad, es difícil de explicar, pero lo siento en mi corazón. Saber cómo se pasa el tiempo demasiado rápido, ya se van a cumplir 3 años, en un año se tiene que saber el ganador de los 12 participantes, el último año va ser de aplicación y desconozco cuando se vayan a dar los resultados, debido a la complejidad es algo que no se sabe, pero sé que cuando esos resultados salgan a la luz iluminaran alrededor del mundo infinidad de corazones.

Subo en elevador me dirijo al piso 186 el tríptico me indica que es el área de comida internacional, suena delicioso, me dirijo rápido que veloz el elevador la tecnología es grandiosa, es un espacio para 100 personas, un poco apretaditos yo digo, pero dice ahí que tiene capacidad para esa cantidad, que construcción Dios mío, me quedo asombrado como la tecnología y el conocimiento humano no tiene límites, bajo del ascensor imponente, me dirijo hacia el lugar indicado, pero antes observo el gran lujo del lugar, volteo los 360 grados, siento vértigo porque es como si estuvieras en el cielo todo es transparente, antes de entrar al salón de la comida internacional, observo un letrero, es magnífico no se ve enmarcado en ningún lugar, es como si lo hubieran colgado del cielo, el pergamino irradia luz, que deslumbra pero sin evitar la lectura.

Magnífico es el día de hoy

Las inclemencias del pasado me atormentaron.

Fue hace muchísimos años que caí en el fracaso y todavía revivo esos momentos.

Es tan fuerte el dolor que todavía lo siento, cada detalle está en mi mente.

El día de hoy decidí, vivirlo al máximo, soñar lo real al máximo.

Magnífico es el día de hoy, es sincero porque sale del alma y el corazón.

Magnífico es mi pensamiento porque vivo el día de hoy al máximo.

Ya no tengo tiempo de mirar el pasado, hoy es suficiente me llena de alegría.

Hoy es mi vida, cada detalle se manifiesta cada instante.

Hoy es mi día, voy a entregarme al máximo, voy hacer único.

El dolor desapareció, hoy es mi sol, hoy es amor, hoy es alegría.

Magnífico es el día de hoy, porque me enseño que el corazón hoy surge.

El pasado ha muerto, pero me dio las experiencias positivas como agua refrescante en el desierto.

Vivo el día de hoy porque estoy despierto, disfrutando este gran momento al máximo.

No he pensado en el futuro, porque sé que no soy dueño de ese tiempo.

Que el futuro puede ser incierto, que la gran capacidad que me pertenece es el presente.

Ya no me preocupo del pasado, magnífico es el día de hoy.

Magnífico es el día de hoy, porque el universo es testigo de que voy a esforzarme en este instante.

De que voy a sentir mis pasos, el aire que entra a mi cuerpo y los sabores que alientan mi paladar.

Magnífico es el día de hoy, magnífico es el día de hoy……………………

Qué maravilla como unas simples palabras te emocionan, te transportan y transforman tus sentidos, estos autores de los pergaminos son geniales, transmiten hechos reales de filosofía y sabiduría. Me transporto a mi pasado de pobreza, pero en realidad nunca lo considere así, era muy feliz, bueno hubo otras cosas que me atormentaron, pero como Dios es grandioso, estoy en este lugar maravilloso, le voy a decir a un cocinero internacional que me dé un pellizco para saber que no estoy soñando, es que es un lujo inmenso que no pasa por mi mente el gran asombro que me proporciona, como son las riquezas, de pocos y saber que en el mundo existe infinidad de gente, que no cuenta con los recursos esenciales.

Bueno para que me pongo triste no es momento, me toca disfrutar este gran momento, es único, maravilloso, especial, donde está la puerta todo es transparente, voy a esperar que llegue alguien y entro junto con la persona, no tuve que esperar mucho tiempo cuando llegaron varias personas muy bien vestidas, mujeres y hombres elegantes, bueno, yo también estoy elegante, mi traje azul esta fabuloso, mi corbata plateada luce impresionante y no se diga de mis zapatos están comodísimos, no me gusta ser presumido pero es lo que traigo puesto, se abre una puerta instantánea, es difícil ver la entrada pero parece que las personas que entraron ya lo han hecho varias veces, se asemeja el lugar a una burbuja en el cielo, observo a mi alrededor hay infinidad de plantas hermosas, flores, que diseño, huele riquísimo, la combinación del olor a comida y el olor a vegetación es impresionante.

Me quedo impactado, como nunca había tomado tanto en cuenta mis sentidos, como en este gran lugar, desde que llegue ha sido asombroso, continuo mi camino es muy grande el espacio, llego un señor me indica que me siente, antes me pide mi saco y mi portafolio lo hago, doy las gracias, me siento, viene una muchacha con mucha personalidad a tomar mi nota, sus ojos son especiales, me llama mucho la atención, pero deseo comer y disfrutar el gran momento, la señorita se me acerca con una carta electrónica, me indica que puedo elegir, la comida del país que desee, observo, están yo me imagino que las banderas de todo el mundo o de la mayoría, le digo que quiero comida de Francia, México, selecciona los dos países, me dice que de Francia que deseo me enseña el menú, le digo que un salmón, un bacalao, selecciona México, le digo una barbacoa con su consomé y tres tortillas hechas a mano, gracias, de tomar quiero un jugo de arándano y una agua de frutas, gracias en 20 minutos le traigo sus platillos , le digo gracias me levanto un momento, realizo mi recorrido de costumbre, veo la cocina fabulosa se observan los chefs de todo el mundo trabajando, el comedor es impresionante y los comensales son muchos, a un costado de la cocina hay un pergamino gigantesco iluminado, de forma que su claridad del escrito se ve legible y natural dice:

La comida en el mundo

Llenas nuestros paladares, nuestros sentidos, proporcionas energía.

Eres un arte digno de reconocimiento, por todos los tiempos has sido importante.

Tus características dan comienzo al deseo grandioso de poder disfrutarte.

Cada paso, cada ingrediente, complementan un gran proceso.

Es un rompecabezas unido, cada pieza fue seleccionada para un agrado al paladar.

La espiritualidad de creación natural, se manifiesta en el sabor.

Varias poblaciones, varias personas participan en un proceso generalizado.

La comida en el mundo es un arte que envuelve al estado viviente y emocional.

Es un arte que lleva un proceso magnífico que encierra infinidad de corazones.

El sudor, la emoción, la espiritualidad se transmite en la creación de productos.

La vida misma se asombra de la complejidad de la comida en el mundo.

Es un privilegio de trasmitir sentimientos con arte que entran al organismo.

La comida en el mundo produce energía, produce amor, produce innovación.

La comida en el mundo une, enseña, plasma una cultura, una sociedad, el mundo en general.

La comida en el mundo sueña, embellece, enriquece, íntegra, relaciona, complementa.

La comida en el mundo es el tesoro más grande que se manifiesta en la elaboración.

La comida en el mundo nos enseña que el que construye un platillo, construye su vida.

La comida en el mundo manifiesta un lenguaje universal.

La comida en el mundo es una riqueza infinita y cultural.

La comida en el mundo es fantástica, maravillosa, única y espiritual.

La comida en el mundo es transmitir la grandeza de todas las generaciones.

La comida en el mundo, la comida en el mundo es algo más.

Que esplendoroso es leer, después disfrutar de los platillos que pediste y tomarlos con gran sentido, con gran pasión, creo que me muero de hambre, que haríamos sin la comida, yo digo que moriríamos, nuestra especie se acabaría, llego a mi mesa faltan dos minutos para los veinte que me dijo la muchacha, oh hay viene son puntuales con el servicio, llega y huele maravilloso, voy a comenzar con la comida mexicana, que maravilla, los platillos están fenomenales, los franceses los adornan mucho se ven geniales, ese salmón me está esperando, me encanta la originalidad de la comida mexicana.

Cuando estuve en México fue algo genial, tiene lugares inmensos, maravillosos, naturales, únicos, la comida es genial, en realidad ese es mi vicio comer bien y Francia también es genial, el arco del triunfo, su torre, la comida es maravillosa te sirven poco, pero construyen el platillo como si estuviesen construyendo un castillo, están geniales mis platillos, valió la pena la espera, después de un momento y disfrutar de los manjares, el jugo de frutas, estoy satisfecho, es importante cumplir con las necesidades principales de cada individuo, me siento como nuevo con más energía, es una satisfacción inmensa me siento listo para lo que venga, salgo del lugar tan agradable, camino hacia el gran elevador, voy de salida a la planta baja quisiera no retirarme siento un poco de nostalgia, porque me voy de este gran lugar, lo que son las maravillas que las personas de posición económica alta pueden disfrutar, yo me imagino que ya no las aprecian tanto como yo lo estoy haciendo o como cualquier persona que nunca hubiera estado en un lugar como este lo observaría como un sueño, bajo del gran ascensor, me aborda una persona me dice sr. Richc soy su servidor Arturs quien lo llevara al aeropuerto, me dirijo hacia una limusina genial, que servicio, me quedo asombrado como nos tratan muy genial.

Capitulo II

Continúo mi camino en este lujoso vehículo, me indica en un tablero que en 46 minutos estamos en el aeropuerto, observo al frente una pantalla un control para seleccionar el menú, son infinidad de escritos, voy a seleccionar este, su título es;

Pensamientos positivos

Es complicado en la tormenta tener pensamientos positivos.

Vale la pena tener una mentalidad activa hacia los pensamientos positivos.

La semilla que siembres en tu mente crecerá, al paso del tiempo te dará frutos.

Tu cultivo tiene que ir en el camino de varias etapas, el tiempo será testigo.

Tu perseverancia se notará, será el espejo que refleje tus batallas.

Tus logros te llenaran de energía, listo para el siguiente encuentro.

Tus fracasos te proporcionaran enseñanza, la experiencia será la llave para el camino correcto.

Tus pensamientos positivos crearán raíces, que te darán fortaleza en la tempestad.

Buscaras el tesoro más grande que es la sabiduría, el conocimiento en su máxima grandeza.

Las tormentas aparecerán, pero tus pensamientos positivos serán el sol que las derrumbara.

Tu trabajo día con día dará frutos, tu cultivo será el reflejo de tu esfuerzo.

Tu dedicación, tu amor por lo que haces te dará la felicidad.

Los pensamientos positivos te darán una personalidad especial y única.

Tus relaciones tendrán el poder de crear el vínculo espiritual exacto de amor.

Tus pensamientos positivos serán el jardín con la mejor variedad de flores.

Las bases de tu vida se verán reflejadas por un brillo especial en tu camino.

Tu energía se verá expuesta en cada proyecto, en cada instante.

El presente será materia de lucha constante sin esperar el resultado.

Cuando el milagro más grande se presente, el disfrute será la recompensa.

Simplemente los pensamientos positivos son la base del crecimiento.

Sentir que puedes cambiar tu vida de forma positiva.

Los lazos que te llevaron a subir montañas, se tienen que seguir construyendo.

Las futuras generaciones tienen que continuar el camino.

Tu legado se seguirá no exactamente, pero tendrá similitudes de vida.

Tus pensamientos positivos mejoraran tu perfil, te guiaran en la obscuridad.

Tus pensamientos positivos son luz para la vida.

Tus pensamientos positivos son combustible para tu cuerpo.

Tus pensamientos positivos son la grandeza espiritual.

Tus pensamientos positivos, eres el dueño tú sabes si trascenderán.

Tus pensamientos positivos contribuirán en tu formación hacia el éxito.

Tus pensamientos positivos son el alma de tu cuerpo.

Tus pensamientos positivos son un gran regalo del universo.

Que magnífico pensamiento, de verdad que cuando te encuentras en situaciones que no hay salida, la motivación es necesaria para encontrar soluciones y respuestas a nuestros problemas, ya casi son las 8 de la noche voy a viajar en la obscuridad, a mí me encanta viajar por el día, para observar los lugares, disfruto viajar pero observando claramente lo que me rodea, se detiene Arturs, viene hacia mí, sr. Richc, antes de que lleguemos al aeropuerto se le va a colocar un antifaz para que no observe el lugar, ya sabe cómo son las políticas sobre el gran evento, si Arturs, si se dé la confidencialidad, me coloca un antifaz para dormir, me recuesto y Arturs continua su camino.

Pienso sobre todo lo que se está formando, al gran grupo que pertenezco, la gran responsabilidad que tenemos todos, la gran confidencialidad con la que se está manejando, va a dar muchos beneficios, ya que es importante sacar a la luz el gran proyecto en cuando se tenga al ganador y se empiecen a encontrar los resultados esperados, ya se detuvo Arturs, señor ya puede retirarse el antifaz, hemos llegado, estamos en una pista solitaria y con un magnífico jet listo para partir, su gran diseño impacta un color blanco con pintura dorada que lo adorna, por dentro es muy lujoso nunca había observado algo igual, solamente hay dos personas más y el personal del jet, están me imagino yo, que también asombrados del gran lujo, digo buenas noches me contestan, tomo mi asiento, la asistente me indica que utilice el cinturón de seguridad, despegamos, me indica si deseo algo, le digo que un poco de agua solamente, comienza a sonar una música relajante, es genial viajar en esta tecnología, ningún movimiento se siente, comparado con los aviones comerciales, me relajo, no sé cuántas horas vayamos a viajar, me duermo, despierto y abro la ventanilla, está el sol inmenso, manejo mi mirada hacia el frente, observo un pergamino que esta como en un cuadro pequeño de oro con una luz tenue y brillante.

El cielo

Maravilla de la naturaleza, que al mirarte pienso.

Tus formaciones me hacen imaginar diferentes escenarios.

Tus notas suavizan mi caminar.

Tu brillo me transmite armonía y paz.

Cielo, quedo asombrado porque eres una de tantas maravillas del universo.

Las aves son privilegiadas porque sienten tus caricias, sienten tu fuerza.

El cielo adorno la tierra le dio luz y belleza.

Tu inmensidad al verte es infinita.

Tu lluvia refresca, tu lluvia es vida.

El cielo me dio inspiración.

Al verte siento la energía, elevo mis sueños, crecen mis pensamientos.

Me regocijo en ti cuando busco alternativas o soluciones.

El cielo lleno mi corazón de luz, el cielo lleno mi corazón de alegría.

El cielo simplemente me dio la inspiración que necesitaba.

Que detalle, analizo cada pensamiento, es grandioso lo que pueden hacer unas simples palabras, te transportan, sientes emoción, como que ya tengo apetito, oprimo un botón llega la asistente le pido un platillo y un jugo, es maravilloso estar en las nubes disfrutando de los alimentos, a donde lleguemos será el punto principal de reunión de los competidores para que nos transporten al lugar donde estaremos un año, hasta que salga el ganador, cualquiera diría que es demasiado tiempo, pero la realidad es que el tiempo pasa rápido, cuando menos los esperemos ya tendremos los resultados esperados y un poco más, sé que los milagros existen, debido al gran plan sé que se van a obtener los mejores resultados, nos anuncian que hemos llegado a nuestro destino, perdí la noción del tiempo no sé cuántas horas volamos, decidí no utilizar reloj, para llevar mis tiempos sin presión, pero me encantan los relojes, solamente en esta ocasión hice la excepción. Bajo del avión hay una sala sorprendente gigantesca, en forma de u, camino para recorrer el lugar en lo que llegan los participantes, en la sala de los jets hay un letrero impresionante que sobresale dice:

La fe

Es algo espiritual que materializa nuestros sueños.

Es la que ha movido todos los grandes proyectos en el mundo.

La fe que en tiempos de tempestad es la única solución.

La fe que es la llave a lo desconocido.

El universo es testigo de tu poder.

Llegaste a mi cuando el fracaso se apareció, no perdí la fe.

Cuando existe lo imposible solo la fe lo hace posible.

La fe es como agua fresca en el desierto.

La fe ha sido testigo de los maravillosos avances mundiales.

Cuando no han existido alternativas, los actos de fe han aparecido.

La fe es algo grandioso, que está en el corazón.

La manifestación sincera es la luz en la obscuridad.

La belleza de la fe se ve en el logro, en la determinación.

La fe es realidad, cuando te imaginas que donde estas es un sueño.

La fe mueve el mundo, mueve el alma y los corazones.

Cuando los problemas crecieron y no había salida la fe apareció.

Tus emociones, tu motivación fue de la mano con la fe.

La fe simplemente me ayudo a creer y estar en el lugar fantástico que estoy.

La fe me enseño que el mundo es algo grandioso.

El mundo está hecho de infinidad de creaciones asombrosas.

La fe en las ruinas me enseño su poder.

La fe me dio una vida productiva.

La fe me dio sensibilidad de lo que me rodea.

Cada día que pasa me asombra que todo está hecho con fe.

La fe ha cumplido con los sueños de infinidad de personas.

La fe es amor, asombro, algo único.

La fe es todo.

Es exacto este maravilloso epitafio, yo creo que estoy viviendo un sueño, no creo estar en estos grandiosos lugares, cada día que pasa me asombro más, la fe es maravillosa, me ayudo a estar aquí haciendo mis sueños realidad, ya están bajando de otro jet los participantes, llegan al punto de reunión, se les nota algunos preocupados, pero es normal quien no va estar nervioso con esta gran responsabilidad que se lleva en las espaldas, es un compromiso gigantesco, algo que nadie ha realizado, a lo mejor lo han intentado, pero ha sido sin éxito.

La ¨Misión, eliminar la pobreza mundial¨ es un acto de fe que se va a realizar con el mayor trabajo posible, la intervención de las mejores mentes del mundo, pueden hacer este sueño realidad, hacer verídico el milagro más grande que es erradicar la pobreza, donde existe mucha tristeza por las cuestiones básicas, que se convierta en alegría, ilusión, salir adelante y lograr una huella en este mundo, en fin a continuar con el trabajo, me acerco nos reunimos, un señor uniformado de militar, un traje estupendo con infinidad de condecoraciones, está subiendo a la plataforma.

Damas y caballeros bienvenidos, a esta gran proyecto mundial en el que su intervención será importante, para la vida de nuestro planeta de las futuras generaciones, soy el comandante de fuerzas especiales Brusche, voy a estar a cargo de su seguridad y de indicaciones únicas, que los ayudaran a su formación, seremos un equipo de trabajo efectivo con el mismo fin de desarrollo mundial, es un camino difícil el que se presenta, la gran responsabilidad que cada uno tiene, es dar más de su capacidad, el máximo esfuerzo va ser su filosofía, la responsabilidad, la disciplina, el honor serán dignos representantes de su proyecto, estamos reunidos con el mismo objetivo de trascender ante la población actual y las futuras generaciones, es especifico generalizar que el éxito del proyecto depende de nosotros, manejaremos las condiciones necesarias para que se cumpla nuestro sueño.

El honor, la responsabilidad estarán constantes en nuestras mentes, yo me encargare de llevarlos por un camino sofisticado que les de los parámetros de la vida reales, el aprendizaje que obtengan será de forma práctica, para saber qué hacer en tiempos de crisis, en cuestiones de tiempos cortos con la mayor eficiencia, disciplina y responsabilidad, no estoy solo contamos con un gran equipo que coordinara su formación, vamos hacer un gran unión de trabajo, porque ustedes van a complementar el aprendizaje, con sus experiencias y su libre albedrío, mutuamente nos ayudaremos, porque es un proyecto en donde la responsabilidad es el factor principal, todos los que formamos este grupo, somos responsables de los resultados positivos que obtendremos de esta gran experiencia.

Todos contribuiremos para crear nuestra gran estructura mundial que servirá a la población para su desarrollo, cada uno de ustedes tiene infinidad de experiencias, vamos a generar un solo conocimiento positivo que respalde nuestra estructura, todos somos un solo proyecto, abra personas que se retiraran, pero sabrán dejar las raíces necesarias para saber que estuvieron y pertenecieron a este gran proyecto, luchen con el alma, el corazón, que la fuerza, la energía los unan, para que este prototipo de proyecto continúe dando frutos en infinidad de generaciones, que los arreglos que se lleguen a realizar, sean para ampliar el conocimiento, en beneficio de las futuras generaciones.

Estoy orgulloso de pertenecer a un gran grupo que se distingue por su proyección hacia el futuro, sus familias, la población en general, necesita observar en ustedes un ejemplo a seguir, una imitación generalizada de lo que hagan para bien de la comunidad, he estado en infinidad de proyectos arriesgando mi vida, ofrendando a mi país, a mi familia, mis esfuerzos, ninguna meta, ningún objetivo fue fácil, todos requirieron de mi mayor esfuerzo, estoy dispuesto a entregar mi vida por este gran proyecto, estamos reunidos para dejar huella en este mundo maravilloso, estamos dispuestos a esforzarnos al máximo, cada día, cada minuto, cada segundo, el presente es nuestro aliado, de nosotros dependen los resultados futuros, les pido únicamente que se entreguen al máximo el día de hoy, en este instante, los resultados obtenidos se verán reflejados no solo en el exterior, si no en el interior, en donde muchas veces desconocemos ese lugar, los invito a que se sientan felices y orgullosos de pertenecer a este proyecto, les doy la bienvenida, a ustedes, a sus familias, a la representación de su país, que llevan no solo en su mente si no en sus corazones.

"Estoy dispuesto a entregar mi vida en este instante, mi dedicación, mi disciplina, mi honor, mi esfuerzo serán testigos al gran proyecto que pertenezco, he sembrado la semilla, estoy cuidando cada instante para obtener la mejor cosecha, que voy a transmitir alrededor del mundo, de forma física, espiritual y universal". Gracias.

Suenan unos aplausos con una energía descomunal, que transmiten, motivación, emoción, alegría, sentido de pertenencia, es un gran proyecto, que bienvenida tan emotiva, se me salieron dos lagrimas muero de emoción, pero observo que no soy el único sentimental, hay más personas, es un proyecto que llega al corazón, no sé si será debido al tiempo, a la grandeza del proyecto, pero es un gran orgullo pertenecer a este gran grupo, yo digo que al unirnos infinidad de mentes con el mismo propósito nuestras vidas van a cambiar de forma positiva, porque deseamos con mucha fe que toda la población en el mundo reciba los beneficios del sofisticado proyecto, cada uno de nuestros corazones, pensamientos, alma, espiritualidad, están aquí. El comandante Brusche sigue en la plataforma, damas y caballeros por favor voy a mencionar la lista de los 12 competidores comenzando con las mujeres, en cuanto los nombre, levantan la mano y suben al primer avión:

Damas

1.- Florencet, Ingeniero Geólogo

2.- Rosalinda, Ingeniero en Alimentos

3.- Joharim, Maestría en Negocios Internacionales

4.- Giselle, Psicólogo

5.- Akeilas, Médico

6.- Queenie, Ingeniero en Telecomunicaciones

Caballeros

7.- Akiakv, Ingeniero Industrial

8.- Joao, Ingeniero Aeroespacial

9.- Winstond, Chef

10.- Jenst, Doctor en Filosofía

11.- Mahatmae, Físico Matemático

12.- Ryud, Ingeniero en Electrónica

Bienvenidos al gran proyecto a esta gran travesía, a este gran viaje, continúo con el gran privilegio de mencionar a los siguientes tripulantes del siguiente avión, son la estructura que va llevar por el camino del aprendizaje y la sabiduría a nuestros competidores, estos son sus diez maestros;

1.- Laeva, CEO Desarrollo integral externo e interno de personalidad

2.- Noetherli, Director especialidad desarrollo humano, Bioenergética y deportes de sanación.

3.- McYuretzili, Científico investigaciones en comportamiento humano

4.- Curielm, Científico, Filósofo, Psicólogo.

5.- Yessica, Entrenador Deportivo Fuerzas Especiales

6.- Markl, Jefe de Desarrollo Humano, estudios en Ingeniera Genética

7.- Vincir, Científico, doctor en ciencias del Desarrollo Humano

8.- Teslac, Científico, Filósofo, Inventor, estudios sobre religiones

9.- Edisonic, Psicólogo, Filosofo, Doctor en Negocios Internacionales, Estudios estratégicos de personalidad de los mejores líderes del mundo.

10.-Salomomr, Entrenador Deportivo Fuerzas especiales, Psicólogo, investigaciones en el desarrollo de negocios con la influencia del deporte.

Con la colaboración especial del señor Richc; Profesor, Psicólogo, motivador, escritor. Su trabajo principal va ser observar y documentar junto la profesora Aracelint; Chef, Administrador, Psicólogo, Investigaciones en Desarrollo Humano, listos para escribir la gran historia, bienvenidos a la creatividad y la innovación que va ser testigo del gran proyecto que está por hacer que cambie el mundo de manera positiva, con la única unión de un solo pensamiento ¨Misión, eliminar la pobreza mundial¨.

Subimos al siguiente avión que lujosos, hermosos y grandes son, nuevamente repito que esto es algo único, no me gusta mucho el que no platiquemos con mis compañeros, pero está correcto, las aportaciones que hagamos entre nosotros se realizaran una semana antes, de que se elimine al primer competidor, cada mes se descartara uno, o sea que una semana antes realizaremos los comentarios y las evaluaciones correspondientes, para saber a quién vamos a retirar de la competencia, es difícil este trabajo, pero la realidad que los beneficios serán únicos y la trascendencia será especial, no sé a dónde nos llevan, pero ya estamos partiendo, me asomo por la ventana y veo a un lado el avión de los competidores, vamos a partir casi al mismo tiempo, vengo entre los mejores profesores del mundo, los noto pensativos, es una responsabilidad muy fuerte se ve reflejado en sus rostros, me imagino que se sienten como yo, como en un sueño, pero a la vez con una gran responsabilidad, pero que en la vida es fácil, veo una pantalla en frente de mí, existen en ella infinidad de pergaminos digitales, me pongo los auriculares, presiono el botón, selecciono;

Sueños

Te veo y no lo puedo creer, me toco y estoy despierto.

Fueron épocas de incertidumbre, en donde la realidad desaparecía.

La época de fantasía recorría mi mente.

No encontrando salida, me olvide de soñar.

Creía que los sueños no se hacían realidad.

Volteo hacia atrás y observo que el pasado ahí está.

Que soy dueño de este instante llamado presente.

Que mis fuerzas y mi energía regresan porque ya no pienso en el futuro.

Me dejo llevar por la corriente aprovechando el día al máximo.

Soy dueño de este instante, el pasado fue de aprendizaje y experiencia.

El pasado únicamente me queda rescatar lo bueno, lo positivo.

Sueños llegaron a mi mente con tal frescura con un aroma especial.

No soy dueño del futuro ya no pienso en él, solo me dejo llevar.

Mis frustraciones han desaparecido, solo pienso en este instante que es mío.

Sueños por fin regresan de ese abismo de tristeza y obscuridad.

Ha llegado la luz a mi corazón, soy dichoso y privilegiado.

No tengo preocupaciones, pienso en el instante, el pasado quedo atrás.

No soy dueño del futuro.

Me voy a esforzar al máximo en el instante, que es el camino que me pertenece.

Sueños, lo único que sé, voy a dar mi mayor esfuerzo, en mi lapso de tiempo.

Soy dueño de este pequeño instante, voy entregar, el alma, mi energía, mi entusiasmo, por lograr mis sueños.

En este simple instante voy a ser maravillas, voy a cumplir mis sueños.

Sueños que engrandecen mi camino, que me dan alternativas.

Sueños que caminan a mi lado sin pensar en ellos.

Me siento ligero, la carga pesada ha desaparecido, me siento fantástico.

He recuperado la fuerza, mi visión está en este instante, soy feliz.

El destino me ha regalado este instante fugaz y único.

Sueños que llegan sin pedirlos.

Sueños que aparecen en mi mente con la magia de luz que llena mi ser.

Sueños que no pidiéndolos aparecen en propia voluntad.

Sueños que me llevan por el camino de los milagros.

Sueños que me dan alegría, amor, espiritualidad, comprensión.

Sueños que se hacen realidad sin imaginarlo.

Sueños que aparecen de la nada, su realidad me asombra sé que estoy despierto.

Sueños que imagino estar durmiendo, sueños que me demuestran que los milagros existen.

Sueños que originaron un invento hasta convertirlo en realidad.

Sueños que son reales, aunque parezcan sueños.

Que belleza Dios mío, esto es algo grandioso y la música que se escuchó con el pensamiento fue genial, me siento nostálgico con ganas de llorar, es que este pergamino me transmite mi realidad, que siento que estoy en un sueño, en un sueño grandioso, único y especial. Mi vida es un sueño hecho realidad, si Dios me dijera que en este instante muero, le agradecería lo afortunado que he sido, que mi vida ha sido un grandioso sueño, que mis logros los he tomado como un milagro único, me considero muy afortunado, a veces siento que en esta vida he recibido más de lo que merezco, vengo de una familia, que no fuimos ricos pero nunca nos faltó nada, comienzo a pensar que difícil debe ser que no tengas los recursos necesarios para llevar una vida normal, una vida con alegrías, con amor, me siento nostálgico y sé que voy a responder al máximo en este grandioso proyecto, se escucha un comunicado desde la cabina, damas y caballeros, maestros mi mayor aprecio y agradecimiento por la gran aventura que estuvieron dispuestos a comenzar, por favor colóquense todos los auriculares les voy a dar un mensaje íntimo, espiritual, mostrarles mentalmente las características del gran lugar que van a vivir durante un año, suena una música relajante suspiro.

Soy el señor Einsteinlci, hablo en representación de mis nueve compañeros comprometidos con el sofisticado proyecto, nuestras vidas no han sido fáciles, algún día conocerán nuestras verdaderas historias, de que no fue sencillo, llegar al lugar donde estamos, nuestro compromiso no es buscar el éxito, ese camino ya lo conocemos, lo que deseamos es unir los corazones, espíritus, mentes, para lograr un solo fin, todos los que tenemos lugar en este proyecto desde que comenzamos, estamos dejando una huella difícil de borrar, en nuestro proyecto no solo están nuestras mentes hay algo más donde el universo es el único testigo, al observarlos veo su compromiso, su ética, su determinación, saben que están perteneciendo a algo importante que trascenderá sus vidas, su alma, su corazones, ayudamos sin pedir nada a cambio, únicamente la facultad del esfuerzo, la dedicación de los integrantes y del mundo en general, sabemos que una idea es una luz, que si esta se une a más ideas, la luz es tan maravillosa que se elimina la obscuridad, nuestras buenas intenciones están colocadas en sus respectivos lugares, la grandeza de nuestras ideas se transmitirán de individuo a individuo, nación tras nación, para hacer un solo lenguaje de creatividad, innovación, fuerza, coraje, para defender nuestro proyecto ante las adversidades, nuestro libre albedrío se ha unido en una sola idea nuestro título de guerra "Misión, eliminar la pobreza mundial".

Un camino extenso, difícil, complicado, donde se ha realizado el intento, pero sin buenas bases, nosotros nos hemos unido junto con las mentes brillantes, para abrir el capítulo de solución del problema de todos los tiempos, nos hemos unido para ser creativos y encontrar el eslabón que muchos consideran perdido, para unir esa cadena, ese círculo de fortaleza que nos unirá por siempre, ente los fracasos y las adversidades, de que se pueden hacer realidad los sueños, que simplemente es creer, trabajar, proponer, volver a trabajar, unir las ideas creativas, volver a trabajar, algún día habrá descanso, cuando menos lo esperemos, ese descanso va ser para revivir el trofeo de lo que hemos conseguido, con tal esfuerzo, que el descanso va ser revivir día con día, el éxito de nuestro gran proyecto.

Maestros están en un gran proyecto ustedes lo saben, hay mucha responsabilidad, pero también hay mucho reconocimiento, estamos haciendo lo que infinidad de personas nunca se ha atrevido a través de los tiempos, sabemos que somos inteligentes, pero también sabemos que tenemos una capacidad extra desconocida, hoy es tiempo de sacar a relucir toda nuestra experiencia, todos nuestros conocimientos y nuestra mayor capacidad de hacer más de lo que pensamos hacer, entregarse al máximo no basta, hay que agregar más de lo nuestro, más de nuestra humanidad, más de nuestro sentido espiritual, que se vea que somos guerreros dispuestos a morir en la batalla, dando al máximo lo que tenemos y mucho más, es para nosotros un orgullo que pertenezcan a nuestro equipo de trabajo, somos una sola unión con el mismo objetivo, el universo es testigo de nuestras buenas intenciones, de nuestra trascendencia, que cuando no encontremos salida y aparezca lo más grandioso de la vida, un milagro, lo buscaremos con perseverancia, con decisión, coraje, energía, fuerza, espiritualidad, amor.

Damas, caballeros, sean bienvenidos, los dejo con este video para que analicen donde van a estar, tendrán las mejores comodidades, les anexo la información, de acuerdo al estudio de su perfil y sus recomendaciones, si deseen más cosas que se agreguen simplemente pídanlo. Estarán un poco en soledad, pero entre ustedes podrán comentar los avances de acuerdo a como se organicen.

Termina el señor Einsteinlci, que discurso como todo lo que hemos oído se transmite con sinceridad, desde el corazón o el alma, es algo grandioso, estoy observando es un gran lugar, es una fortaleza, todos los lujos, que no habíamos imaginado están en ese lugar, en ese aspecto estaremos muy bien, hay algo escrito, por favor al llegar al lugar se les dará mayor información, que información extra nos darán todo se ve espectacular, es una Isla, donde estará ubicada, es difícil saberlo es una Isla gigante con su propio aeropuerto, pero por lo que veo únicamente nosotros estaremos en ese lugar, está perfecto, para realizar nuestro trabajo de la mejor manera, que emociones transmitirán los competidores, si nosotros, estamos que no podemos creer esta gran travesía, me imagino que están impactados y a la ves nerviosos, por la gran competencia que les espera, somos únicos en la vida, coincidimos en algunos sentimientos pero al final, cada quien tiene su criterio, que hermosa melodía me relaja y a la vez me hace pensar, sé que estoy en un proyecto maravilloso, todos contribuiremos con nuestro granito de arena y el extra que estamos dispuestos a agregar, sabemos que en la vida los caminos son difíciles, que las caídas muchas veces te enseñan a despertar de tu zona de confort, en estos casos el compromiso y la disciplina son importantes, muchas personas en el mundo dependen del éxito de este proyecto, todos estamos nerviosos y sabemos la gran responsabilidad, debido a la dimensión del proyecto se van a llevar los competidores demasiados días para encontrar el verdadero eslabón que complete, la cadena del logro, la cadena del éxito, estamos llegando, de la cabina nos mencionan que estamos por aterrizar, observo la Isla, yo creo que es una isla privada, pero es muy grande desde aquí arriba se observa su sofisticada forma, tiene carreteras, lagos, edificios, parece un país que tiene todos los servicios y un poco más.

Desde aquí se observa el maravilloso lugar que vamos a explorar, que será testigo de la creatividad, intercambio de ideas e innovación, el avión se detiene nos indican que podemos descender, que emoción me siento como si fuese a pisar la luna por primera vez, que maravillosa sensación, estoy bajando las escaleras del avión se respira fabuloso, entran por mis pulmones un aire puro, con un olor especial a vegetación fresca, siento como el sol penetra mi piel, su energía que se transmite a mi cuerpo, nos subimos a un autobús que nos lleva a la terminal de aviación, el autobús entra por un túnel demasiado iluminado recorremos 2 minutos aproximadamente, estamos en un lugar espectacular, ya que bajamos del autobús, se dirige hacia nosotros el comandante Brusche, junto con él hay varias personas mujeres y hombres con un aspecto físico espectacular, todos portan uniforme militar, nos dice el comandante con un voz fuerte, segura, motivadora;

Estimados participantes y colaboradores, hoy es un día único estamos reunidos para pasar a la historia, somos guerreros dispuestos ayudar al mundo a su construcción, que beneficie a la población más necesitada, yo el comandante Brusche, junto con mi equipo de trabajo estamos dispuestos a ofrendar nuestras vidas por esta gran causa, somos los encargados de su seguridad, en todo momento estaremos vigilando que todo marche de la mejor manera, mi equipo es el mejor del mundo, están dispuestos a morir si es necesario en cumplimiento de nuestro deber, hoy cambian sus vidas, es una aventura única y especial que va a trascender a través de la historia, que serán recordados los grandes momentos que pasemos juntos, cada persona es dueño de su propia historia, pero nuestra unión y fuerza van a mantener la energía, la luz, de ser una sola fuerza, que lo imposible, lo hagamos realidad, con disciplina, el mayor esfuerzo, dedicación, que cada ideal que corre por nuestras venas se una en uno solo, para que esta comunidad, surja ante las tormentas, ante las adversidades, ante el temor, les doy nuevamente la bienvenida, esta va ser su casa del ganador por un año, los participantes que tengan que abandonar este gran lugar, les pido que entreguen todo su poder, para que dejen una huella que sea imborrable por siempre, acaban de pisar un lugar, un campo de guerra de ideas que van a trascender a través de la historia, todas las mentes brillantes presentes colaboran para una sola causa, siéntanse comprometidos a luchar hasta el final, que cada gota de sudor, sea alegría para sus corazones, cuando sientan desfallecer, mentalicen la gran responsabilidad que tienen sobre sus espaldas, que es un proyecto de beneficio para la población de todo el mundo, que lo que obtengan en este gran lugar jamás se volverá a repetir, vivan cada día como si fuera el ultimo, cada día es único y especial, sus familias se sentirán orgullosos de ustedes, por el gran paso de transformación mundial, que sus nombres van a ser escritos en la historia, guerreros y guerreras sean bienvenidos a su casa, preocúpense por ustedes, por dar lo mejor de sí, por trascender, de que se cumpla el control externo al pie de la letra yo y mi equipo nos encargaremos, abra ocasiones que no nos observen, pero ahí estaremos invisibles ante ustedes, pero con el mayor valor, de protegerlos al máximo, sean bienvenidos.

Se oyen unos aplausos que truenan de emoción, que discurso, he notado que hasta ahorita todos los discursos llevan alma, espíritu, coraje, motivación, corazón, son grandes motivadores, nos llegan a lo más profundo de nuestro corazón, se ve en el rostro de los competidores, el hambre y el deseo de destacar, contribuir, a un mundo mejor.

Habla el comandante, en estos momentos, los transportaremos a sus nuevos hogares síganme por favor, salimos por una puerta dorada que se abre automáticamente como a 50 metros hay 3 helicópteros gigantescos, están encendidos el ruido es muy fuerte, se ve como una película de ciencia ficción, subimos todos, los competidores los introducen en un avión especial, vamos juntos como si fuéramos en un desfile, tres helicópteros al mismo paso como almas gemelas, de aquí arriba se ve todo espectacular es un paraíso terrenal, lleno de lagos, de cascadas, vegetación yo digo que por la belleza y las condiciones esenciales deben existir animales salvajes, estamos descendiendo a una fortaleza, es un castillo todo de blanco, brilla, en medio del sol, como un diamante robusto que se destaca en medio de la belleza, toda alrededor se me asemeja al paraíso mencionado por las religiones o textos bíblicos, estamos bajando hacia el gran castillo, es grandísimo y tiene una muralla alrededor que lo encierra como una joya única.

Nos bajamos de los helicópteros y al momento se retiran, es un lugar fabuloso tiene adentro un rio con cascadas, tiene yates de lujo, zona de deportes, albercas olímpicas, gimnasios con vidrios transparentes, se observa como si los gimnasios estuvieran a la intemperie, me quedo anonadado, es un lugar de mucho lujo, aquí los pretextos no van a existir porque contamos con una zona de confort única, estamos ingresando al castillo, por fuera se ve como en los cuentos de hadas, cuenta con un diseño arquitectónico espectacular, que nunca pasara de moda, sé que siempre será una obra moderna, por dentro está lleno de un lujo inmenso, yo digo que está hecho completamente de mármol o un material muy lujoso, que por siempre va a destacar, existen infinidad de arte, pinturas de reconocidos artistas, parece un museo, con las mejores obras del mundo, existe en el centro un pergamino fabuloso estoy seguro que su alrededor es de oro puro, brilla con inmensidad dice;

El arte me inspira

Una obra de arte es un legado en el mundo.

Una huella imprescindible de la historia.

La mente habla demostrando su creatividad.

La mente habla expresando lo que dice el corazón.

El arte me inspira, me produce espiritualidad eterna.

De la nada nació la idea, en donde infinidad de mentes no observaron nada.

Cada individuo busco una alternativa ninguna surgió.

Pasaron los años, las décadas, el pobre campo se enriqueció.

Con una idea dispuesta a crecer y nacer en el suelo árido.

El arte me inspira, le da a mi vida sentido.

De la nada surgió una idea en la que nunca se creyó.

Esta idea se plasmó en un hecho, que parecía de otro mundo.

Se demostró y el universo fue testigo de la gran creatividad.

El milagro surgió, la nada desapareció.

El arte me inspira, el universo es testigo de la inmensidad.

En donde la imaginación no estaba, creció una semilla que floreció.

Perdí el control de mí, desaparecí de la tierra, para inspirarme en la creación.

Supe que soy único en la vida, que mi mente debía ser espiritualmente creativa.

Cuando desperté y vi mi creación, no pensé que fuera el dueño.

El arte me inspira, fui como un títere ante la creación.

La fuente de mi inspiración fue incierta, fue algo único.

Mi obra de arte jamás se podrá repetir, porque el tiempo fue único.

La manifestación fue única, jamás sabré como lo hice.

Pero sé que es algo único, en donde fui la mente transportadora del universo.

El arte me inspira, como fue no lo sé, observo la obra y sé que no la hice yo.

Fue algo más un poder extraño que se manifestó, en la dicha plena.

El don que recibe de manifestar mis sentimientos y emociones sin saberlo.

Obra maestra te volteo a ver y sé que únicamente fui un instrumento para la creación.

Mucho creen que yo soy el autor, pero fue alguien más que me ilumino.

El arte me inspira, creo que existen los milagros.

El arte me inspira, creo en las cosas extraordinarias que suceden en la vida.

El arte me inspira, que no soy dueño de la creación, que pertenece a alguien más.

El arte me inspira, a vivir la vida al máximo disfrutando cada momento especial.

El arte me inspira, el arte me inspira, el arte me inspira a cada día ser mejor.

Que belleza de poema se siente en el corazón, motiva a realizar todos los sueños, deseos y objetivos que tengamos en mente, este pergamino al leerlo transmite energía positiva, que maravilla, estamos reunidos en el centro del castillo, que lujo Dios mío, todo lo que se puede realizar con creatividad y dinero, nos indican que nos dirijamos hacia el espectacular elevador, es muy grande dice capacidad 100 personas, es completamente de cristal, todos quedamos con un asombro, se nota en los rostros, subimos muy rápido estamos, en el piso 29, salimos del elevador, estamos en un pasillo que nos dirige a un salón, esto es una fortaleza, entramos por una puerta que se abre automática a nuestro paso oh que salón, esto es demasiado lujo, yo creo que los cuentos de hadas y de princesas se asombrarían de este grandioso lugar, huele genial, es una combinación de aromas únicos, frescos, relajantes, el salón es enorme.

Nos dirigimos hacia un sala de conferencias todo se observa genial, como si no hubiera nada alrededor, solo esos vidrios que son barreras invisibles a cada lugar, tienen la tecnología más sofisticada y actual que he observado, estamos en una sala en donde el mobiliario está colocado en forma de u al centro el panel, se apagan las luces, aparece en el centro una luz brillante, aparece una sombra que destaca con una vestimenta dorada que brilla en la obscuridad, sube al panel se encienden las luces se oye una voz espiritual pero con energía penetra los oídos, soy su servidor el Gurú espiritual Taoci, no les vengo hablar de religión, pero el sentido espiritual corre por mis venas, estoy para protegerlos de la energía negativa, que está en nuestro planeta, soy embajador de la paz, de la sabiduría, de la luz, de la constancia de la energía positiva, que desarrollaremos al máximo en este gran proyecto.

Cuando se sientan solos, destruidos, desesperados, ahí estaré para eliminar la carga pesada de los pensamientos negativos, hoy este día, olvídense del temor, la construcción de su vida queda a mi cargo, cuenten con mi apoyo incondicional, me pueden llamar su amigo, su hermano, como su corazón lo exprese, en este momento todos mis conocimientos, les pertenecen, toda la sabiduría que he obtenido a través del tiempo, es de ustedes, el universo es testigo que mi contribución, va ser para beneficio de ustedes, para que alcancen sus objetivos y metas esperadas, soy la luz que los iluminara en el tiempo de obscuridad, soy la calma después de la tormenta, soy alegría, soy amor, soy espiritualidad, soy tu apoyo, soy tu voz, estoy para escucharte, que tu estancia aquí sea única y placentera.

Este camino que escogiste, está lleno de retos, fortalezas, debilidades, compromiso, disciplina, motivación, creación, innovación, conocimiento, autoconocimiento, planes, estrategias, sueños, milagros, amor, sé que cuentas con heridas que vienes arrastrando como si sucedieran en este instante, el Karma o la ley de causa - efecto, como la quieras llamar, tiene que armarse de forma positiva, para que este en tu conciencia, como la retroalimentación que necesitas, para surgir en el descubrimiento de ti mismo y tu alrededor, hoy en este día vuelves a nacer tu contribución pasara a la historia, tu espíritu estará alrededor del mundo, naciendo del alma y del corazón. Estas palabras que voy expresar están en lo profundo de mi corazón, pero es una energía que no puedo detener necesitan escucharla, por favor escúchenla con el alma, el corazón, con el cuerpo entero, dice así;

Universo

Que pequeño me siento ante tu grandeza.

Muchas preguntas interactúan por mi mente pensando esencialmente ¿Quién soy?

Existen infinidad de respuestas, pero ninguna me llega al corazón.

Mi alma y mi espíritu están con hambre de conocimiento, sabiduría, experiencia.

A veces me preocupa mí alrededor, es un sentimiento, en donde la tristeza desaparece.

La alegría florece, la grandeza que observo es original, es única, no es material.

Me siento pequeño ante tu grandeza, con el interés de conocer más.

Encontrar el tesoro más preciado que es la sabiduría, razón de vida.

Mi mente se esparce, se extiende buscando paz, entendimiento y reflexión.

Mi deseo más grande cultivar una semilla que llegue a cada rincón.

Que se disfrute ese fruto que es la meta cumplida, la realización.

Universo magnifico, que eres infinidad de respuestas, te llevo en mí, estoy en ti.

Tu complejidad me hace más fuerte, me da varias razones de significado de mi existencia.

Me diste este cuerpo que muchas veces desconozco.

Me diste espiritualidad, la que me lleva a los lugares más escondidos.

Soy un guerrero a tu disposición, te entrego mi vida para que beneficie a la humanidad.

Cada lágrima que ha pasado por mi rostro ha sido la frescura de la sinceridad.

Mi lado humano crece, porque las riquezas materiales, no es un todo.

Existe algo más que le da sentido a mi lugar en este mundo.

Vengo a dar lo mejor de mí, porque la vida es corta.

Cada mensaje que recibo me enseña que la vida es maravillosa.

Los retos que se me presenten, mis caídas, mis fracasos, me harán más fuerte.

Porque mi vida es única e irrepetible, es una película donde yo soy el protagonista.

En donde las fuentes del saber me esperan en la grandiosa montaña de sabiduría.

La experiencia que obtenga me ayudara a tener menos fracasos o salir más rápido de ellos.

Universo la complejidad de mi entendimiento me darán herramientas de lucha.

Mi lado humano crece, la sensibilidad está en mí, los sentimientos florecen.

Las cicatrices cerraron, la espiritualidad me ayuda a enfrentar ese pasado.

Las tormentas me invadieron, pero después llego el sol resplandeciente.

Observé mis tesoros, me di cuenta que soy afortunado.

Lo que pensé que no tenía valor, me enriquece.

Valoro el presente, porque el pasado me dio experiencia y aprendizaje.

Soy dueño de este instante puedo hacer lo que desee, tengo libre albedrio.

El futuro es incierto, no me pertenece.

En este instante de tiempo, voy a luchar con fuerzas, que mi legado se observe día con día.

Que mi orgullo se refleje en la lucha constante, el valor, la disciplina.

Que mi vida tenga sentido en mi bienestar y beneficio de los seres que me rodean.

Pasare a la historia como la persona que lucho con valentía, perseverancia, que nunca se rindió.

Universo tu magnitud es impredecible, para entenderte tengo que ser espiritual.

Mi objetivo encender la luz del corazón, de todos los individuos que deseen un cambio.

Ese cambio que produzca sonrisas, amor y felicidad.

Ese cambio que de un sentido a sus vidas en sincronización con el universo.

Universo tu grandeza me sorprende, sé que estas para observar mis sentimientos.

Sé que estas para saber que necesito la sabiduría necesaria para trascender.

Cada lágrima me enseña los sentimientos verdaderos.

Mis emociones suspiran, por el amor verdadero.

Estoy vivo, consiente de mi contribución hacia el universo.

Estoy dispuesto a entregar mi vida, como ofrenda y luz del universo.

Universo, universo, universo, universo, universo.

Dame vida y energía para demostrarte lo que soy.

Un guerrero capaz de luchar por la felicidad, la esperanza y el amor.

Soy Taoci, tu amigo espiritual, dispuesto a dar seguimiento y solución a tus temores constantes, a lo magnifico que es la vida, al disfrute de este gran instante. Observo a mi alrededor son unos aplausos que salen del corazón, no soy el único que llora, todos los rostros están llenos de lágrimas, pero son unas lágrimas especiales que transmiten energía, sinceridad y amor, se retira el gurú Taoci, su presencia muestra espiritualidad, una transportación a lo no real, se encienden todas las luces, soy Aracelint, en este momento, esta es su casa, cada mes uno de ustedes abandonara este lugar.

Comienza un proyector a mostrarnos las imágenes en una pantalla, van a contar con 12 casas que se han realizado para que ustedes tengan el mejor lujo y comodidad, cada una cuenta con un centro de estudio de lo más moderno, cuentan con un chef especial para cada uno de ustedes, zona de masaje, sauna, un hospital privado, área de yoga, meditación, una alberca por casa, el gurú Taoci se encuentra en esta montaña, algún día sabrán el porqué de su ubicación e infinidad de cosas que conocerán de acuerdo a su instancia, les comunico que cuando queden solo seis participantes cambiaran de residencia hacia este castillo que ven a su alrededor, aquí en la pantalla les muestro el horario semanal durante cuatro semanas, cada mes cambiara, como quiera cada uno contara con el físicamente, para su análisis y comprensión;

Lunes	Profesor	Materia
8:00 a 10:45	Salomomr	Entrenamiento Físico y mental I
11:00 a 12:45	Laeva	Liderazgo global I
12:50 a 13:50	COMIDA	
14:00 a 15:45	Teslac	Innovación I

	Profesor	Materia
16:00 a 17:45 entendimiento I	McYuretzili	Comunicación y
18:00 a 18:55	Edisonic	Ideas trascendentales I
19:00 a 20:00	Noetherli	Yoga Bioenergética I

Martes	**Profesor**	**Materia**
8:00 a 10:45 Entrenamiento I	Salomomr	Filosofía deportiva y
11:00 a 12:45	Markl	Desarrollo Humano I
12:50 a 13:50	COMIDA	
14:00 a 15:45	Vincir	Creatividad I
16:00 a 17:45	Curielm	Motivación I
18:00 a 18:55	Yessica	Mentalidad positiva I
19:00 a 20:00	Noetherli	Yoga Bioenergética I

Miércoles	**Profesor**	**Materia**
8:00 a 10:45 especiales I	Yessica	Entrenamiento fuerzas
11:00 a 12:45	Laeva	Liderazgo global I
12:50 a 13:50	COMIDA	
14:00 a 15:45	Teslac	Innovación I
16:00 a 17:45 entendimiento I	McYuretzili	Comunicación y

| 18:00 a 18:55 | Edisonic | Ideas trascendentales I |
| 19:00 a 20:00 | Noetherli | Yoga Bioenergética I |

Jueves	**Profesor**	**Materia**
8:00 a 10:45	Salomomr	Filosofía deportiva y Entrenamiento I
11:00 a 12:45	Markl	Desarrollo Humano I
12:50 a 13:50	COMIDA	
14:00 a 15:45	Vincir	Creatividad I
16:00 a 17:45	Curielm	Motivación I
18:00 a 18:55	Yessica	Mentalidad positiva I
19:00 a 20:00	Noetherli	Yoga Bioenergética I

Viernes	**Profesor**	**Materia**
8:00 a 10:45	Salomomr	Entrenamiento Físico y mental I
11:00 a 12:45	Markl	Comunicación I
12:50 a 13:50	COMIDA	
14:00 a 15:45	Vincir	Creatividad I
16:00 a 17:45	Curielm	Motivación I
18:00 a 18:55	Yessica	Mentalidad positiva I
19:00 a 20:00	Noetherli	Yoga Bioenergética I

Sábado	Profesor	Materia
8:00 a 17:45 exploración Fuerzas	Salomomr	Entrenamiento
	Yessica	Especiales I
18:00 a 20:00	Noetherli	Yoga Bioenergética I

Domingo

Descanso estratégico; con opciones de trabajo de acuerdo a las necesidades del participante.

Nota importante:

Todas las materias van enfocadas, con el proyecto de cada competidor.

Este es el grandioso horario, que guiara sus caminos, hoy es domingo relájense, mentalícense, para el día de mañana que van a necesitar toda su energía disponible, sírvanse abordar el autobús que los llevara a sus nuevos hogares disfruten de este bello y magnifico lugar, que tengan un excelente día, soy la profesora Aracelint nuevamente les doy la bienvenida a esta su nueva casa.

Nos retiramos es magnífico, las materias con las que contara el gran grupo y lo importante es que yo formare parte del equipo de ellos, tomare las clases, estaré a las expectativas de lo que ocurra, subimos al lujoso autobús, es magnífica la tecnología y la belleza a nuestro alrededor de esta isla, son modernas sus vías de comunicación, con la naturaleza única que la caracteriza, cuenta la carretera con un cerco casi invisible, detrás se observan infinidad de fauna y flora, cascadas hermosas, lagos cristalinos de color azul turquesa, que belleza perciben mis ojos es algo único, una joya, un tesoro que no se puede observar en cualquier lugar, estamos en un paraíso terrenal.

Llegamos al lugar indicado es una estructura arquitectónica fabulosa, todo es futurista, nunca había estado en un lugar así, la combinación se asemeja a un sueño, con la naturaleza única y especial que hay aquí. Bajamos del lujoso autobús, que maravilloso lugar, cada uno de nosotros contamos con nuestra propia casa, en cada casa hay un nombre resplandeciente como el oro, este gran detalle nos hace especiales, ahí está mi casa dice Sr. Richc, nos indican que podemos pasar a nuestras casas, que leamos la documentación que está en nuestro escritorio, observo unas caras de asombro de los competidores, desde que los he visto, siguen manteniendo sus expresiones igual, es que esta experiencia que estamos viviendo es única e incomparable, nos despedimos todos y cada quien entra a su casa, es fabulosa la puerta de entrada, todo es lujo a mi alrededor, todo es moderno, mi área favorita la oficina esta grandísima hecha con unos vidrios geniales, tengo una vista de 360 grados, tengo vista hacia un lago, hacia el bosque, hacia las montañas, es el lugar que siempre he soñado, es un lugar que produce inspiración, cualquier escritor, tomaría este lugar como un centro espiritual de aprendizaje, sabiduría y meditación.

Bajo las escaleras, la cocina es esplendorosa hay una computadora, voy a leer el instructivo, a que bien, puedo comer lo que desee y alguien me lo traerá, dice una nota importante, todo lo que consumas aquí es lo más fresco y saludable del mundo, tu alimentación es nuestra responsabilidad, que bien, con esa alimentación tan genial, tienen que surgir las ideas de complemento para los proyectos de los competidores, continuo mi camino de conocimiento de esta gran casa, hay una sala blanca esplendorosa con una luz brillante, los vidrios transparentes muestran una alberca fabulosa, hay una mesa que tiene un libro que dice instrucciones, importante todos los días el punto de reunión va ser al 7:45 en la planta baja del edificio, que tienen enfrente de ustedes al centro de todas las casas, en realidad es fácil distinguirlo, es una estructura tan llamativa, su arquitectura futurista sobresale.

Bueno yo creo que ya me voy a descansar, mañana nos espera un día esplendoroso, voy a la zona de sueño me imagino que debe estar como todo increíble, subo las escaleras y observo algo genial, es una cama enorme, esta grandísima la habitación tiene estancia, una sala, escritorio, la computadora me muestra en el monitor todas las habitaciones de la casa, oh genial, tengo una biblioteca propia, pensaron en todo, en todas nuestras necesidades, hay aquí en la computadora una función, que me indica que es un despertador, lo voy a programar a las 6:50 de la mañana, voy a desayunar excelente, puedo programar mi desayuno, lo que deseo y a qué hora lo quiero, yo creo que el desayuno a las 7:05, hasta la computadora es genial, está a un costado, casi llegando a la puerta, incrustada a la pared, como si fuera parte de ella, se apaga sola y la puedo prender táctilmente, si, la tecnología nos facilita las cosas, crea lujo en cualquier lugar o yo diría que es una necesidad.

Escucho una voz celestial, por favor levántate es un nuevo día, lleno de luz y felicidad, por favor levántate hoy es un día genial, un día maravilloso, por favor levántate, tendrás un día único y especial, me levanto, el despertador deja de hablar, se desconecta digital, todo lo positivo que expreso, es genial porque esa vocecita entra en mi subconsciente, me llena de energía, me baño y bajo al desayunador, está servido un jugo de arándanos, manzana y kiwi, sabe genial y lo mejor que es fresco, cereal, pan integral, yogurt, dos plátanos, una manzana, un jugo de jitomate y listo energía para comenzar el día, termino me relajo voy al baño y me dirijo al lugar indicado, la fortaleza del saber.

El edificio donde recibiremos las clases, es un sol genial y fantástico, que le da energía a todo mi cuerpo, estamos reunidos en la planta baja son las 7:40 de la mañana, 7:45 nos indican que subamos a unos carritos parecidos a los de golf pero modernos, más grandes, leí en el instructivo que su combustible es la energía del sol, que maravilla, son veloces son las 7:50, estamos en un estadio grandioso, tiene una alberca olímpica, hay un trampolín profesional de clavados, una pista de carreras, un edificio donde hay un gimnasio supergenial, el estadio es muy futurista, por lo que leí, genera su propia energía, esta nuestro profesor Salomomr con lentes deportivos negros al centro del estadio se ve como un guerrero listo para trabajar, jóvenes competidores, estoy impaciente por comenzar, impaciente por conocerlos, por estudiar su mentalidad, su resistencia física, conocer su personalidad, están listos, todos contestamos si estamos listos, les voy a dar una semblanza de mi forma de trabajar, a partir de hoy no existen pretextos se quedó en el exterior, en el pasado el no puedo, aquí en mi clase van a dar su mayor esfuerzo, los voy a preparar como unos deportistas de elite, sé que me van a odiar al principio, pero con el tiempo se darán cuenta que el beneficio y la filosofía de vida que obtendrán quedara clavada en su corazón, en su sangre, en sus pensamientos, en su mentalidad, quiero que estas palabras les lleguen a la mente y después al corazón se llama;

El fracaso que se convirtió en poder

Me canse del fracaso, lo odie con todas mis fuerzas.

Se volvía a presentar, era tal su impulso que me hacía llorar preguntando ¿Por qué?

El temor se incrementó, con el sentimiento de volver a fracasar.

Mi mente se trastorna, con el miedo de continuar mi camino.

El fracaso está en mi mente, lucho día a día por desaparecer ese terror.

Estoy lleno de rencor, destrozado, desesperado, siento desfallecer.

Vuelvo a nacer la luz me rodea, la energía se transporta por mi cuerpo.

El fracaso que se convirtió en poder, lo siento en mi alma, en mi espíritu, en mi corazón.

Todo mi coraje, mi rencor, mi fuerza, le dan muerte al fracaso.

Vuelvo a surgir, vuelvo a nacer, con la mentalidad de ser un ganador.

El fracaso murió, soy más fuerte, mi experiencia me ayudo a no pensar en la derrota.

Voy a entregar todo mi cuerpo, toda mi energía, para ser el mejor.

Estoy determinado a dejar una huella positiva de mi vida.

Para que mi legado quede escrito en mi mente y en el tiempo de que siempre luche.

De que siempre hice hasta el último esfuerzo, para sobresalir.

Nunca hubo una meta sencilla, cada día fue diferente, cada día me entregue al máximo.

Mi familia, mis seres queridos, la población en general, sabe que soy un guerrero.

El fracaso se convirtió en poder, cuando decidí ser el mejor.

El fracaso se convirtió en poder, cuando decidí luchar hasta morir.

El fracaso se convirtió en poder, cuando me olvide del dolor, encontrando la experiencia.

El fracaso se convirtió en poder, cuando supe que los milagros existen.

El fracaso se convirtió en poder, cuando me conocí y los pretextos desaparecieron.

El fracaso se convirtió en poder, cuando volví a nacer.

Soy su entrenador en esta clase no hay pretextos, todos los ejercicios que ustedes elaboren, yo también trabajare a la par con ustedes, nuestro grupo es uno solo, somos una sola fuerza, estamos para apoyarnos, comprendernos y alcanzar el éxito. Iniciamos; que clase Dios mío, espero aguantar, comenzamos haciendo ejercicio físico, despúes nos dijo que corriéramos, salimos del estadio por un túnel subimos una montaña, la bajamos, regresamos al mismo lugar, realizamos estiramientos, nos mandó a las regaderas y nos dijo, los veo en la alberca.

Me quedo asombrado todos aguantamos los ejercicios, no sé si fue la filosofía que nos transmitió en sus palabras o que cada competidor es atleta, yo digo que fue la filosofía, todos tenemos hambre de triunfo, si estamos aquí es porque en nuestros proyectos tenemos perseverancia, nadamos un poco más de una hora, fue muy cansado, pero todos aguantamos el gran entrenamiento de elite.

Son las 10:15 el profesor nos dice, competidores por el día de hoy a terminado el entrenamiento, me sorprendió su condición física es esplendida, son unos grandes guerreros, les agradezco, el empeño, la fuerza que demostramos, vamos a unir nuestras manos y nuestro grito de guerra será, somos campeones y fuertes, así lo gritamos tres veces, más fuerte, que salga de su corazón, con fuerza, compañeros, con fuerza, vayan a darse un regaderaso, que tengan un excelente día, mañana nos vemos, con la mayor fuerza.

Que hermoso es hacer ejercicio nunca había hecho de esta manera, que profesor tan mas genial, me sorprende que trabajo igual que nosotros, todas las rutinas, que gran profesor, los que he tenido únicamente te dan indicaciones y tú haces todo, me encanto este entrenamiento de elite es único, el profe se ve bien rudo, pero está perfecto que sea así, un grupo disciplinado y con energía, es grandioso, esencial para el desarrollo, ya bañaditos y frescos nos dirigimos en los carros solares hacia el edificio, para recibir nuestra próxima gran clase, estamos en la planta baja son las 10:50, nos dicen que subamos al piso 19 que la profesora Laeva, nos espera con la materia Liderazgo Global.

Llegamos al gran salón a las 10:55, que bueno que todo sea puntual y exacto eso habla muy bien de cualquier organización, comenzamos exacto a las 11:00 se realiza una dinámica en donde cada uno de nosotros nos presentamos, junto con el proyecto y creación de cada competidor, una explicación breve de los beneficios que se proporcionaran a la población mundial, que proyectos tan interesantes, se ve que se han hecho con el alma, el corazón, sentimientos y con gran sensibilidad, ahorita que acabo de escuchar todos los proyectos son geniales, va ser muy difícil para los jueces, escoger al ganador, pero así son los concursos hay perdedores y un solo ganador, pero mi mentalidad dice que todos los que están aquí, por ese simple hecho ya son ganadores, habla la profesora Laeva, competidores es grandioso escucharlos, todos los proyectos son espectaculares, a todos ustedes los considero líderes Globales, entregaron el corazón en cada uno de sus proyectos, me siento orgullosa de pertenecer a este grandioso grupo, ahora yo hare mi presentación hablándoles con el siguiente título;

Líder global

El mundo te reconoce, has dejado huella en varios corazones.

Caminas y volteas hacia atrás, observas infinidad de seguidores.

Regresas al pasado revives tus cicatrices que quedaron frescas.

No fue fácil obtener este gran reconocimiento.

Durante mi camino hubo demasiados fracasos, me canse de tanto fracasar.

Llego el momento en que mi mentalidad despertó con una fuerza sobrenatural.

Deje de luchar contra la corriente y me deje fluir, fue un encuentro agradable.

Mi decisión me hiso soñar y creer en el milagro más grande, creer en mí.

Creer en la sincronización del universo, mi acto de fe creció.

En mi camino de pérdida conocí personas valiosas, que se integraron a mí.

Construí un gran equipo, nos convertimos en una sola estructura.

Comenzamos de cero con la ilusión de que llegara el gran milagro.

Después de sufrir, llorar juntos, reflexionar, sucedió el milagro que nos transformó.

Me convertí en un líder global, que trabaja con coraje, sentimientos, sinceridad y amor.

Mi equipo me acepto, me dio la oportunidad de dirigir, pero me di cuenta que seguíamos siendo unión y fuerza.

Soy un líder global que depende de su equipo y de las personas que lo rodean.

Soy un líder global, que lucha con las personas que lo rodean para construir.

Soy un líder global, que cree en la proyección de los sueños.

Soy un líder global, que cree en los sueños.

Soy un líder global, que cree en los milagros.

Soy un líder global, que cree en su gente.

Soy un líder global, que cree en el mundo globalizado.

Competidores, ustedes son un líder global, porque tienen pensamientos hacia la población mundial, continua la clase es demasiado interesante, esas palabras que acaba de mencionar la profesora son geniales, cualquier líder en el mundo, debería de escucharlas para salir con más coraje, deseos de sobresalir y de hacer que su equipo u organización llegue al desarrollo. Termina la grandiosa clase, la interacción fue genial y a comer.

Son las 12:45, en el instructivo decía que el comedor está en el piso 26, estamos reunidos en un gran bello comedor, empezamos a intercambiar palabras es genial, todos ya configuramos lo que deseamos comer, yo voy a cambiar algunas cosas es excelente tener en el comedor tanta tecnología, táctilmente vuelvo a marcar mi orden y a las 12:55 todos estamos felices comiendo, es hermoso comer, la música del salón es genial es instrumental, combinada con jazz, instrumentos raros, pero me relaja, terminamos de comer son las 13:40, salimos a las 13:45 hacia el elevador, nos toca la siguiente clase en el piso 15 llegamos al salón de clase a las 13:55 nuestro profesor está presente, comienza la clase 14:00, grandes competidores soy Teslac voy impartir la clase de Innovación, quiero que cada uno se presente, en unión a su proyecto, quiero que sean una sola persona, adelante, quiero conocerlos, después de que todos se presentaron de forma tan innovadora, cada uno se expresó al máximo, este concepto ayudo a que el proyecto se fundiera en una sola idea, soy Teslac su profesor, todos los proyectos que han presentado son dignos de un premio, la premisa que se observa es la innovación, me encanta que la fusión se manifiesta, me presento con este título;

Innovación

Me sentí sin salida, sin sentido de vida real.

Tenía mucha gente que dependía de mí, pensé, observé, volví a pensar.

No encontraba salida, hasta que la luz me ilumino, un calor inmenso sentí por todo mi cuerpo.

Comencé a recopilar ideas, a escuchar, a buscar alternativas, a soñar.

Mire a mi exterior, fortaleciendo mi interior.

Recopile las ideas, reagrupe a mis soldados listos para la guerra empresarial.

Surgió la idea, nuestro lenguaje se fortaleció apareció innovación.

Un término fácil de pronunciar, difícil de aplicar.

Innovación, palabra agregada oficialmente a nuestro lenguaje.

Innovación, nos dio enseñanza, aprendizaje y sabiduría.

Innovación, nos dio recursos, personalidad, logros, esperanzas.

Innovación, nos dio creación, competencia, paciencia, empuje.

Innovación, nos dio libertad, despertó nuestros sueños, sincronización, unión.

Innovación, despertó nuestros sentidos, nos enseñó que podemos hacer realidad los sueños.

Innovación, nos enseñó, que creció nuestra personalidad, que aumento nuestro estatus social.

Innovación, complemento, estructura, base de negocios, alternativa de surgimiento global.

Innovación, nuestras mentes entraron en acción, despertaron de la derrota y el fracaso.

Innovación, nos dio nuevas propuestas, nos hiso inventar, modernizar nuestros sistemas.

Innovación, nos dio nuevas ideas, que proyectamos en nuevos productos.

Innovación, nos dio una filosofía de servicio, para hacer crecer nuestros procedimientos.

Innovación, nos dio la oportunidad de acercarnos a nuestros clientes de forma espiritual.

Innovación, al aplicarla conocimos el éxito y el proceso hacia la excelencia.

Innovación, nos dio una manera correcta de ver el presente, sin imaginar la grandeza que obtendremos en el futuro.

Innovación, un concepto que cambia sociedades uniendo al mundo.

Innovación, los factores de producción se combinan de una manera novedosa.

Innovación, me dijo que los inventos son la clave del crecimiento económico.

Innovación, me dio un grupo de emprendedores, dispuestos a luchar hasta el final.

Innovación, me dio el interés y la búsqueda de nuevos conocimientos.

Innovación, me dio soluciones y placer por la renovación.

Innovación, me enseñó a crear, amar, a unir, a visualizar, a dejarme fluir.

Innovación, me dio un poder espiritual una conexión con el mundo.

Innovación, es creación, modernización, transformación, cambio.

Innovación, es coraje, amor, ilusión, sueños, milagros cumplidos.

Innovación es un gran valor, poder de decisión, ser apasionado.

Innovación es unión y fuerza.

Competidores esa es su vida, ese es su concepto, es por lo que deben estar dispuestos a morir, por la grandiosa palabra que es la innovación. Qué maravilla Dios mío, son geniales los profesores hablan con el corazón, llegan a lo profundo de nuestras emociones, esto es genial, las emociones mueven todo, dan valor y poder, 15:45 termina la clase, nos dirigimos al elevador vamos al piso 31, estamos en el salón de clases son 15:55 la profesora esta puntual en el salón, hola a todos, mis mejores deseos, hoy estamos por comenzar una gran aventura, soy la profesora McYuretzili, mi materia es Comunicación y entendimiento, aquí en este instante las comunicaciones van a realizarse de manera profunda, trabajando el lenguaje corporal al máximo, empleando todos los sentidos y emociones, aquí van a desarrollar una comunicación real, les pido por favor a cada uno de ustedes, que me comenten de su proyecto de forma real, que sensibilicen su trabajo, que se transporten al sentido espiritual de cómo surgieron sus ideas, quiero que su proyecto lo expresen al máximo, deseo que me comuniquen sus ideas, para entenderlos y conocerlos a profundidad, si quieres ser el mejor, tienes que dar lo mejor, pero con sensibilidad, que reflejen tus ideas, tu proyecto, tus sentimientos, comenzamos con la gran aventura, son dueños del salón de clases.

Todos comunicaron su proyecto, hubieron lágrimas, dolor, sentido espiritual, conexión, que gran materia, es genial, en una clase aprender a comunicar de esta forma, me transformo, yo siento que unió más al grupo, esas lagrimas que se produjeron en esta clase, nos dan sensibilidad, amor al prójimo y ser grandes observadores del sacrificio que se realizó antes de llegar hasta aquí, que existieron fracasos que dieron más fortaleza, entendimiento, amor, ilusión, son las 17:45 termina la hermosa clase, nos dirigimos nuevamente al elevador, al salón 22 comenzamos a las 18:00, la siguiente clase, se escucha la voz del profesor, competidores sean bienvenidos soy su profesor Edisonic, la materia que voy a impartir es Ideas trascendentales, que les explico con esto, que las ideas han sido objeto de veneración, compartidas en todos los tiempos, muchas veces guardadas como tesoros tan valiosos, en infinidad de ocasiones no se compartieron, pero lo que sabemos a través de la historia es que han existido infinidad de ideas pero son pocas las que trascienden o viven por siempre, quiero que cada uno de ustedes se presente con su nombre, que manifieste una idea del pasado que está presente, con su respectivo autor, adelante competidores los escucho, todos comienzan a expresarse, algunas ideas son muy conocidas, pero otras se han olvidado, pero lo genial de esto, es que el intercambio de ideas nos enriquece, nos da mayor aprendizaje, nos da un análisis único.

Bueno competidores muy agradecido, por su intercambio de información, hicieron esta clase enriquecedora, es corto el tiempo que interactuamos, pero hemos aprendido algo importante, que muchas veces, requiere de muchísimo tiempo, les agradezco su gran aportación que tengan una excelente noche. Terminamos exacto a las 18:55, salimos nos dirigimos al piso 23, entramos es un aroma excelente, una música suave que penetra los oídos como un susurro celestial.

Sale la profesora completamente vestida de blanco, habla con una voz penetrante hola competidores bienvenidos a este campo energético aquí llenaran sus cuerpos de energía, para descansar en paz, para que el nuevo día fluyan las ideas, aumente el aprendizaje, nazca la experiencia y llegue el tesoro preciado que es la sabiduría soy su profesora Noetherli, Yoga Bioenergética, es la energía que llegara a todos sus cuerpos, la aura del universo los enseñara a recibir con creces, todo lo que la vida les proporcione, cada detalle por mínimo que sea los llenara en la conciencia de nuestros ancestros, listos comencemos, la profesora nos muestra infinidad de posiciones de yoga que vamos realizando a su ritmo, es una delicia recibir esta gran clase son las 19:00.

Chicos hemos terminado, así debe ser su respiración profunda, el aire que inhalan es de ustedes, acepten lo que les da la naturaleza, reciban todo con abundancia, gócenlo, disfruten, utilicen todos sus sentidos, somos dueños de lo más valioso en el mundo que es nuestro cuerpo, somos millonarios tenemos infinidad de riquezas, contamos con ojos, que no tiene ninguna maquina tecnológica en el mundo, todo nuestro cuerpo es una maquina poderosa, genial, única, aprecien su cuerpo, es un tesoro incomparable, utilicen la magia de su cuerpo, todos los sentidos deben funcionar, su capacidad sensorial debe estar atenta al exterior y al interior de ustedes, llénense de energía, aprovechen su energía para realizar capacidades positivas, únanse al positivismo, complementen su vida con ideas creativas, yo su profesora Noetherli, les deseo una noche agradable, en lo que crean refléjenle su gratitud, pidan fuerzas, para continuar su camino con magia y mucha energía, sonrían, disfruten este gran momento, porque es único, especial, maravilloso, fantástico, genial e incomparable.

Disfruten la vida al máximo, disfruten cada instante como si fuera el último en sus vidas, eso los enseñara a vivir al máximo, con dedicación, fuerza, coordinación, espiritualidad y amor. Que grandioso día, lleno de muchísimo aprendizaje, de sueños, esperanzas, milagros, me pregunto yo, si la educación fuera de esta manera, los alumnos irían felices a la escuela, con ilusión, con ganas de aprender algo nuevo, las dinámicas que se mostraron en las clases son geniales, son dignas de reconocimiento y de imitación, en realidad si las clases fueran así aumentarían el conocimiento, la educación seria excelente, las competencias serian geniales en las sociedades, si se creara una cultura de desarrollo en la educación, las sociedades mejorarían, la calidad de vida sería productiva, los sistemas tendrían mejor personal capacitado, se lucharía por un beneficio mutuo y a la vez generalizado, sería estupendo, agradable, asistir a la escuela, con estas enseñanzas y formas de trabajar, aumentaría el intercambio de ideas, se realizarían infinidad de proyectos en beneficio de las sociedades, la población en general disfrutaría de un estatus social satisfactorio que cumpliera con todas sus necesidades, bueno me dirijo a mi grandioso hogar, oh de repente observo que alguien sube la montaña, se dirige hacia el Gurú espiritual Taoci, no lo alcanzo a distinguir, voy apresurado a mi casa a revisar las imágenes del templo, comienzo a revisar las imágenes del monitor A1.

Capitulo III

Estoy observando no aparece el competidor, quien será, que es lo que desea, es el primer día de clases y ya están recurriendo al Gurú, debe ser algo importante, acaba de entrar no lo alcanzo a distinguir, voy a realizar el acercamiento es Mahatmae de la India, se escucha buenas noches Gurú Taoci, soy, se escucha la voz del Gurú, detente ya no digas más ya sé a qué has venido Mahatmae, pero quiero que me hables con sinceridad y el corazón, para ayudarte y darte una respuesta que te ilumine espiritualmente, gurú estoy triste y preocupado, las clases fueron geniales, pero estoy muy agotado, con ganas de renunciar e irme a la India, siento que a lo mejor mi proyecto no será efectivo, hijo la mente muchas veces crea caos y conflictos inexistente, que a lo mejor ni siquiera van a ocurrir, pero te entiendo, no estás acostumbrado a este tipo de clases, a este tipo de conocimiento, pero realmente, te darás cuenta con el paso de los días, que este conocimiento que transmiten los profesores es único, porque eres libre para ser creativo e innovador, respeto tus creencias, pero debes ser más espiritual, ser agradecido con los pequeños detalles, pedir con fervor el logro de tus objetivos y metas, lucha a diario al máximo como si fuera el ultimo día que estas en este lugar, déjate llevar, fluye como el agua no te detengas, pero con fuerza y determinación.

Los cambios son difíciles, necesarios para mejorar, acércate a mi siéntate de frente, el gurú coloca su mano en la superficie de la cabeza a la vez se escucha un mantra que sale de su interior, al terminar se escucha hijo he revisado de forma espiritual tu vida, he penetrado, por los abismos tormentosos que has pasado y he observado unas luces que siempre han estado contigo, has tenido una vida difícil, has sufrido, has llorado, te has preguntado el ¿Por qué? De tus sufrimientos, has buscado explicaciones, le has preguntado a tu Dios, porque te sucede a ti todo esto, te entiendo al revisar tu vida, pero te digo algo a nosotros desde que nacemos nunca imaginamos el futuro que vamos a tener, tú has sufrido demasiado porque tu padre fue alcohólico, trataba mal a tu madre, hermanos y a ti, incluso intento matarte en varias ocasiones, si hijo llora tiene que salir todo ese dolor, cuentas conmigo, yo te ayudare a seguir tu camino espiritual, has pasado mucho sufrimiento, en mi mente está tu historia de vida, no te la voy a contar toda porque tú ya la conoces, lo que voy a ser que te des cuenta, de que muchas veces las situaciones que pasan son por algo, una forma de conocimiento que no has entendido todavía.

Sé que es difícil, por la carga tan pesada de sufrimiento que llevas, reconozco que eres una gran persona, que los vicios los has evitado al máximo, que durante tu trayecto de vida, has buscado personalidades positivas, imágenes positivas, has luchado por mantener una luz en tu camino, que te ha beneficiado mucho, imagínate, comienza a reflexionar, en el gran lugar que estas, con la gran responsabilidad de contribuir con tus ideas y conocimientos para la Misión, eliminar la pobreza mundial, te voy a decir algo que quiero que guardes en tu corazón y cuando te sientas perdido, que no tienes esperanza, solución, abre tu corazón para que salgan estas palabras, es duro decirte, incomprensible, pero es la realidad, el sufrimiento es necesario en nuestras vidas, duele muchísimo, nos hace desfallecer, pero el sufrimiento nos da personalidad, nos da agallas para enfrentar lo que se nos presente, imagínate que hubieras tenido una vida ejemplar, la que hubieras deseado, no fueras un guerrero.

Un guerrero nace cuando hay batallas, tu durante tu vida has tenido muchas batallas, te han dado una perspectiva positiva de lo que es el mundo, si no hubieras sufrido no tendrías espíritu de lucha, esa energía que demuestras en las tormentas y tempestades, siempre déjate fluir, Dios es testigo de lo que te está sucediendo, pero eso sí, debes luchar por siempre nunca darte por vencido, cada día obsérvalo como un día diferente, en donde tus fuerzas resurgirán, terminaras agotado, descansaras y esperaras el nuevo día, he notado en ti algo importante que algún día te lo diré, en tu mente guarda tus herramientas para la guerra de la vida, se perseverante, audaz, determinado, consiente, cuando menos te lo esperes, llegara el tesoro tan preciado que es la sabiduría, búscala por siempre, olvídate de lo material eso llega solo, ubícate en obtener el tesoro más preciado que es la sabiduría, ¿Cómo te sientes? Gurú, gran señor, me siento fantástico, con una energía inexplicable, estoy listo para enfrentar lo que se me presente, me encantan esas palabras, me gusta tu poder de decisión, tu Mahatmae, tienes la solución a todos tus problemas.

Cuando te das cuenta de lo que te rodea e interiorizas tus capacidades, tu modo de pensar se enriquece, cuando hablas con sinceridad y desde el corazón, las soluciones llegan, hijo mío ve con Dios, descansa relájate, fortalece tus energías porque mañana te espera un gran trabajo, abrazo al gurú, se ve como si fuera un niño abrazando a su padre, hay Dios este aprendizaje es genial, como Psicólogo, siento que todavía me falta por aprender, cada día es diferente, único y especial, las experiencias que obtienes se ven reflejadas en los conocimientos que transmites, me quedo asombrado como el gurú supo quién lo visitaba, como conoce toda su vida, que poder dios mío, pensé que eso solamente existía en las películas de ficción, que grandioso día Dios mío, es un día genial el primer día, que riqueza de día, bueno voy a cenar, voy a la biblioteca por un libro y a dormir.

Suena el despertador son 6:50, se me hiso muy corta la noche, después de desayunar y bañarme, estoy listo, estamos todos reunidos a la 7:40, tomamos los autos que su combustible es la energía solar, ha si deberían ser todos los autos, en realidad el medio ambiente mejoraría, tendríamos la capacidad de tener un aire fresco, puro, el calentamiento global desaparecería de nuestro lenguaje, se tendría un mundo con las condiciones ideales de vida, son 7:50 el profesor Salomomr esta como siempre, en el centro del estadio, luce ropa deportiva con lentes, tiene personalidad guerrera, se escucha su voz fuerte, clara, bienvenidos a un nuevo día competidores, como ya saben hoy es la clase Filosofía deportiva y Entrenamiento comenzamos con la filosofía;

Filosofía de vida

Cuantas veces has deseado no estar en un lugar, no enfrentarte, no luchar.

Pero la vida está llena de retos, dificultades, fracasos, perdidas.

Pero la vida continua, si quieres ser un ganador, debes estar dispuesto a sufrir.

Después de las tormentas, cuando llega la calma, es tiempo de construir.

Tu vida está llena de retos, eso es vivir.

No eres dueño del pasado y del futuro, eres dueño de este instante.

Tus lágrimas han quedado en el pasado.

Pero tus cicatrices nunca desaparecerán, tus lágrimas volverán.

Mejor vive el presente al máximo, eres dueño de este gran momento.

Si tienes que disfrutar hazlo al máximo, si tienes que luchar, lucha con fuerza.

Tienes odio, coraje, transmite toda esa energía y conviértela en energía positiva.

Tú eres dueño de tus pensamientos, cuentas con una maquina genial que es tu cuerpo.

Trabaja día con día, sin esperar los resultados, cuando menos lo esperes, tocara a tu puerta la gran sorpresa.

Lo que siembres es lo que cosecharas, si siembras iniciativa, constancia, fervor, amor, la riqueza te rodeara.

La riqueza no es solo material, es espiritual.

Debes ser gran observador de los pequeños detalles, debes disfrutar de esos regalos.

No tengas miedo, ten precaución.

No tengas rencor, lo negativo cámbialo por amor.

Lucha al máximo, para que las futuras generaciones, observen tu huella y la sigan.

Ríe, disfruta, goza, se responsable, puntual, ten una ética que proyecte tu personalidad.

La filosofía de vida está en ti, te pertenece, tu completas esos capítulos que te distinguirán.

La filosofía de vida, complementa tus parámetros de existencia.

La filosofía de vida, es tu historia de vida con espiritualidad y amor.

La filosofía de vida, es un complemento sobre tu existencia en este mundo.

La filosofía de vida, es como te enfrentas a las tormentas, a los retos, a ti mismo.

La filosofía de vida, es energía, causa, efecto, es amor.

Competidores sé que las cosas en la vida no son fáciles, pero si analizamos, evaluamos, hay que darnos cuenta que todo tiene su grado de dificultad, quiero que cada uno de ustedes me diga que le pareció el entrenamiento de ayer y que significado le da a su vida.

Cada uno de los competidores hablo con gran filosofía, un sentido especial, pero cuando le toco a Florencet dijo, profesor yo analice parte de la noche y mi pregunta es ¿para qué nos sirve esto? Yo soy gimnasta, parte de mi vida he hecho mucho ejercicio, yo siento que nosotros venimos a este lugar a desarrollar nuestro proyecto, no ser atletas de elite, gracias Florencet, por tu pregunta interesante, que creen que desde el día de ayer estuve esperando esta gran pregunta, en realidad el ejercicio físico es para infinidad de cosas, pero se los menciono de forma delimitada, pero clara; es para que no se enfermen, aumente su salud mental, reduzcan el estrés, desaparezca el miedo, que estén bien sus niveles de azúcar en la sangre, controlar su peso, aumentar la capacidad de aprendizaje, concentración, estado de alerta, para que tengan una calidad de sueño placentera, que tengan un sueño reparador y profundo, fuerza en todos sus músculos, fortalecimiento de su corazón, que tengan personalidad atlética, me puedo pasar todo el día hablándoles de los beneficios, pero esto es en resumen, quedo claro, todos contestaron si, bueno si no hay dudas a trabajar comenzamos.

Ya que terminamos la gran tarea, después de nadar nos bañamos y nos dirigimos al edificio son las 10:50, vamos al piso 32 son 10:55 estamos en el salón de clases nos observa nuestro profesor, paciente, bienvenidos competidores soy Mark yo les impartiré la materia Desarrollo Humano, ustedes son líderes deben manejar perfiles de imitación efectiva, que quiero decir con esto, que existen infinidad de personas que los imitan, al terminar este proyecto todos son unos ganadores, todo el mundo los volteara a ver y observaran todas sus realizaciones, sus conductas, su ética, sus implementos positivos y negativos, quiero que cada uno de ustedes se presente de forma aleatoria, con la premisa, que me digan 5 cosas que los identifican como personas positivas, adelante los escucho, después de que cada quien se expresó, me parece una presentación genial, competidores muchas gracias por su retroalimentación es genial escucharlos, ahora me presento yo con el siguiente título;

Desarrollo humano

Me he preocupado por siempre, por mí.

He vivido en una burbuja en donde yo soy el único que vive ahí.

Me he olvidado de los demás, sé que puedo ayudarlos, pero lo he evitado.

Quiero salir de la burbuja, pero me impiden salir los pretextos.

Me gusta adorarme, pensar solo en mí, porque voy a pensar en los demás.

En esta burbuja estoy excelente, me siento especial, no me falta nada.

Pero me doy cuenta que me falta algo grandioso, que es transmitir lo que se.

Tengo miedo de salir de la burbuja, he vivido mucho tiempo ahí, ya me acostumbré.

Pero hoy es un nuevo día, me decido a cambiar a preocuparme por los demás.

Cualquiera diría que no gano nada, pero la experiencia que recibo es el camino a la autorrealización.

Tuve miedo, destruí la burbuja, pero había ocasiones que me imaginaba estar en ella.

Hasta que las relaciones sociales me dieron la oportunidad de ser otro.

Di todo lo que tenía sin esperar recibir algo a cambio.

Desarrollo una palabra genial que hasta hoy la utilizo como una premisa.

Desarrollo humano, es mi trabajo, es mi vida, es mi dedicación.

Es un trabajo difícil, pero que me enriquece y me dirige al gran camino de la sabiduría.

El conocer infinidad de personas, me da la dicha de conocer infinidad de comportamientos.

La experiencia hace que el desarrollo humano sea mi prioridad en esta vida.

Desarrollo humano circulas por mi sangre, estoy feliz de pertenecerte.

Tengo mi legado, por quien vivir por el Desarrollo humano.

Siento que mi vida tiene sentido, porque he plasmado todo, en el desarrollo humano.

Desarrollo humano una palabra, que tiene mucha riqueza, mucha espiritualidad, muchas mentes, muchos motivos.

Desarrollo humano estoy dispuesto a dar mi vida, mi alma y mi espíritu.

Desarrollo humano, desarrollo de vida, desarrollo del mundo.

Soy su maestro Markl, dispuesto a llevarlos por la gran aventura del desarrollo humano, que palabras tan geniales, que presentación, son 12:45 termina la clase, ahora si a comer, nos dirigimos al gran comedor, todos lucen entusiastas, joviales, con mucha energía, que razón tiene el profesor Salomomr, en realidad el ejercicio es una fuente de vida, te da mucha energía, visión, alegría, todos se notan frescos, fluyen las pláticas alegres y felices, disfrutando los sagrados alimentos, terminamos de comer vamos al sanitario, nos lavamos la boca, que frescura ahora si listo para la siguiente clase.

Son 13:55 estamos en el salón de clase, nuestro profesor nos observa, hola jóvenes bueno comencemos, soy su profesor Vincir tengo el privilegio de impartir la materia que mueve al mundo, la materia de los grandes de todos los tiempos, Creatividad, que magnifica palabra, quiero que cada uno de ustedes exponga su proyecto, pero con la idea creativa que se manifestó en ese momento, después de escuchar todos los proyectos geniales como surgieron, el profesor los observo con atención, dice geniales, me gusta cómo comenzó ese gran proyecto con la manifestación más grande que es la creatividad.

En toda nuestra historia han existido mentes creativas que han surgido de la nada, incluso infinidad de creadores, no fueron excelentes en la escuela, o los etiquetaron con una enfermedad, que difícil fue para ellos resurgir de toda esa negatividad, nos sucede muy a menudo, cuando sentimos que todas las puertas están cerradas, no encontramos salida, la única llave que se considera de nosotros, es la creatividad, todo comienza con un sueño, una idea, hasta convertirla en realidad, la sociedad, las personas que nos rodean o incluso familiares muchas veces no creen en nosotros, es importante siempre demostrar con hechos, que los sueños se puede hacer realidad, si nuestros grandes inventores de todos los tiempos, no hubieran actuado ante la adversidad, no gozaríamos de sus grandes creaciones, todos ellos tuvieron la valentía de enfrentarse a todos los hechos negativos que se les presentaban y nunca se dieron por vencidos, hay que agradecer su gran coraje y valor, para presentar sus ideas, en el transcurso de nuestra historia incluso algunos seres creativos fallecieron por sus ideales, ante la ignorancia que en ese tiempo no entendía el valor que estaban proporcionando a la humanidad, todas sus creaciones son un avance para la población de todo el mundo, la tecnología, junto con la creatividad, crea modernización, valores, reducción del tiempo, eficacia, coordinación, producción, ganancias, desarrollo, la historia nos manifiesta que la creatividad ha estado presente en todos los tiempos, las ideas creativas han sido construcción, todo los inventos que observamos a nuestro alrededor, comenzaron con una idea, así comenzó su gran proyecto, faltan pasos para terminarlo, pero lo que si les digo es que luchen por sus ideas, cuando crean en algo que puede producir beneficios, no duden de luchar por su realización, sé que van a encontrar obstáculos de todo tipo, pero al final ustedes tienen la decisión, de que si quieren hacer su sueño realidad.

La creatividad en cualquier proyecto es lo más importante, para que sea aceptado a nivel mundial, su producto debe ser novedoso, que cumpla con las necesidades de la población, ustedes que tienen la misión, eliminar la pobreza mundial, es una responsabilidad tan grande, pero a la vez, es algo único y novedoso, nunca en toda la historia, en todos los tiempos, se ha realizado un proyecto tan importante como este, que la prioridad sea beneficiar a la población del mundo, que padezca este gran problema, llevan bajo sus hombros una carga pesada, pero les tengo una buena noticia, cuando escuche cada uno de sus proyectos, no supe cuál sería el ganador, porque todos fueron realizados con la premisa de resolver el gran problema en el mundo, los felicito todos son unos ganadores, para los jueces dentro de casi un mes, les será difícil escoger al competidor que partirá. Competidores los invito a que se fusionen, se unan, se complementen, con el gran concepto que es la creatividad, ustedes ya la conocen esta palabra la aplicaron en sus proyectos, cada clase conoceremos mejor a la creatividad, estudiaremos a los grandes creadores, únicamente tomaremos una síntesis de cada uno de ellos, va ser un análisis, de sus ideas más importantes, que beneficien nuestras vidas, que todos estos autores nos transmitan su filosofía, su sabiduría, su historia de vida, que en nuestro camino contemos con parte de sus herramientas que los inmortalizaron, su capacidad de perseverancia, su autoeficacia, su autocontrol, serán prioridad para nosotros.

Continuo la clase el profesor nos mostró un gran camino que han dejado los seres creativos en este mundo, que magnifica clase se termina son las 15:45, nos dirigimos al elevador piso 24, son 15:55 nos observa la profesora, hola competidores, espero que estén maravillados en este lugar, porque ya saben que les pertenece, quiero que se presente cada uno de ustedes, quiero agreguen a su presentación 5 palabras que los motiven, comenzamos chicos, cada uno se observó con una alegría especial cuando dijeron lo que les motivaba, ya que la profesora escucho a cada uno dijo genial chicos, me encantan sus palabras, yo creo que todas las que mencionaron son necesarias, interesantes, que en tiempos de crisis te hacen resurgir, competidores yo soy la profesora Curielm, les doy nuevamente la bienvenida a su materia motivación, mi presentación es la siguiente;

La motivación

Enciende todo mi cuerpo, con una energía especial que no me quema, pero que si me fortalece.

Me enseño que la vida es hermosa, tengo un sentido de fuerza para vivir la inmensidad.

Lleno mi corazón de ilusión, de vitalidad, de armas para luchar.

Aprendí que los sueños se hacen realidad, que las ideas se transforman.

Que el impulso de creación me motivo a la acción.

El optimismo toco mi puerta, me enseño que hay solución.

Escribí mis metas y objetivos, los estoy llevando acabo, paso por paso.

El tiempo no es impedimento, pero cada día me esfuerzo al máximo.

Mis conocimientos y aprendizajes, son un músculo que lo ejercito a diario.

Motivo a los que me rodean valorando su autoestima y confianza.

El lenguaje corporal me da energía me enseña que la sincronización es la fuerza.

Me rodeo de personas positivas, que me motivan a seguir mi camino.

Tengo errores y fracasos que me motivan a luchar con más fuerza.

Siento que mis logros y mis fortalezas me enseñan que con trabajo y disciplina todo renace.

La motivación, es mi compañera.

La motivación me ha visto llorar, sufrir, reír, la motivación la llevo en mi sangre.

La motivación me enseño que las conductas de logro se adquieren con responsabilidad.

La motivación me enseño que el amor es la base estructural de cualquier proyecto.

La motivación es mi alma, mi espíritu, mi religión.

La motivación, es un tesoro que le da sentido a mi vida.

La motivación, me ha dado el valor, el coraje de seguir en mi camino luchando con decisión.

La motivación me comprendió en los tiempos de crisis, me dio perseverancia.

La motivación es todo lo que necesito para lograr mis metas y objetivos.

La motivación, la motivación es parte de mi cuerpo, es una necesidad.

La motivación en el tiempo de tempestad fue mi sol.

Soy un guerrero lleno de motivación y felicidad.

Competidores los invito a utilizar, esta herramienta necesaria para el buen funcionamiento individual, de grupos y de la población en general, ustedes tienen que ser unos grandes motivadores, en nuestras clases encontraran las bases de los hombres y mujeres más exitosos del mundo, encontraran sus historias de vida, sabrán que el éxito no está muy retirado de ustedes, lo tienen que buscar con necesidad, motivación, disciplina, tienen que motivar al mundo con sus proyectos. Que grandiosas clases Dios mío, con que aprendizaje me retirare de aquí, todo lo que estoy viendo es digno de varios doctorados, son conocimientos, estructurados, de experiencias magnificas, al sacar la riqueza del conocimiento, se pasa muy rápido el tiempo, ha terminado la clase genial de la profesora, son las 17:45, nos dirigimos al elevador hacia el piso 10, llegamos nos espera otra clase especial, me siento genialmente motivado, ya estamos todos en el salón nos indica la profesora que nos ubiquemos en una u, todo el mobiliario lo hacemos una u, la profesora está en el centro de la u, sentada en una silla tipo universitario con un poco de más modernidad.

Hola a todos soy la profesora Yessica, voy impartir la materia de Mentalidad positiva, todos ustedes cuentan con una mentalidad positiva, quiero que cada uno me diga 3 cosas, que los hicieron conseguir la mentalidad que tienen, primero me dicen su nombre, comenzamos de derecha a izquierda, ya que terminaron dice la profesora, es genial escucharlos, les agradezco a todos su sinceridad, toda esta retroalimentación me da más conocimiento sobre ustedes, esta mentalidad positiva que les pertenece, inconscientemente todos están unidos a su mentalidad, lo que les quiero dar a entender, que la magia de esta mentalidad es que va con ustedes a cualquier lugar, está en cualquier reto, el día de mañana en la clase de entrenamiento, se darán cuenta de lo que les digo, lo que no me gusta es como corre de rápido el tiempo son las 18:55, les agradezco sus grandes comentarios, ha terminado la clase, que tengan un buen descanso para el día de mañana.

Nos retiramos de la fabulosa clase fue muy corta, se me paso muy rápido el tiempo, nos dirigimos al piso 23, la profesora Noetherli está frente a nosotros en posición flor de loto, nos dice alumnos bienvenidos por favor colóquense frente a mí en la misma posición que represento, la flor del loto en yoga, respiren profundo cierren los ojos, transporten su mente proyectando algo que sea de su agrado, continúen respirando, sientan como el aire se transporta por todo su cuerpo, sientan esa energía, que fluye por sus adentros, se escucha una música que siento en mi estómago, alumnos abran sus ojos, extiendan sus manos, absorban toda la energía que les rodea, comenzamos, realizamos posiciones de yoga energéticas, terminamos la delicia de las posiciones, por favor vuelvan a ocupar la misma posición con la que empezaron, escuchen el latido de su corazón, cierren nuevamente sus ojos, hoy esta clase es de conocimiento de encontrarse a ustedes mismos, aquí en el presente, en este instante, somos dueños de este gran momento, mi sentido espiritual renace, mi alma se transporta, mi vida se embellece, se llena de luz, siento el calor que corre por mis venas, enciende mi cuerpo con energía, mis temores han desaparecido, mi aura energética surge, la obscuridad desaparece, me encuentro en un lugar que se respira tranquilidad, siento flotar, soy un espíritu, en un lugar maravilloso, mi iniciativa crece, mi sentido de vida se fortalece, fluye el amor por mi corazón, amo mi cuerpo, todo lo que me rodea, existe un color blanco de pureza, que manifiesta libertad.

Veo a mis seres queridos, les doy un abrazo, les digo lo feliz que me siento de verlos, que son parte de mí, que el trabajo que estoy realizando es para beneficio de mis seres queridos y de la población mundial, mi legado encenderá infinidad de corazones, se combinará con el espíritu y el alma, el universo es testigo de mis intenciones sinceras, de mi lucha, de mi sufrimiento, quedo en el pasado, hoy en este día soy victorioso, este instante es mío, me siento feliz, mi legado va ser fantástico maravilloso, solo Dios conoce mi conciencia, solo Dios es dueño de vida, Dios es testigo de mi vocación, que está envuelta por el amor, por favor abran sus ojos lentamente, veo lágrimas en algunos ojos, siéntanse felices, su corazón ha expresado su sinceridad, sientan el alivio de todo su cuerpo, hemos terminado por este día, este gran día que nos vio florecer, nos dio el universo la oportunidad, de encontrarnos con el alma y con el magnífico lado espiritual, que encendió este lugar, que encendió nuestros corazones, terminamos hoy pero nuestras almas siguen en el mundo, recorriendo las inmensidades, recorriendo la incertidumbre, sensibilizándose ante lo que les rodea, que tengan buenas noches, son las 20:00 horas.

Que clase tan fabulosa y espiritual, me dirijo a mi casa, voy a observar creo que nadie va a subir a ver al Gurú espiritual, como quiera si subiera alguien, hay un timbre que me avisa, me voy a descansar, que día tan maravilloso, en cada clase, existe mucha sabiduría, es un aprendizaje especial, nunca visto, seria envidia de cualquier institución o más bien seria digno de imitar , hay hogar, magnifico y dulce hogar, creo que ahora si voy a cenar relajadamente, ya cuando iba por mi cena, sonó el timbre, quien será el que recurre al Gurú, no alcanzo a ver quién es, ya está en el templo del gurú, voy a realizar un acercamiento del lente, ya la ubico.

Hola señor gurú Taoci, hola hija estaba pensando en ti, se a lo que vienes, tú eres Joharim de Sudáfrica, sé que has tenido una vida difícil, pero te escucho háblame con el corazón, quiero que sepas que cuentas conmigo, es que hoy en la última clase que acabamos de tener, unos pensamientos que me atormentan, me duele regresar a ese pasado de gran dolor, la profesora Noetherli, nos transportó al pasado y sentí como si algo hubiera traspasado mi corazón, fue un dolor inmenso, lo siento como si en este instante está sucediendo, si hija no tengas temor de expresar tus sentimientos, llora, regresa a ese pasado tormentoso no lo evites tienes que enfrentarlo, di lo que sientes.

Siento un rencor inmenso porque la vida me ha tratado de esta manera, cuando casi cumplía 3 años murió mi mama en un accidente aéreo, fue un dolor que no desaparece, lo he tenido durante toda mi vida, en la escuela cuando las mamas asistían a un festival, yo estaba sola como un perro, mis maestras y maestros algunos entendían mi dolor, siempre he preguntado ¿Por qué? No tuve mama, he recibido muchas respuestas durante mi vida, pero ninguna sustituye a mi mama, ese es mi mayor deseo en mi vida, no espere riquezas, mi único deseo conocer a mi mama, convivir con ella, amarla, pedirle un consejo, salir con ella, siento que mi vida no tiene sentido, estoy muy deprimida, me siento derrotada, te entiendo hija es algo muy difícil, existen perdidas, pero la de un ser tan cercano, es normal lo que sientes, te felicito, porque aunque tú no lo aprecies, has llegado muy lejos a pesar de tu dolor, tu obstáculo tan grande, la falta de tu mama, el duelo que vives a diario, es una herida que siempre estará abierta, ese dolor que sientes no lo debes de evitar, debes dejarlo fluir, siente el dolor, llora, llegara el momento cuando menos te lo esperes, el sufrimiento ira disminuyendo como si fuera por arte de magia, llegara el gran milagro, que te imaginaras que tu mama está en todas las cosas bellas, que está orgullosa de ti, que aunque no la veas, vas a sentir una sonrisa, una felicidad inmensa, jamás olvidaras a tu mama, pero el dolor disminuirá, conocerás otras personas, tendrás otras actividades, tendrás una familia por quién luchar, te darás cuenta que el amor es inmenso, que es universal, te volverás más espiritual, disfrutaras por siempre de lo que llamamos pequeños detalles, que son las riquezas espirituales.

Debes de luchar como siempre lo has hecho, con perseverancia, dedicación, pasión y amor, sabes que tu mamita te observa, dondequiera que este, los objetivos, metas que proyectes, ya sean a corto, mediano o largo plazo, van a ser significantes en tu vida, sabes que trascenderás, que tu legado que estas fabricando, será una creación de ideas y sueños, que cuando menos te lo esperes se harán realidad, la vida no acaba en el pasado, la vida está en el presente, el futuro es incierto, eres dueña de este gran instante, tienes que vivir y disfrutar la vida al máximo, como si estuvieras a punto de morir, eso te hará disfrutar cada instante, no teniendo noción del tiempo, únicamente vives al máximo con lo que es tuyo este instante, el presente, cierra tus ojos acércate, sueña en este momento visualiza a tu mama, por unos instantes, no me digas nada hasta que yo te diga que abras los ojos, también abre los ojos de tu alma, siente un calor que corre por tu cuerpo, sonríe, estas con tu mama, dile mamita, dile todo lo que quieras, este instante es tuyo, abre lentamente tus ojos, límpiate las lágrimas, despierta estas viva, quiero que me digas cual fue tu experiencia, que me hables con el alma y el corazón.

Le dije mamita linda porque te fuiste, porque me dejaste tan solita, no merecía que te fueras, me haces mucha falta, hija mía hay cosas, situaciones en la vida que uno no puede predecir, solo Dios sabe los hilos de nuestro destino, yo no quería morirme y dejarte sola, también ha sido un dolor inmenso, mi única resignación y felicidad es saber que estas bien, que eres una gran guerrera, que luchas con mucha perseverancia por lo que quieres, que eres muy inteligente, disciplinada, responsable, puedo seguir hablando infinidad de conceptos que tú ya sabes, aquí en este lugar que estoy, es un lugar espiritual, lleno de luz, te puedo observar, cuando tu sufres, yo sufro, cuando tu ríes, yo rio, si eres feliz, yo también lo soy, soy un reflejo de lo que es tu vida, entonces que es lo que deseo de ti hija, mi amor, mi ilusión, mi vida, lo que deseo con fervor es que seas feliz, hija todos en el mundo se van a morir, algunos antes, otros después, pero es la ley de la vida todos morirán en el mundo, por eso hija te invito a que valores tu vida al máximo, llévala como un tesoro hermoso y precioso, cuídala, se feliz.

 No te preocupes tanto por los problemas, se optimista ante la vida, yo no estoy físicamente contigo, pero siempre ten en cuenta que mi espíritu está a tu lado y observa lo que te ocurre, yo soy tu espejo de tus comportamientos, hija mía lucha siempre por la felicidad, la alegría, el amor, selecciona las cosas importantes en tu vida, dales prioridad, se valiente para disfrutar lo que la vida te da, se agradecida con lo que recibes por mínimo que sea, hija mía así como tú, yo te llevo en mi corazón, estoy muy orgullosa de ti, cuando me necesites estaré contigo de forma espiritual, te cuidare, pero no busques situaciones negativas, vuelve tu mente completamente positiva, la atracción hacia las cosas fantásticas y maravillosas, será un imán que tendrás para atraer las mejores cosas de la vida, sueña hija mía, porque los milagros existen, te felicito eres una gran mujer, estoy orgullosa de ti por siempre.

Hija mía demuéstrale al mundo porque estás aquí, en esta vida, lucha por ser la mejor, dejando huella de tus intervenciones, socializando, contribuyendo a un mundo mejor, me despido mi amor, desde hoy quiero que te quede claro que estoy contigo, en las buenas y malas, eres mi hija adorada, te amo, no me dejes mama, abrázame, gracias mama, yo también te amo demasiado y gracias porque sé que estas a mi lado, gracias por platicar conmigo, sabes cuánto te necesito, me despido y siempre estarás orgullosa de tu hija Joharim , gurú eso fue lo que hable con mi mamita, te das cuenta hija lo maravilloso que es el universo, lo que te hacía falta es tener un contacto espiritual con tu mamita, te felicito hija, por ese gran encuentro, en esta vida hija existe mucho dolor, muchos duelos, pero sabes cuál es lo importante y maravilloso, tomar lo lindo, fantástico, hermoso, que nos regala la vida, cuando das amor, recibes mucho amor, recuerda hija que lo que siembres, es lo que cosecharas, tu vida es fructífera, eres una maravillosa mujer, dispuesta a luchar, eso te caracteriza.

Hija pídele a Dios nuestro señor, que te de fuerzas o en lo que crees, hasta el mismo universo es testigo de tu gran espiritualidad, hija siéntete feliz, descansa esta noche recupera tus energías, porque mañana es un nuevo día, déjame abrazarte gran gurú, gracias por tus consejos, gracias por tu apoyo, gracias por escucharme, hija cuenta conmigo por siempre, estoy para ayudarte, gracias por tu confianza hija, este templo maravilloso es tu casa.

Sale Joharim , que gran experiencia fue observar todo esto, fue tal el sentimiento que yo también llore, me doy cuenta que las emociones se contagian, no estoy muy de acuerdo observando en este monitor, toda esa confiabilidad, pero así es, este estudio, mi ética esta lista para todo este gran proyecto, es magnífico sensibilizarse con lo que le ocurre a otras personas, nuestras personalidades reales muchas veces ocultan nuestros problemas, pero cada persona tiene una gran historia de vida, somos únicos, solo nosotros sabemos la carga emocional que llevamos cargando en nuestros hombros, bueno a dormir porque mañana me espera un día genial.

Son las 7:55 estamos en el centro del estadio, hola chicos el día de ayer estuvieron en mi clase, como ya saben soy la profesora Yessica la materia que le voy a impartir se llama; Entrenamiento fuerzas especiales, quiero que escuchen antes de que comencemos con el entrenamiento esta filosofía de título;

Hoy

He dejado las cadenas que me detenían, que me tenían prisionero.

Es un nuevo día, el pasado desapareció, estoy viviendo el presente.

Los triunfos que me dieron placer han desaparecido, es un nuevo día.

Los fracasos, que me hicieron temblar han desaparecido, es un nuevo día.

Me voy a entregar al máximo, en mis metas y objetivos.

Voy hacer 1 esfuerzo 2, 3, 4,5…… los que sean necesarios.

Reiré, disfrutare, luchare, gozare, es un nuevo día.

Me sensibilizare, con las personas que me rodean.

Seré más espiritual, mirare las cosas fantásticas y maravillosas que me rodean.

Tengo mucha energía, estoy dispuesto a morir luchando, perseverando.

Soy un guerrero, dispuesto a demostrar su valentía, construyendo.

Soy dueño de este instante, este momento es mío, voy hacer el mejor.

Tengo la responsabilidad de trascender, hare mi mejor papel en este mundo.

Sueño con un mundo mejor, sueño con un mundo espiritual, con un mundo con amor.

Me entrego en cuerpo y alma a mis actividades.

Me rodeo de gentes positivas, que tienen el mismo objetivo construir.

Desaparecieron las tempestades, nació el sol.

Soy un individuo nuevo decidido a triunfar, decidido a pagar el precio.

Soy capaz de arriesgar todo, por un mundo mejor.

Hoy es importante es hora de trascender.

Hoy es hora de hacer las ideas y sueños realidad.

Hoy es hora de trabajar con entusiasmo, fuerza, dedicación.

Hoy es tiempo, de escribir la historia de vida que dejara huella.

Hoy es tiempo de esforzarte al máximo, encontrando los resultados esperados.

Hoy es tiempo de vivir, con la mentalidad de un campeón.

Hoy es tiempo, de construir de sembrar la semilla que dará los frutos esperados.

Hoy el mundo escuchara mi voz, las plegarias sonaran en mi mente y en mi corazón.

Hoy estoy dispuesto a entregar mi vida.

Hoy mi espíritu y mi alma recorrerán el universo.

Hoy estoy decidido a trascender.

Hoy, hoy, simplemente y únicamente hoy…

Chicos ustedes tienen la decisión, las reglas se manifiestan, las capacidades se crean, la fuerza, disciplina, perseverancia se construye, los pretextos se eliminan de nuestro vocabulario, comenzamos con el entrenamiento de fuerzas especiales, comenzamos con gran entusiasmo, pero de repente en el ejercicio físico, cayo Jenst, todos sorprendidos lo rodeamos preguntándole si estaba bien, me torcí el tobillo, la profesora lo revisa, quieres que le hable a servicios médicos, no me siento bien, que cree profesora que en mi deporte el Rugby, estoy acostumbrado a lesiones más fuertes, puedes continuar, si puedo seguir, continuo el fabuloso ejercicio, seguimos en la alberca y termino la grandiosa clase, nos demostró la profesora Yessica, que cuenta con una condición sorprendente, con ella a cargo terminaron los pretextos.

Continuaron las clases con la fabulosa filosofía, que nos da sabiduría y nos transporta al mundo de conocimientos, que todos estos profesores transmiten, las clases son tan sofisticadas, que se enfocan a cada uno de los proyectos presentados, cada detalle, cada experiencia, nos da una perspectiva más real de la vida, nos da un liderazgo global, que nos enfoca en las necesidades de la población, cada clase es una gran construcción para cada una de las torres que se crearon, en cada clase se van puliendo para una mejor presentación y elaboración de los objetivos y metas planteados, terminamos las clases por el día de hoy, me retiro a mi casa, que gran día, me doy cuenta que cada día es diferente, que cada día te da un regalo, un aprendizaje nuevo, va creciendo la experiencia, las necesidades de cada día, nos hacen más creativos.

Estoy en mi casa, vuelve a sonar el timbre nuevamente, quien ira a visitar al gurú Taoci, lo observo en el monitor, es Jenst, me imagino que es por su lesión en el entrenamiento de fuerzas especiales, de la profesora Yessica. Dice gurú Taoci, hijo explícame a lo que vienes que salgan las palabras con sentimiento y de tu corazón, gurú estoy deprimido he tenido durante mi deporte el Rugby, infinidad de lesiones pero siento que esta torcedura me está afectando más que nada, siento una carga pesada que no me deja continuar y este gran dolor que siento insoportable, acércate hijo muéstrame tu lesión, acércate, el gurú cierra sus ojos se mantiene meditando, mencionando un mantra que sale de sus entrañas dice uuuuuummmmm, penetra su voz en todo el templo, toca con la mano izquierda la lesión del tobillo, aparece una luz brillante, esa luz va desapareciendo se ve como si se insertará, en la lesión de Jenst.

Hijo puedes abrir tus ojos, como te sientes, oh Dios mío, es un milagro, desapareció el dolor, puedo brincar y correr como si no hubiera sucedido nada, me siento feliz gurú, si hijo estas en conexión con tu alma y espíritu, es lo más bello que puede existir, te escucho hijo, gurú me sentía acabado, derrotado, con ganas de ser el primero en retirarme, sentí que mi autoestima se deterioró desde que llegue aquí, siento que esta proyecto es demasiado para mí, cuando tenía 11 años sucedió algo terrible en mi vida mis padres se separaron, sentí que mi mundo se terminaba, mi papa consumía drogas, cuando no lo hacía me trataba muy bien, pero cuando recurría a las drogas, me humillaba, decía que no servía para nada, que era basura, me golpeaba a mí a mi mama, sufrí mucho, no tengo hermanos, ni familia, lo único que tenía era a mis padres, quería desaparecer, quería morirme, pero me detuvo el único cariño que he recibido en mi vida, el de mi madre, me quede con ella, mi padre desapareció, nunca supe más de él, fue muy duro en mi vida, siempre he buscado padres ideales, me ha resultado, porque los que he encontrado, me han ayudado a formarme, me han transmitido sabiduría, algunos consejos me han ayudado en tiempos de tempestades, siempre lloraba por las noches preguntándole a Dios porque no tuve un buen padre, con el que pudiera jugar, reír, platicar, que lo admirara y deseara ser como el, mi mama, desempeño los dos papeles de padre, madre a la vez, me ayudó mucho a crecer y madurar, me dio el cariño que necesitaba, el apoyo, mucho amor, si hijo llora desahógate, es saludable llorar, más cuando el dolor proviene de muy adentro del corazón.

Si hijo has tenido una vida complicada y admiro tu determinación como te has desenvuelto, en el gran dolor que te envolvió durante tu crecimiento, pero hijo mío, cuando tienes una vida ejemplar, sin dolor, sin problemas, es cuando no aprecias lo que tienes, a ti te toco vivir una vida complicada, es duro decirlo, pero todo ese sufrimiento te ha formado, te ha dado sabiduría y algunas veces inmunidad ante el dolor, muchas veces se considera el dolor nocivo, pero si analizas los sucesos que te han formado durante el pasado, ha sido experiencia, que te ha dado valentía, decisión, te ha enseñado apreciar las cosas que muchas veces llamamos sencillas y que son las más valiosas, tu carácter se ha formado, tu perseverancia, tu dedicación, algunos de tus temores han desaparecido, pero el ser humano nunca acaba de aprender, cada día es un día nuevo de enseñanzas, cada día debes luchar por entregarte al máximo en tus actividades, en esta vida nada es fácil, todo tiene su grado de dificultad, lo importante es la experiencia que vas obteniendo, te ayuda a defenderte ante las adversidades de la vida, debemos aceptar y recibir la vida que se nos dio, de la mejor manera, vivir cada día disfrutando lo mejor de la vida, luchando con coraje y determinación, ante los obstáculos que se presenten, hijo mío aprecia lo que tienes, has llegado muy lejos y tu camino todavía es muy largo.

Si mantienes un entusiasmo verdadero, debes prepararte para la infinidad de riquezas que estas por recibir, el tema de tu proyecto construir felicidad, es un trabajo muy difícil el que te espera, pero debes motivarte, demostrar entusiasmo, que eres feliz, que estás dispuesto hasta hacer lo imposible para que tu proyecto tenga el éxito esperado, tu mente debe estar abierta a la retroalimentación, las clases que recibes son un buen complemento para tu desarrollo, tu mama está orgulloso de ti, algún día vas a tener una familia, con la que vas a convivir, demostrar tu liderazgo, tu amor, tu espiritualidad, siempre da lo mejor de ti, que tus impulsos salgan del alma y el corazón, compleméntate socializando con gente positiva, que coincida en tus ideas y proyectos, se feliz, siéntete orgulloso porque eres un constructor de felicidad, para la población mundial, en tus hombros esta una carga pesada, que con el tiempo te acostumbraras a cargar, te gustan los desafíos y la vida está llena de desafíos, hijo mío ruégale a Dios que te de fuerza y lo más importante que es la sabiduría, muchas gracias gurú Taoci, he recibido tu consejo como un padre a un hijo indefenso, gracias me has hecho entender en este poco tiempo, mi sentido de vida, porque estoy en este mundo, mi madre se sentirá feliz y orgullosa de su hijo por siempre, gracias gurú, por curarme físicamente y mentalmente, te llevo en mi mente y mi corazón gran maestro, hijo descansa renueva tus energías, que mañana te espera un gran día.

Observo a Jents, ya puede caminar bien, su lenguaje corporal, es diferente al que presento cuando llego con el gurú, lo veo más decidido, respira mejor, su autoestima subió, sus sentidos están despiertos, su mentalidad esta alerta, que magnifico es escuchar al gurú, me sorprende como conoce la historia de las personas antes de que le cuenten ya sabe a lo que vienen, su filosofía es enriquecedora, su sanación es deslumbrante, mágica, sana físicamente, mentalmente, emocionalmente, cada historia de vida es sorprendente, el aprendizaje que se obtiene es fabuloso, el conocimiento de diferentes personalidades nos da enriquecimiento, que trabajo tan fabuloso encontrarme en esta lugar lleno de conocimiento, salgo afuera de mi casa, respiro profundo entra por mi cuerpo aire limpio, aire fresco, que me recarga de energía, veo el cielo observo las magníficas estrellas, la grandeza del universo, como somos insignificantes ante la grandeza que nos rodea, la vista es fantástica, como nos hace percibir, situaciones grandiosas, momentos únicos, experiencias agradables, que gran día dios mío, es un sueño hecho realidad, pertenecer a un gran proyecto, esto es genial, nunca en mi mente paso pertenecer a algo tan significativo, que sea de beneficio para la población mundial, que sea uno de los proyectos más significativos de la historia de la humanidad, bueno a descansar que mañana nos espera un día grandioso lleno de aprendizaje, sabiduría, experiencias únicas y maravillosas.

Que días más fabulosos ya es viernes, ha sido un semana magnifica son las 18:55 está por comenzar, nuestra gran clase de Yoga Bioenergética, con la profesora Noetherli, jóvenes en sus manos tienen un mantra, todos en posición flor de loto, sus respiraciones tienen que ser profundas, con sus ojos cerrados, únicamente con la conciencia despierta, respiren profundo vean la luz que los rodea, es una luz, que energiza sus cuerpos, abran sus ojos, la hoja que tienen en sus manos tiene palabras que van a repetir de forma profunda, inhalan y al exhalar, sale la palabra crucial, debe de salir la palabra de su centro energético, el vientre, comenzamos;

OM

LAM

VAM

RAM

YAM

SOY FELIZ

SOY FUERTE

LA VIDA ES AMOR

DIOS ES TODO

Se repite nuevamente

Levántense por favor díganme cuales fueron sus sensaciones, cada uno mostro el entusiasmo que le produjo el karma, dice la profesora, me da alegría que se haya logrado el objetivo de esta clase, que cada uno de ustedes tuviera un reencuentro espiritual, salir de nuestro mundo por medio de un mantra genial es algo maravilloso, llega el momento en que su cuerpo es el que habla, las transmisiones de alivio que expresa, se ve en su actitud, a pesar de que sus días han sido agotadores de gran esfuerzo, este mantra los ha despertado de forma entusiasta, con el complemento de la unión del ser con el universo, ustedes mismos pueden leer el mantra cuando necesiten, encontrarse con ustedes mismos, su espiritualidad engrandece su vida en la tierra, amor a nuestro cuerpo y mantenerlo en comunicación con los sentidos es necesario para el desarrollo mental, emotivo y espiritual, acabo este gran día lleven la clase en su mente y su corazón, que descansen, que Dios los bendiga con vidas fructíferas y plenas.

Que hermosa clase, que mantra hace una conexión grandiosa, me sentí tan espiritual que en esos momentos, me olvide de donde estaba, como dijo la profesora, yo creo que viaje a un lugar especial en el universo, me dirijo hacia mi casa, fue un día único, a cenar y a dormir, mañana nos espera un día como todos especial, despierto es sábado, nos toca el gran Entrenamiento exploración fuerzas especiales, por el profesor Salomomr y la profesora Yessica, juntos me imagino que el trabajo va ser más extenso, pero estoy listo son las 7:55 estamos en el centro del estadio, los profesores nos observan, con lentes obscuros, que no nos indican a donde observan, señores dice el profesor Salomomr, hoy es un gran día, estamos reunidos, para trabajar en el campo, con cada una de las estrategias mentales, físicas, emocionales, trabajo en equipo, la prioridad es el desarrollo de actividades que complementen nuestras estrategias de adaptación, la profesora Yessica leerá un manifiesto de los desafíos que nos propone la vida;

Desafíos en la vida

¿Por qué? existen, ¿Por qué? se me acercan, ¿Por qué? me enfrentan.

Son aprendizaje, son conocimientos, son sabiduría.

Si no existieran la vida sería aburrida, sin energía, sin sentido.

Enriquecen mi camino en la vida.

Me dan filosofía, me enseñan los grados de dificultad que existen.

Son oportunidades que me dan crecimiento.

Me dan actitud enriquecida, con soluciones estratégicas.

Se pueden resolver, con intercambio de ideas creativas.

Te enseñan un perfil, para enfrentar las tempestades que tengas en la vida.

Son crisis, que generan méritos difíciles de derrumbar.

Producen voluntad de cambio, enriquecedor.

Nos enseñan que los milagros de solución, aparecen cuando menos lo esperamos.

Al superarlos, nuestra vida se vuelve más significativa.

Crean campeones con liderazgo.

Hace que nazcan guerreros dispuestos a entregar su vida.

Demuestran que la luz, embellece la obscuridad.

Producen cambios, que se observan en el transcurso de la vida.

Producen logros, individuales, grupales, mundiales.

Enseñan que la perseverancia, es la actitud hacia el éxito.

Te muestran que ser positivo, vence a lo negativo.

Te ejercitan, para enfrentar el siguiente desafío.

Nos muestran que cuando más grande es el desafío, más grande es el éxito.

Desafíos en la vida, nos muestran el camino de la semilla que proporcionaras a las futuras generaciones.

Desafíos en la vida, es la energía que simboliza el poder de la realización.

Desafíos en la vida, te da entendimiento, cordialidad, humanismo.

Desafíos en la vida, es el coraje encausado en la proyección de un mundo mejor.

Desafíos en la vida, es encontrarte así mismo y encontrar tus fortalezas.

Desafíos en la vida, es tener de premisa el amor hacia lo que haces.

Desafíos en la vida, es soñar con el logro espiritual hacia el universo.

Desafíos en la vida, un milagro para soñar.

Desafíos en la vida, es un todo, es toda la ilusión de ¿Por qué? Vivir.

Que grandioso manifiesto, nos indica un camino de grandes desafíos, no existen los pretextos para detenerse, este día es de aprendizaje único, nos indican los profesores que tomemos cada quien una bicicleta, comienza nuestro recorrido, la profesora Yessica, dirige al grupo, el profesor Salomomr va atrás del grupo, cuidando nuestro camino, nuestra determinación y nuestros pasos ciclistas, es genial, es un camino de mucha vegetación, siento como entra por mis fosas nasales el aire puro, es una energía especial que me revive, estoy viviendo de nuevo, en el camino hay cascadas, lagos, ríos, animales, una vegetación inmensa, es un paraíso terrenal, todos llevamos un paso genial, después de una hora de trayecto genial, pasamos a una cabaña de súper lujo con albercas, una cascada, nos hidratamos en ese lugar y observamos el camino que hemos dejado atrás, nos dice el profesor relájense 15 minutos hidrátense bien, estamos a la mitad del camino, después de a aquí es una hora 30 minutos de subida, por tal motivo les pido que llenen sus pulmones de aire, tomen todo el líquido que sea necesario, llenen el recipiente que llevan en su bicicleta.

Habla la profesora Yessica, chicos quiero felicitarlos son geniales llevan un buen paso, sigan esforzándose, no tenemos pretextos para el gran reto que nos espera, disfruten este gran momento de descanso, es una gran delicia disfrutar este gran lapso de tiempo de recuperación, los profesores coordinan muy bien el grupo, es genial, que la profesora esté al frente del grupo, no puede haber algún pretexto de que no podemos, termina el gran descanso, señores y señoritas listos para la siguiente etapa, les pido su mayor esfuerzo, la cima nos espera con hidratación, comida genial, masajes e hidromasajes, esperando nuestra llegada, lo principal es lo que van a observar llegando a la meta, profesora adelante comenzamos, el inicio es un camino duro, la subida es prominente los cambios en las bicicletas nos ayudan un poco, son muy modernas adaptables para el camino, estamos subiendo en pendientes no tan pronunciadas, pero parece que no tienen fin, pero me motiva demasiado el olor del bosque, todos mis sentidos están fascinados por este gran lugar, son experiencias únicas que cualquier persona desearía en la vida, es genial hacer ejercicio y a la vez disfrutar el lugar donde estas, después de casi fallecer por el gran esfuerzo, todos motivados cumplimos con el objetivo de ese momento, es grandioso llegar a la cima, respirar tranquilo, escuchar el latido del corazón, como se relaja nuestro cuerpo y a la ves está lleno de energía, con la satisfacción de haber logrado algo fabuloso.

Me doy la vuelta lentamente 360 grados observando a mi alrededor, es una isla grandísima, hermosa, fabulosa, cuenta con edificios espectaculares, pero aquí en la cima se ven pequeños, a donde llegamos es una fortaleza gigante, un castillo moderno, lleno de tecnología, nos dice el profesor, señores adelante siéntanse cómodos disfruten de este gran lugar se lo han ganado con su esfuerzo y dedicación, hay unas personas que nos indican, que tomemos un baño subimos al elevador en el piso 9 están los baños del lado derecho los de las mujeres, al fondo y ala izquierda los de los hombres, tomamos un baño genial, nos indicaron que en el piso 18 íbamos a comer, son muy amplios los pisos son salones grandísimos, estamos en un restaurant gigante, comemos fabuloso, ya que terminamos nos indican que subamos al piso 43, llegamos y el 44 nos dice que es un restaurant giratorio, que lujo, ojala y algún día comamos ahí, en el piso 43 se encuentran los profesores, habla la profesora, jóvenes hemos cumplido el día de hoy con nuestro gran objetivo que fue llegar aquí, nuestro gran premio este gran lugar, esto nos indica que los esfuerzos realizados traen consigo recompensas fabulosas, muchas son a corto, mediano y largo plazo, pero siempre hay adelante del logro algo fantástico y genial, todo lo que aprendemos día a día son experiencias que con el tiempo se enriquecen hasta convertirse en sabiduría.

Jóvenes habla el profesor, tienen una hora para disfrutar de los lujos de este lugar en el piso 17 les darán un masaje fabuloso en tinas individuales de hidromasaje, después de cumplida la hora los espero en el piso 50 donde es la zona de aterrizaje de helicópteros, les espera algo único y genial, nos vemos, disfruten el gran momento, nos dirigimos apresurados al piso 17, entramos se respira un olor perfumado, con combinación de la naturaleza, los espejos transparentes se asemeja que estamos afuera, la vista es de 360 grados se observan cascadas lagos, casi se ve toda la isla, nos proporcionan un masaje deportivo fantástico, que hace que recuperemos nuevamente nuestros músculos, articulaciones, después de ahí entramos a unas tinas de hidromasaje lo último en tecnología, casi me duermo, nos indican que cuando falten 15 minutos para la hora un timbre sonara, nos indicara que es hora de alistarnos para la próxima aventura, desconocemos que es lo que nos espera, nos cambiamos a prisa nos dirigimos al piso 50.

Llegamos el lugar tiene la capacidad de un estadio, la vista es increíble, están nuestros profesores, hay varios parapentes con motor, capacidad para dos personas, se asemejan a un helicóptero, muy avanzado tecnológicamente, estamos a punto de partir son 14 instructores uno para cada parapente, en total son 14 aves tecnológicas que circularan por el aire, observo las caras de terror, por lo visto no soy el único que no se ha lanzado en un parapente de motor, de repente se oye una voz temblorosa profesores, es Giselle, tengo fobia a las alturas y no voy a participar, los profesores se esperaron un poco en contestar, pero dijeron, jóvenes esto es parte de la clase, les prometo que si lo realizan, su mentalidad se hará más fuerte, pero no se sientan obligados a realizar este desafío, todas las decisiones se respetan, lo que si les digo que se sientan seguros que cada instructor que va con ustedes está preparado para cualquier imprevisto al 100%, estos vehículos cuentan con un motor auxiliar que brinda mayor seguridad, Giselle si decides lanzarte lo realizaras al último, observaras que es magnífico todo a tu alrededor, profesores yo también no me lanzare en ese vehículo, yo creo que nos hubieran avisado de esta prueba, para estar visualizando, esto es una sorpresa que me da mucho temor, Winstond la vida siempre te dará sorpresas, te sucederán situaciones, eventos que no esperabas, así podrás decir que algunas veces es cruel el destino, porque te agarra de sorpresa, debemos estar preparados ante cualquier evento que se nos presente, pero es su decisión a nadie obligaremos.

Bueno comenzamos, se van lanzando uno por uno, con su respectivo instructor, el profesor y la profesora se dirigen a Giselle y Winstond, jóvenes ya todos están cumpliendo con el protocolo, nosotros seremos los últimos en lanzarnos, díganme si están dispuestos hacerlo, profesores ya platicamos si lo vamos hacer, a eso venimos a ser los mejores, de acuerdo listo Winstond, estoy listo se lanza con su instructor, a continuación Giselle también hace lo mismo con su instructor, cada profesor se lanza, con un instructor, son 14 parapentes en el cielo, la vista aquí es genial, se observa la isla en su máximo esplendor, se puede observar mucha vegetación con un toque de modernidad futurista, tan solo los rascacielos, que fueron realizados en este lugar la hacen única, mis pulmones se llenan de energía de un aire especial y limpio que circula por mis venas, penetrando mi corazón, me siento vivo nuevamente, que magnifica experiencia es volar en parapente, nos enseña que existen, cosas maravillosas que nos falta por conocer, me siento como un ave libre, aventurera, conociendo este lugar magnifico, que está lleno de sorpresas, que nos dan aprendizaje y experiencia, nos vemos los 14 parapentes como una sola nave en el cielo, nuestra distribución, se ve natural, nuestra formación se asemeja a un desfile de naves, después de 1 hora con 15 minutos, observamos gran parte del lugar, todos tenemos una cara de asombro, por la ubicación fantástica que nos encontramos.

Nos estacionamos en una pista especial, en medio de la selva, todos salimos del parapente, junto con los instructores, la profesora Yessica nos indica que la sigamos, llegamos a un lugar lleno de cascadas en donde el agua es azul turquesa, nos indica el camino es largo, pero ya hemos logrado casi finalizar, nuestra gran prueba del día de hoy, por favor los invito a que beban agua de la cascada que se encuentra a la derecha, no me digan nada hasta después de tomarla que es lo que sienten, se empiezan a escuchar voces, yo la siento como una bebida hidratante, tiene un sabor diferente al agua yo digo que por los minerales que tiene, siento mucha energía, me siento feliz, alegre, saludable, jóvenes esta cascada tiene el nombre ¨la fuerza y la juventud¨, cualquier persona que sienta alguna enfermedad, los compuestos naturales que tiene, los alivia y los libra de cualquier problema de salud, si esta agua se comercializara, haría a las personas inmensamente ricos, pero los dueños de la isla, no desean hacer negocio, con esta parte de la naturaleza, jóvenes hemos logrado este día experiencias únicas, quiero que escuchen este pensamiento;

La mentalidad está viva

Cuando me enfrento a los obstáculos que se me presentan, me doy cuenta que estoy vivo.

Cuando lucho por lo que quiero, mi corazón late fuerte llenándome de energía.

Cuando mis metas se ven obstruidas por obstáculos, me doy cuenta del valor.

Sueño con mi objetivo, mi perspicacia me acerca a él, pero sé que falta más.

Mi visualización me da fuerza para continuar mi camino.

Me he caído varias veces, han sido los golpes tan fuertes que muchas veces he pensado en no continuar.

La mentalidad está viva, me indica sin fuerzas que continúe mi camino.

Esa voz interior me da vida, me da energía, me da un mapa del camino para continuar.

La mentalidad está viva, me enseña que hay un camino especial en donde la derrota no existe.

Es cuando te atreves a ser cosas espectaculares que jamás imaginaste.

Trascender en la historia realizando cosas magnificas en donde el coraje y la decisión forman un solo eslabón.

La mentalidad está viva, porque cada día es un día nuevo, que el mayor esfuerzo es la premisa.

Cuando luchas y tu fuerza se incrementa, el cansancio desaparece, la mentalidad está viva.

Si disfrutas lo que haces, la fatiga no llega a tu mente.

Si disfrutas lo que haces, sin esperar nada a cambio, el universo te premiara.

Si disfrutas lo que haces con amor y decisión una luz iluminará tu camino, no existirá más obscuridad.

Si disfrutas lo que haces, le darás sentido a tu vida, sabrás porque estas en el mundo.

La mentalidad está viva, tu tranquilidad con la que asumes los retos te enseña a soñar.

La mentalidad está viva, porque cuentas con una maquina fabulosa digna de apreciar que es tu cuerpo.

La mentalidad está viva, porque el universo es testigo que tu meta contribuirá al desarrollo.

La mentalidad está viva, porque tus sensaciones te hacen estar vivo y disfrutar al máximo lo que te rodea.

La mentalidad está viva, porque está en conexión contigo y con el universo.

La mentalidad está viva, porque te hace soñar, sabes que cada día es único.

La mentalidad está viva, te ayuda a vivir al máximo.

La mentalidad está viva, con el universo lista para hacer realidad tus sueños.

La mentalidad está viva, el espíritu, el amor, el universo son uno solo.

La mentalidad está viva.

Ya que termina la profesora de mencionar el grandioso pensamiento, el profesor Salomomr, chicos es importante que cada uno de ustedes, en todas sus clases, se entreguen al máximo, el pensamiento que nos muestra la profesora está lleno de filosofía real, en todos sus proyectos deben utilizar 1,2,3,4,5 los esfuerzos necesarios, cuando terminemos la última travesía, les comentare sobre esta gran filosofía, bueno el siguiente obstáculo es nadar en el curso del rio hacia la orilla del lago, son aproximadamente 1,000 metros o un 1 kilometro, en la orilla esperamos a todo el grupo, bueno chicos adelante, todos nos adentramos al rio, estamos nadando es fabuloso, el agua se siente fresca, después de un tiempo, cumplimos con la meta ya todos reunidos.

El profesor nos indica, jóvenes las bicicletas, que ven ustedes, cada una está personalizada con su nombre, son con las que comenzaron el viaje por la mañana, vamos a continuar el último trayecto, ya el regreso es de bajada, con unas cuantas pendientes, la profesora Yessica ira enfrente del grupo, yo lo hare al último, todos en fila chicos, adelante, oh Dios mío, no sé de donde saco tantas fuerzas, pero me siento fabuloso, como un niño que no se cansa y puede jugar todo el día será el agua de la cascada o la mentalidad, no lo sé pero me siento fabuloso, después de un largo recorrido de casi una hora, estamos llegando después de apreciar la gran naturaleza, el gran lugar que estamos, el tesoro terrenal que nos pertenece por el tiempo que estemos, yo me siento fantástico, porque vivo en una gran ciudad, no cuento con un paraíso como este, nuestra meta fue nuevamente el estadio, le podemos llamar nuestra segunda casa de operaciones para nuestro desarrollo personal, todos estamos reunidos, el profesor, jóvenes les voy hablar;

El esfuerzo 1, 2, 3,4......

Cuando he luchado por sobresalir, mi autoestima se ha fortalecido.

Los obstáculos me han enseñado, el valor de las metas.

El sudor, las lágrimas, el fracaso, me han enseñado apreciar mis logros.

El presente ha sido mi prioridad, el día de hoy es lo más importante en mi vida.

Cada paso que doy, lo siento, lo vivo al máximo, porque sé que no volverá.

Cada día es diferente, lleno de riquezas infinitas de experiencias únicas.

El esfuerzo me enseñó a no darme por vencido, a entregar lo máximo de mí sin esperar un premio.

Cuando me vi derrotado, me quedo el aliento del último esfuerzo y los que fueran necesarios.

Que el universo sea testigo, que el último esfuerzo fue mi compañero.

Que el último esfuerzo me enseñó a no rendirme jamás.

Soy un guerrero, el esfuerzo 1, 2, 3,4……. Son mis armas, contra la decidía, la derrota, la incertidumbre.

No tengo miedo, él esfuerzo 1, 2, 3,4……. Me acompaña en mis tormentas.

El esfuerzo que sea necesario por conseguir mi objetivo me da fortaleza.

Mi filosofía no rendirme jamás, para estar con la satisfacción de que hice el mayor esfuerzo.

Sé que si utilice la fórmula del máximo esfuerzo el resultado no importará, porque el universo será testigo de mi fuerza mental.

Mi satisfacción será plena de que nunca me daré por vencido.

El esfuerzo 1, 2, 3,4…… los que sean necesarios para trascender.

El esfuerzo 1, 2, 3,4…… el amor, la espiritualidad es la satisfacción de ser un guerrero.

Soy dueño el esfuerzo 1, 2, 3,4…… me pertenecen.

El esfuerzo 1, 2, 3,4……. Es la magia para enterrar los pretextos.

El esfuerzo 1, 2, 3,4……. Es entregarse el máximo sin esperar los resultados, la felicidad, la sonrisa del deber cumplido.

Jóvenes es para mí y la profesora contar con un grupo tan valioso como ustedes, les agradezco, haber realizado su trabajo con el esfuerzo, la mentalidad, el corazón, la espiritualidad, es importante manejar un perfil con estas características es la llave de cualquier lugar, de cualquier proyecto, de cualquier logro, los felicito, es un privilegio, contar con un grupo, con estas características, hemos terminado, que tengan un excelente día y un domingo placentero, los dejo con unas palabras de la profesora Yessica, chicos como ya lo dijo el profesor, son un gran grupo, lo demuestran con su entrega, todo lo que hicieron, lo realizaron con pasión, amor, coraje, estas manifestaciones les dan una personalidad plena de competencia, todos los atletas en el mundo cuentan con esas características como bases, sigan luchando día con día, entregándose al máximo, por ser personas ejemplares, por conseguir sus metas y objetivos, que tengan días maravillosos, los espero en la siguiente clase, nos retiramos con una alegría especial, las palabras, las filosofías que transmiten los profesores, nos llegan al corazón, es fantástico, como se vive cada clase con una eterna espiritualidad y una magnifica conexión, como si ya nos conociéramos de muchísimo tiempo, será que nos acoplamos, porque todos buscamos el mismo objetivo, todo lo que ha pasado en estos días me hace admirar cada día más a toda la gente que me rodea, es algo magnifico, difícil de explicar, pero se siente desde el corazón, es una conexión espiritual, única.

Nos dirigimos a nuestra clase de Yoga Bioenergética estamos en el salón de clases son las 17:55, como ha pasado el día muy rápido, pero con experiencias fantásticas, la profesora Noetherli, nos indica que tomemos la posición que ella tiene, nos sentamos en frente de ella estamos en flor de loto, jóvenes cierren sus ojos, respiren profundo, exhalen lentamente, que sientan el fluido de oxigeno como entra por todo su cuerpo convirtiéndolo, en energía, quiero que revivan el sentimiento más doloroso que han tenido, sigan respirando de la misma forma con energía, hay dolor en sus cuerpos saquen ese dolor, si lloren reviven ese momento doloroso, sigan respirando, escucho ese dolor, siento su dolor, busquen una alternativa de solución para ese hecho y si no existe, revivan ese momento al máximo sin temor alguno, ahora quiero que recuerden lo más hermoso que les ha sucedido, revívanlo, que su rostros se iluminen, que la energía positiva llene este lugar, muy bien chicos disfruten este gran momento, vayan abriendo sus ojos lentamente, se dan cuenta de que nosotros podemos manejar en un instante nuestras emociones ya sean negativas o positivas, las vivimos de tal manera como si fueran reales o como si estuvieran ocurriendo en este momento, las emociones negativas son una carga pesada que muchas veces no nos dejan continuar nuestro camino, existen emociones perturbadoras, que han ocurrido hace muchos años y las vivimos con tal realidad como si estuviesen ocurriendo al instante, escuchen este pensamiento que penetre su corazón.

Emociones negativas

Que nos transportan al pasado, viviendo películas de terror.

El tiempo no importa, las puedes vivir al instante, te afectan al momento.

Es una carga pesada, que no te deja continuar.

Luchas día con día por olvidarlas y sucede lo contrario, se aparecen constantemente.

No luches por olvidarlas, revívelas cuando sea necesario.

Son cicatrices vivas, que te dolerán, pero que, con el tiempo, con la frecuencia, el dolor desaparecerá.

Tus emociones negativas serán asimiladas por tu mente, en donde el dolor manifestado, se reducirá.

El terror te invade, tu persuasión por olvidarte, hace más frecuente la convivencia.

Debes circular de acuerdo a la corriente de tu vida, si luchas contra ella, nunca desaparecerá.

La emoción negativa te envolverá en su terror si la sigues evitando.

Si la enfrentas con valor, te dolerá, será un dolor insoportable, que con el tiempo disminuirá.

Se valiente no luches contra la emoción negativa, siente el dolor, este disminuirá, el tiempo te ayudara.

Cuando tu mente asimile toda la información negativa y la haga parte de ti, será un alivio porque el temor desaparecerá.

Has huido ante el dolor durante mucho tiempo, hoy que lo enfrentas, te sientes mejor.

Hoy que eres valiente, tu visión aumenta, tus reflejos mejoran, tu fuerza crece.

Emociones negativas, son cicatrices que te siguieron, que te afectaron, que casi te destruyeron.

Emociones negativas, que te enseñaron a crecer, te enseñaron a observar que la vida no es fácil.

Emociones negativas, que te enseñaron a tomar el control de tu vida, viviendo cada día al máximo, sumando a tu vida las experiencias negativas y positivas.

Eres dueño de tus emociones, el balance te enseña que las emociones complementan tu vida.

Las cicatrices te enseñaron a crecer ante el dolor, ante el fracaso, ante el llanto, ante el sufrimiento.

Tu fortaleza te dará entendimiento, de vivir lo negativo y positivo al máximo, para que no quede enterrado en el pasado.

Tú tienes la solución, de que la emoción negativa quede enterrada en el lugar que le pertenece.

No tengas miedo a una emoción negativa, vívela al máximo siente el dolor.

El tiempo curará tu cicatriz, el dolor podrá presentarse, pero con menos intensidad.

Eres dueño de tus emociones, vívelas al máximo, no importando su valor.

Jóvenes analicen lo que escucharon, en la memoria descriptiva que cuentan de cada una de sus clases, encontrarán todos los pensamientos, que les manifiestan sus profesores, cuando tengan tiempo analícenlos, encontraran infinidad de sabiduría que podrán emplear en el gran trayecto de su vida, cuando comenzamos la clase sintieron el poder de las emociones, se dieron cuenta que las negativas nos destruyen, pero también pueden ser constructivas, enseñándonos autodefensas, ante el dolor, nos enseñan de pequeños a no manifestar nuestras emociones, no llorar, no estar tristes, a todos nos gusta ser felices y evitamos a toda costa las emociones negativas, pero es importante manifestar todas nuestras emociones, nos harán más fuertes y más conscientes de lo que ocurre a nuestro alrededor, somos dueños de nuestras emociones aunque sean negativas, jóvenes hemos terminado la clase, los invito a reflexionar, a ser observadores de la realidad de la vida, todos desearíamos emociones positivas, pero sin las negativas, la experiencia y el aprendizaje ante el dolor, disminuiría nuestras fortalezas, continúen su camino, con mucho éxito, descansen, relájense, disfruten sus grandes momentos, que son únicos.

Que maravillosa clase, si es verdad quisiéramos que nuestra vida estuviera llena de infinidad de cosas positivas y las negativas nos dan mucho dolor, cuando podemos las evitamos, a eso se debe que no desaparecen, entre más evitas algo, más se encuentra enterrado en tu mente, ahora si a descansar que gran día, bueno como siempre voy a observar el monitor para ver si alguien recurre al gurú Taoci, pasa un momento y de repente en la pantalla aparece Giselle y Winstond, van a ver al gurú, llegan al templo, se escucha una voz espiritual, hijos se a que han venido, pero quiero que me expresen sus sentimientos desde lo profundo de su corazón.

Hija te escucho, hoy tuve mucho miedo para realizar la prueba del parapente, incluso fue tanto mi miedo, que me negué a realizarla, los profesores en todo momento me apoyaron con su entendimiento, pero me dijeron que no me diera por vencida, fue tal mi miedo que decidí salir de este gran proyecto, pero vinieron a mi mente infinidad de cosas y una de ellas fue enfrentar el miedo, me costó mucho trabajo estar en este proyecto grandioso, porque me iba a dar por vencida tan fácilmente, paso el rostro de mi madre, mi padre, mis hermanos, sus lágrimas al retirarme de su lado, deseándome lo mejor, fue algo grandioso que llego a mi mente en eso momentos de crisis.

Hija en esta vida tenemos infinidad de pruebas que muchas veces evitan que continuemos nuestro camino, es esencial siempre hija, enfrentarte con valor a lo que se te presente, eso te da más fuerza, cuando enfrentas los problemas, la experiencia que obtienes se ve manifestada en tus logros, todos en esta vida tenemos miedos, incluso sentimos temor a cosas que muchas veces nunca se manifiestan, son preceptos que tenemos en nuestra imaginación, creamos un mundo de obstáculos que cuando los enfrentamos, observamos que la mayoría no ocurrió, nuestra mentalidad es tan fuerte que muchas veces los obstáculos imaginarios afectan el trayecto de nuestras vidas, hija este día has aprendido algo, que así como los obstáculos están en tu mente, también las soluciones, las motivaciones se encuentran en tu mente, tu familia que se apareció de repente, fue una manifestación de las defensas motivacionales, de las que eres dueña, tu luchas por algo, por alguien, manifiéstalo en tu valor ante el obstáculo que se te presente.

La vida te da muchas experiencias y aprendizaje, es importante ser un gran observador durante tu trayecto, observa, observa, analiza, entiende tu cuerpo, tus defensas mentales, que enriquecen tu camino, muchas gracias gran Gurú me iluminan con conocimiento sus palabras, si hija muchas veces que no lo imaginamos nosotros tenemos las solución, a los problemas que se nos presentan, Winstond te escucho, señor Gurú me sucedió algo parecido a Giselle, me recorrió un miedo en todo mi cuerpo que me paralizo, me dejo sin habla, únicamente le dije a los profesores que no, fue la única palabra que salió de mi mente, era tanto mi temor que se me nublo la vista, únicamente recordaba el accidente que tuvo mi padre al lanzarse de un paracaídas y que lo dejo paralitico, todo el sufrimiento que pasamos vino a mi mente, pensé lo peor antes de subirme al parapente, dije si me pasa lo mismo que a mi padre, es un sufrimiento extremo un dolor, que me acompaña por siempre es difícil retíralo de mi mente, se manifiesta debes en cuando, en la clase pasada fue muy importante para mí, la profesora Noetherli nos habló precisamente de las emociones negativas y como nos afectan, como distorsionan nuestra vida, como es una carga pesada, que no deja continuar nuestro camino, todo lo que menciono la profesora son las manifestaciones que he sentido, fue un problema de mi padre que afecto a toda la familia, yo digo que por siempre.

Mi padre falleció, pero sentimos la carga pesada del problema en nuestros hombros, si hijo siento el dolor que transmites, el dolor que sientes, nuestra mente es muy poderosa, puede crear salud o lo contrario enfermedades, como les dijo la profesora es importante dejar fluir las emociones, no ir contra la corriente los acontecimientos que se te presentan en la vida están llenos de aprendizaje, muchas veces el dolor, nos da aprendizaje, nos da herramientas de cómo enfrentarnos ante el dolor, nuestros seres queridos durante el duelo nos mencionan, que ya nos olvidemos, al contrario nuestros mecanismos de defensa, es importante enfrentar el dolor manifestándolo, sintiendo el desgarrador sufrimiento, hasta que el tiempo sea el grandioso testigo, de la disminución del dolor, cuando más lo manifiestas, ese dolor disminuye su frecuencia, porque tú mismo cuerpo es el sanador, tiene un entendimiento profundo de lo que estás pasando.

Al igual que Giselle te enfrentaste a un obstáculo devastador, pero saliste triunfante porque lo enfrentaste, sé que te fue muy difícil aceptar el desafío de la mejor manera, pero ese desafío te dio grandeza, te hiso más fuerte, la vida como le comente a Giselle, te presenta infinidad de retos, debes de estar consiente que el camino hacia el éxito no es fácil, tienes que sufrir, caer, fracasar, para que todo este dolor vivido, te haga apreciar el éxito conseguido, si todo en esta vida fuera fácil, no le darías el valor que merecen los logros, cuando logras tus propósitos, has batallado, has estado a punto de rendirte y continuas tu lucha constante, eso te da más valentía, disposición a enfrentar el próximo reto o estar consiente que durante tu trayecto enfrentaras diferentes dificultades, que hasta retrasen tu camino.

Soy feliz porque este día estuvo lleno de mucho aprendizaje para ustedes dos, les enseño que al enfrentar los obstáculos, tienen otra perspectiva de la vida, sus temores, sus fracasos, incluso situaciones imaginarias, van a evitar su camino, lo importante es darse cuenta del poder de nuestra mente positiva, una mentalidad en donde para conseguir un logro o para llegar a la meta anhelada, el camino va a estar lleno de obstáculos, pero si ustedes mantienen la mentalidad que presentaron el día de hoy, será el antecedente que los motivara a lograr lo que se propongan en el gran camino de su vida, todos sus proyectos serán difíciles pero tendrán siempre la iniciativa de pensar en que ningún obstáculo los hará caer, la mentalidad positiva que obtuvieron este día, armara el rompecabezas de herramientas que les dará poder, valentía, coraje, ante lo que se les presente, hijos sean espirituales, diríjanse por medio del amor, hagan con agrado, alegría, todo lo que se les presente, disfruten lo que hacen, manifiesten pasión, siembren una semilla, cultívenla con dedicación, amor, para que el fruto que dé sea fantástico, magnifico, único, que exprese cada detalle, cada persuasión, el dolor, el llanto, que manifestaron, antes de lograr su meta, disfruten el triunfo, de estar vivos, de utilizar todos los sentidos en las manifestaciones de la naturaleza misma, sean perceptivos a lo que les rodea.

Sean positivos, únanse a gente que se parezca a ustedes en pensamiento, mentalidad, en convicciones, esto los hará crecer por siempre y le demostraran a las futuras generaciones que esta vida está llena de inmensidad de maravillas que muchas veces no tienen costo, el único costo es disfrutarlas con energía y pasión, hijos descansen vivan cada día al máximo, obtengan la sabiduría que se les transmite, sean grandes observadores de lo que ocurre a su alrededor, esto los hará grandes individuos, grandes líderes, descansen sueñen con un mundo mejor, tu interior es fantástico, el exterior no te afecto, solo tomas lo mejor, las grandes experiencias que te da la vida.

Que grandes palabras las del Gurú Taoci, es un aprendizaje especial, es un aprendizaje filosófico, cada intervención que manifiesta, la hace con un poder especial, un poder real, me doy cuenta que me faltan infinidad de cosas por aprender, que el camino de la vida tiene infinidad de sorpresas, que el aprendizaje que recibimos a diario, muchas veces lo dejamos pasar, lo importante es ser grandes observadores, de lo que sucede a nuestro alrededor, analizar la información que recibimos, para ser mejores individuos, cada persona es única, pero muchas veces su problemática se asemeja a la de los demás, incluso las soluciones pueden tener semejanzas, las conductas emocionales nos llevan adentrarnos a la espiritualidad del ser, que manifiesta nuestros estados de control, ya sean positivos o negativos, ser atentos observadores de lo que sucede a nuestro alrededor nos da más herramientas para enfrentar los problemas que se nos presenten, bueno ya es hora de dormir fue un día único, maravilloso y especial, lleno de aprendizaje, valor, reconocimiento de ideas, una gran espiritualidad.

CAPITULO IV

Las clases han sido fabulosas, todos tenemos una gran perspectiva diferente de cuando llegamos, mañana sábado es el gran día de la primera evaluación de todo el grupo, saldrá el primer participante, mañana cumplimos un mes de estar aquí, que rápido ha pasado el tiempo, me siento más fuerte, más centrado, más despierto, más inteligente, este programa ha despertado todos nuestros sentidos, el intercambio de ideas, ha hecho en nosotros, una retroalimentación única y especial, el que salga de este lugar va a tener otra perspectiva diferente, será un mejor líder, tendrá las herramientas necesarias para enfrentar los retos que se le presenten, yo estoy al igual, me imagino que los jueces, desean que no se retirara nadie, pero si fuera así no sería una competencia para buscar el mejor proyecto del mundo, para beneficiar a la población que más lo necesita.

Los principales jueces serán los profesores que, de acuerdo a sus evaluaciones, tendrán la gran responsabilidad de eliminar al primer competidor, es un trabajo difícil, diría yo muy difícil, pero necesario para el desarrollo del proyecto, mañana sábado será el gran día que uno de los participantes dejara este grandioso lugar, quien será, me es difícil saberlo, porque todos son unos grandes líderes, dispuestos a ser el mayor sacrificio por conseguir sus objetivos.

Son las 20:20 no puedo estar tranquilo observo la línea de monitores y nadie asiste con el Gurú, tengo una necesidad muy grande de ir a verlo, platicar con él, expresarle mis inquietudes, respiro profundo, me dirijo al templo, está en una montaña, es esplendoroso subir, llenar los pulmones de aire fresco y escuchar el latir de mi corazón, es fascinante dirigirme al templo, el aire es fresco, llego al templo entre sombras sale el gurú, hijo te esperaba, no dudes en acercarte a mí, yo también necesito escucharte, gurú Taoci, estoy fascinado con este lugar y a la vez agradecido que se me ha permitido ser parte del grupo de participantes, han sido enseñanzas indescriptibles, un mundo de vida constructivo, único, especial, pero gran señor, estoy inquieto pensativo, se la responsabilidad que tengo encima de mis hombros, me siento feliz de pertenecer a este grandioso proyecto, pero me preocupa, el día de mañana se suspende la actividad, para saber quién es el que se va, es algo muy difícil de expresar, es un sentimiento nostálgico que me invade, la gran persona que se retire de aquí, como lo va a tomar, he observado infinidad de rostros felices, de todos los participantes, es genial observar esa chispa de logro que posee cada participante, es un duelo sorprendente el que vamos a sufrir todos los integrantes de este proyecto al ver partir a un participante.

Hijo entiendo tus sentimientos, pero es importante en algunos casos ser fuerte, los beneficios que se están buscando son mundiales, los participantes están conscientes de la competencia, el esfuerzo que realizan a diario se verá recompensado en la estadía del lugar, saben que si no hacen las cosas como deben, están arriesgando su lugar en el grupo, debido a la gran responsabilidad del proyecto solo uno será el ganador, siempre cuando existe una perdida hay nostalgia desde el que se va, hasta los que estuvieron cerca del personaje, la vida está llena de duelos de todo tipo, lo importante es aceptarlo, saber que lo sacrificios que se realicen son para beneficiar a la población en el mundo, hijo siempre observa los beneficios, el entendimiento llegara poco a poco, se sabe la gran responsabilidad de estar aquí, en cualquier competencia tiene que a ver un ganador, sabemos que el ganador beneficiara con su proyecto al mundo, este proyecto nos enseña una gran propuesta que todos seremos ganadores.

Como prioridad el liderazgo, el amor, la espiritualidad, el compromiso, la humanidad, ante todo por siempre, el universo es testigo de la manifestación de espiritualidad positiva, que nos rodea, gran gurú es un privilegio conversar contigo, me siento tranquilo, necesitaba hablar, mi mentalidad sigue creciendo, espero con entusiasmo el día de mañana, será un gran día que trascenderá en la historia como un legado para la futuras generaciones, tú sabes gran gurú, que estoy maravillado de pertenecer a este gran proyecto, hijo descansa, relájate mañana nos espera un grandioso día, hay que esperarlo con entusiasmo y energía, descansa hijo.

Me retiro voy bajando la montaña y a la vez pensando los grandiosos comentarios del gran gurú, es verdad en la vida se tienen que hacer sacrificios y si son para un beneficio mundial, es importante aceptarlos con eficacia y determinación. Me siento más tranquilo, voy a descansar maravillado, esperando el gran día de mañana, los profesores yo creo que no van a dormir a las 15:00 tendrán que decir quién es el que se retira de este fantástico lugar, mañana es su tercer día de reunión, para las evaluaciones, esperamos los mejores resultados, son unos grandes profesores sabrán escoger, al gran líder que se retira.

Es día sábado son las 14:30 me dirijo al gran salón, que será testigo del gran evento, que está por comenzar, subimos en unos autos lujosos, vamos al gran salón, se localiza en una montaña con escalones de mármol a su alrededor, como un gran monumento, de despedida, del competidor que se retira, estamos reunidos en el salón, los profesores están de frente a nosotros en el gran panel, rodeados de tres pantallas gigantes, toma la palabra, soy la profesora Curielm Científico, Filósofo, Psicólogo, soy parte como todos mis compañeros que están aquí presentes, de este gran proyecto; Misión, eliminar la pobreza mundial, en nombre de mis compañeros manifiesto el gran trabajo que fue seleccionar al gran líder que tiene que retirarse, a continuación les voy a presentar grandes imágenes de todos ustedes, de su gran trabajo durante el mes, veo las imágenes son grandiosas, todo el trabajo que hemos realizado se ve manifestado en esta gran grabación, de verdad que hubo muchas lágrimas al observar las imágenes, volteo a ver a todos y saber que uno es el que se va a ir, es difícil, pero es una competencia grandiosa, termina el grandioso documental.

Continua la profesora Curielm, el mundo se transforma día con día, la tecnología se moderniza, las mentes se agrupan para lograr innovaciones que los representen en el futuro, las mentes maestras son conscientes de los cambios, la información corre por el mundo en lapsos cortos de tiempo, la persona que se retira, tiene que estar feliz y satisfecha, de haber estado en un gran lugar y tener en cuenta que todos los participantes fueron seleccionados a nivel mundial, hubo muchos individuos que desearon pertenecer a este proyecto, doy las gracias por el valor de luchar durante este mes por lograr seguir el camino hacia el éxito, durante nuestra vida existirán obstáculos, tropiezos, fracasos, que muchas veces impedirán nuestro camino, lo importante es visualizar, otras alternativas que nos ayuden alcanzar nuestros sueños, algunas veces nuestros caminos se desvían, nuestros caminos no son inciertos, nos enseñan, nos dan experiencias, aprendizaje, formas de actuar ante las tormentas, todos son ganadores desde el momento en que pisaron esta lugar, es significativo, imagínense la persona que se retira está entre los doce mejores del mundo, es gratificante su participación, su contribución a este gran proyecto, es necesario, la persona que se retira de este lugar, continuar con su legado, la lucha es día con día, la única derrota final es la muerte.

En el camino de la vida se pierden batallas, que si las analizamos, nos dejan ganancias, que es la experiencia, aprender de los fracasos, es importante para nuestra formación, esta gran experiencia que viviste en este gran lugar es única e incomparable, pero nuestro camino sigue, tenemos una gran responsabilidad, que pesa en nuestros hombros, nos hace caminar pausadamente, pero con decisión, con fortaleza, con energía, con la frente en alto, nuestro proyecto "Misión, eliminar la pobreza mundial" somos un equipo, la persona que se va, nos apoyara espiritualmente, con su fuerza, vamos imaginarnos que está con nosotros, pero sabemos claramente que solo habrá un ganador, para mí y para todos los profesores, han sido 3 días de evaluaciones intensas, son unos grandes competidores, el que se va fue por una pequeña falta, porque en realidad todos son unos grandes líderes mundiales, el competidor que se retira, váyase satisfecho, de haber cumplido un gran trabajo, el premio fue un mes grandioso lleno de experiencias y aprendizaje, la persona que se retira de este lugar para siempre es el competidor numero:

7.- Nombre: Akiakv

Edad: 38 años

País: Alaska

Profesión: Ingeniero Industrial

Proyecto: crear industrias que faciliten la alimentación

Deporte: Patinaje artístico sobre hielo

Idioma: inglés, Francés, Ruso

Altruismo para el mundo: el desarrollo de industrias para alimentar al mundo, con productos de fácil transportación y que caduquen en 10 años.

Despídete de tus compañeros y deséales la mejor de las suertes, tu gran labor fue esencial para este gran grupo. Todo el grupo llora se va un gran compañero, es una gran pérdida, productiva para el grupo, sabemos la gran responsabilidad, solo uno será el ganador, será el embajador de todas las mentes maestras, de todo el aprendizaje que se ha obtenido durante este trayecto, lleno de riquezas y sabidurías, duelen las despedidas, pero la vida tiene que continuar, los proyectos tienen que seguir, quedan 11 competidores y un camino largo por recorrer, se retira Akiakv por un túnel lleno de luz, se dirige hacia el gurú Taoci, es su última platica con él, está programado a las 17:00, me dará tiempo escuchar su gran platica.

La profesora finaliza su discurso, competidores, reciban un cordial saludo de todos sus profesores, pidiéndoles su entrega total, en este grandioso proyecto, luchen día con día, con determinación, hasta el último esfuerzo, un día nuevo surge en sus caminos, el triunfo de ayer fue un aliento, hoy es un día diferente, lucha cada instante, que tu fuerza se exprese en tu motivación de continuar tu camino, sabes que estas siendo evaluado, lucha por ser el mejor, disfrutas lo que haces, siéntete vivo, eres parte del universo, tu proyecto beneficiara, a las personas más vulnerables, a las personas que decidan un cambio en su vida, la era global será testigo del gran acontecimiento que estamos viviendo, continúen su camino, soy su profesora Curielm.

Todos nos retiramos un poco tristes, pero a la vez saben los competidores, que deben esforzarse cada día más, si no pueden ser el próximo que se retire, es una presión intensa se ve en los rostros de los competidores, pero a la vez pertenecen a algo grandioso que les dará otro perfil a sus vidas, todos saben desde el tiempo que están aquí sus vidas han cambiado 360 grados, su trabajo como los próximos líderes del mundo se verá manifestado día con día, me dirijo a mi casa, voy directo a los monitores, me interesa saber que pasa por la mente de Akiakv, ante este gran acontecimiento en su vida, me interesa saber cómo tomo su partida.

Se escucha una voz Gurú Taoci, dime hijo que necesitas, sé que durante el mes que estuve aquí, nunca te visite, pero hoy me siento destrozado, acabado, no quiero irme, me acostumbre a este hermoso lugar, a la gran convivencia, que tuve con mis compañeros, las clases, los profesores, la comida, todo voy a extrañar estoy destrozado Gurú, hijo se cómo te sientes, pero esto es un concurso de gran responsabilidad, para salvar a las personas más necesitadas del mundo, tu camino fue genial, este mes tómalo como una gran aventura de gran aprendizaje, el proceso fue maravilloso, hijo cuando se te presentan en la vida los mejores postres, o lo que es delicioso para ti, llega el momento de que no lo disfrutas como si fuera la primera vez, tu estancia aquí fue un gran postre, termino el postre, tienes un camino genial, sigue el cauce de tu rio de oportunidades, no vayas contra corriente, vive el día como si fuera el ultimo, disfruta las cosas, como si ya no volvieran a estar contigo, lucha a diario imaginando una perdida, para disfrutar cada momento al máximo, tu karma es fabuloso, tu entrega en lo que te propones, se manifiesta en tu éxito, pero en ese camino van existir fracasos, la vida no es pura dicha, hay descalabros, tropiezos, temores, luchas sin premios, lo importante es la experiencia que obtienes día con día, la facilidad con la que te desenvuelves en la vida es un prioridad, que debes manifestar en cada instante.

Toma los acontecimientos importantes en tu vida como aprendizaje, la gran escuela de la vida te enseñara que cuando llegue lo deseado, serás agradecido, recibirás los premios, como un gran guerrero que entrego la última gota de aliento, para lograr sus metas y objetivos, siéntete feliz por el lugar que pisaste, por la gran experiencia que viviste, el mundo no acaba, esto es solo el comienzo de lo que te espera en la vida, sigue tu camino con la frente en alto, soñando, creando, innovando, haciendo lo que te propongas, con amor, entrega, disfrute, siente la felicidad de cada paso que das, ama a tus seres queridos, lucha por ellos, deja en la vida un legado de que nunca te rendiste, que caíste, pero te volviste a levantar, que fracasaste, pero que a la vez aprendiste como no se deben hacer las cosas, los fracasos te llenan de experiencia, busca siempre lo más preciado en la vida es el conocimiento verdadero, es la gran sabiduría.

Gracias muchas gracias gran Gurú, me has despertado, me siento vivo nuevamente, dispuesto a seguir luchando por alcanzar mis objetivos, se cerró una puerta, estoy dispuesto a seguir tocando infinidad de puertas, hasta que se abra, con la que siempre he soñado, gran gurú, gracias por tu sabiduría, por tus palabras de aliento, me voy feliz, porque sé que se queda mi espíritu en esta gran lugar, para apoyar a mis compañeros a que sigan luchando, hasta que salga, el gran ganador, que con su valentía, nos va a representar, hijo dame un abrazo, te lleno de energía con mis buenas vibras, lucha siempre, ve por el camino de los triunfadores, que tus pensamientos positivos, llenen tu mente y que donde quiera que vayas sea tu perfil de presentación, siéntete feliz, diste tu mayor esfuerzo, mis bendiciones están contigo, gracias gurú Taoci, me retiro, con energía y felicidad.

Se retira Akiakv, tranquilo, con otro semblante, como un gran líder, dispuesto a luchar por conseguir sus metas, me quedo asombrado, la magia que tiene y sabiduría, el gurú Taoci, todos los que hemos recurrido a él, sabemos de su magia, de su comprensión, del aliento, nos hace ver las cosas de una manera genial, como si entrara a nuestras mentes, sé que es nuestro guía espiritual, pero me sorprendo de la motivación que manifiesta, hacia las personas que lo visitan. Quedan 11 competidores y un gran camino por recorrer, aquí tengo el temario de las materias que llevaremos en el siguiente mes;

Lunes	Profesor	Materia
8:00 a 10:45	Salomomr	Entrenamiento Físico y mental II
11:00 a 12:45	Laeva	Liderazgo global II
12:50 a 13:50	COMIDA	
14:00 a 15:45	Teslac	Innovación II
16:00 a 17:45	McYuretzili	Comunicación y entendimiento II
18:00 a 18:55	Edisonic	Ideas trascendentales II
19:00 a 20:00	Noetherli	Yoga Bioenergética II

Martes	Profesor	Materia

8:00 a 10:45 Entrenamiento II	Salomomr	Filosofía deportiva y
11:00 a 12:45	Markl	Desarrollo Humano II
12:50 a 13:50	COMIDA	
14:00 a 15:45	Vincir	Creatividad II
16:00 a 17:45	Curielm	Motivación II
18:00 a 18:55	Yessica	Mentalidad positiva II
19:00 a 20:00	Noetherli	Yoga Bioenergética II

Miércoles	**Profesor**	**Materia**
8:00 a 10:45 especiales II	Yessica	Entrenamiento fuerzas
11:00 a 12:45	Laeva	Liderazgo global II
12:50 a 13:50	COMIDA	
14:00 a 15:45	Teslac	Innovación II
16:00 a 17:45 entendimiento II	McYuretzili	Comunicación y
18:00 a 18:55	Edisonic	Ideas trascendentales II
19:00 a 20:00	Noetherli	Yoga Bioenergética II

Jueves	**Profesor**	**Materia**

8:00 a 10:45 Entrenamiento II	Salomomr	Filosofía deportiva y
11:00 a 12:45	Markl	Desarrollo Humano II
12:50 a 13:50	COMIDA	
14:00 a 15:45	Vincir	Creatividad II
16:00 a 17:45	Curielm	Motivación II
18:00 a 18:55	Yessica	Mentalidad positiva II
19:00 a 20:00	Noetherli	Yoga Bioenergética II

Viernes	**Profesor**	**Materia**
8:00 a 10:45 mental II	Salomomr	Entrenamiento Físico y
11:00 a 12:45	Markl	Comunicación II
12:50 a 13:50	COMIDA	
14:00 a 15:45	Vincir	Creatividad II
16:00 a 17:45	Curielm	Motivación II
18:00 a 18:55	Yessica	Mentalidad positiva II
19:00 a 20:00	Noetherli	Yoga Bioenergética II

Sábado	**Profesor**	**Materia**
8:00 a 17:45 exploración Fuerzas	Salomomr	Entrenamiento

| | Yessica | Especiales II |
| 18:00 a 20:00 | Noetherli | Yoga Bioenergética II |

Domingo

Descanso estratégico; con opciones de trabajo de acuerdo a las necesidades del participante.

Nota importante:

Todas las materias van enfocadas, con el proyecto de cada competidor.

esperando el día lunes, para dar comienzo a una nueva aventura, todo este mes que paso fue fabuloso, lleno de grandes experiencias, que me han dado más conocimiento, ha sido muy necesario e importante, pertenecer al grupo, hacer lo que cada uno de los competidores realiza, me da entendimiento del gran proceso, del gran conocimiento que transmiten los profesores, el conocimiento es un tesoro grandioso, que nos ayuda a adquirir la experiencia necesaria, para nuestro desenvolvimiento en la vida real, mi instancia en esta lugar maravilloso, ha sido de una gran construcción, que se en un tiempo corto, estaré utilizando la gran formación que he recibido.

Agradezco a Dios por permitirme estar en este lugar, donde estoy recibiendo regalos maravillosos, que van a contribuir a lo más preciado que todos deseamos en el mundo, tener la gran sabiduría, que análisis tan fantástico del recorrido de este mes, me imagino que los competidores, tienen pensamientos parecidos a los míos, se nota cada día como se entregan a los ejercicios, a los estudios que transmiten los profesores, es importante cada detalle, que les ha dado una perspectiva genial, de su proyecto, para beneficio mundial, saben que es una gran competencia, todos los participantes están capacitados para ganar, es difícil conocer al próximo en salir, ya que se, que el próximo mes será más fuerte, debido a que nadie desea irse y reconozco, es un gran lugar de ensueño, que cualquier investigador del mundo, cualquier científico, cualquier líder del mundo o de la historia, hubiera deseado contar con un lugar como este, con la reunión de todas las características necesarias para un gran desarrollo, en donde los mejores profesores del mundo, son nuestros mentores, quienes transmiten, sus conocimientos, experiencias, filosofía, sabiduría, formación, es genial contar con todas las herramientas de desarrollo necesarias para conseguir una meta anhelada, se respira un ambiente grupal sano, espiritual, de competencia real, de experiencias inéditas, que están formando un perfil genial, un perfil de desenvolvimiento global, termina el gran día domingo, fue un gran día de descanso, reflexión, análisis, consideración, espiritualidad, saber lo que les espera a los grandes competidores, nos queda decir, que nos esperan grandes días geniales, que dejaran huella, en nuestras mentes, en nuestro espíritu, en nuestros corazones, voy a descansar, para esperar el nuevo día lunes, comenzara el nuevo proyecto del mes.

Lunes día de comienzo, es genial despertar a un nuevo día, sin saber lo que espera, el gran antecedente, del mes pasado, me muestra que nos espera algo maravilloso, genial, único, siguieron las clases, encontré en cada competidor una nueva perspectiva, un nuevo comienzo, es difícil saber el próximo que se ira, todos tienen una sed de triunfo que se nota en su rostro, en sus actos, es una energía descomunal, que ha salido con fuerza a relucir, por lo que veo, el ritmo de competencia es genial, nadie se quiere ir, todos son muy participativos, se ve que su proyecto está en su alma y sus corazones, las evaluaciones de los profesores tienen que ser más fuertes, el nivel ha subido demasiado, me doy cuenta que cuando existen competencias, es cuando surge el coraje, de ser un líder, es una combinación única de ideas, este aprendizaje que estoy experimentando, no lo obtienes tan fácil, es un tesoro que voy agradecer por siempre, nunca acaba uno de aprender, cada día es una experiencia diferente, cada día te deja una enseñanza, que te sirve de formación y que vas utilizar cuando menos te lo esperes, la sabiduría, el conocimiento, siempre ha sido deseado, por las grandes culturas de todos los tiempos, por los grandes líderes históricos, la sabiduría es un tesoro único, es día sábado la semana ha sido fantástica, de grandes competidores, grandes profesores, luce la luz del conocimiento.

Observo el monitor, hay una lucecita que me avisa que alguien vera al gurú Taoci, el gran gurú cuenta con mucha filosofía espiritual, es un gran privilegio, contar con una persona, que nos apoya tanto en los tiempos de crisis, en el monitor aparece Florecent, sr. Gurú, aparece una luz desde la obscuridad, dime hija, estoy para ayudarte, pensé mucho en visitarlo, pero es algo que no puedo evitar, lo se hija dímelo, habla con tu corazón, estoy para escucharte, todo lo que estoy viviendo en estos momentos es algo único, fantástico, hermoso, un sueño hecho realidad, la convivencia con mis compañeros, mis profesores, los veo como mi familia, es un ambiente tan humano, tan ecuánime, me siento en un lugar maravilloso, pero en mi mente está el rostro de mi padre, su enfermedad terminal, me afectado por siempre, el dolor de mi madre, mis hermanos, lo siento en mi corazón, es un dolor, que está en todo mi cuerpo, siempre le he preguntado a Dios, porque nos sucede todo esto, mi padre es bueno, una gran persona, que merece ser feliz, nosotros hemos sufrido tanto, hemos tenido la enfermedad de mi padre en nuestras entrañas, han sido 10 años de sufrimiento pleno, que afecta nuestro camino en la vida, afecta nuestras ilusiones, casi no sonreímos, hemos perdido la magia de disfrutar, reír, soñar, el dolor es muy fuerte gurú es insoportable.

Si hija siento tu dolor, recorro tu mente, se tus días de sufrimiento, sé que para estar aquí has hecho demasiados sacrificios, sé que tu mente, esta con tus padres, estás haciendo esfuerzos sobrehumanos, por seguir luchando, incluso hija, supe que pensaste en que serias eliminada de la competencia, pero lo que si debes saber que si continuas en este lugar es por algo, tus padres, tu familia entera, están felices, de que estas perteneciendo a un gran proyecto, hija la vida es difícil, complicada, no todo es felicidad, sé que esos diez años han sido tormentosos para ti, tu camino ha sido demasiado difícil, sientes dolor por el sufrimiento de tu seres queridos, desearías tener una vida genial, en donde desapareciera el terror de la enfermedad, hay ocasiones que es lo mejor resignarse, a lo que sucede y dejar todo en manos de Dios, a través, de la vida, tenemos fracasos, grandes tropiezos, sufrimientos, algunos nos forman, nos hacen más fuertes, otros nos destruyen, pero tenemos que continuar, después de las tormentas viene la calma, esa calma, que te da el descanso, la recuperación de energía, el análisis de ideas, la experiencia, saber que cuando se presentan situaciones positivas debes ser agradecido, disfrutarlas al máximo, lo que si te digo hija, que sigue con tu formación, sigue luchando al máximo, esfuérzate cada día, ese problema tan grande que esta clavado en tu mente, recibirás la luz y la sorpresa de un gran milagro que cambiara el curso de tu vida y la de tus seres queridos.

Hija los milagros existen, muchas veces cuando no encuentras salida, no encuentras solución a un problema, sientes que no existe otro remedio, llega la gran luz que ilumina tu corazón, que te da el aliento de seguir adelante, llega lo más preciado, el gran milagro, que imaginaste que nunca iba a ocurrir, hija la vida está llena de sorpresas, tu pide lo que deseas con espiritualidad y amor, la sorpresa de cambios en tu vida, puede surgir cuando menos lo imagines, cuando menos lo esperes, cuando hayas encontrado todas las puertas cerradas de las bendiciones, llegara esa puerta celestial que te invitara a pasar, te iluminaras completamente y esa luz llegara a tus seres queridos, hija no detengas tu camino, esos 10 años han sido de sufrimientos, espera la felicidad, debes de estar preparada cuando llegue ese gran momento, el universo será testigo de tu dicha plena, cada paso te fortalecerá, cada paso te enseñara, que únicamente, debes ser agradecida por los grandes momentos que llegaran a tu vida.

Agradece por siempre, cambia tu vida y has lo que siempre has soñado, llora hija no ocultes tus emociones, con el tiempo tu corazón entenderá que ha cicatrizado tu dolor y ese dolor ira disminuyendo, hasta que ya no afecte tu camino, todo ese dolor se convertirá en algo positivo que te hará más fuerte por siempre, gracias gran gurú, has despertado en mí una gran esperanza, saber que la esperanza debe morir al último, me llena de energía, me da una conciencia fascinante de que muchas veces puede llegar lo más grande que espero, el gran milagro de ser feliz y que mis seres queridos también gocen de ese gran sueño, gracias gran gurú, hoy me doy cuenta, que necesitaba hablar contigo, me siento feliz de haber expresado mi dolor, sentía como una estaca en mi pecho, que afectaba mi camino.

Si tienes razón, jamás voy a dejar de luchar, mientras la fuerza y la energía este en mí, no parare de luchar, me siento muy feliz en este lugar y sé que mi familia está feliz, porque sabe que pertenezco a un proyecto fabuloso, es un logro que celebramos todos juntos, hija descansa, relájate, disfruta los grandes momentos que estás viviendo, porque son únicos y no volverán, tienes la capacidad de ser un gran líder, un gran ejemplo de las futuras generaciones, la semilla que estas cultivando, será fruto para infinidad de personas que están agradecidas por siempre, en tu legado se escribirán palabras geniales, en donde sobresalga tu entrega, tu dedicación, tu disciplina, tu amor a lo que haces, tu dolor disminuirá a través del tiempo, tu madures, te enseñara que existen cosas fascinantes en la vida, que lo único que nos queda es disfrutarlas, tu familia es una gran base a tu vida, ellos tendrán la dicha de verte por siempre con una admiración, que los motiva a seguir adelante, tú eres su apoyo, tú eres su fuerza, lucha por siempre hija, entrégate al máximo, al poder de alcanzar tus metas, la vida te sonríe, espera las grandes sorpresas que te dará la vida, lo más preciado llegara a ti, como el gran milagro que has esperado por siempre, hija descansa y ya sabes que cuentas conmigo, gracias gran gurú, sella su agradecimiento con un gran abrazo sincero, que anécdotas de vida me quedo asombrado, de lo que cada persona trae en su mente, caras observamos, los corazones no sabemos lo que contienen, vemos infinidad de personas y no sabemos lo que tienen, sus problemas, lo que les afecta, las historias de vida, nos dan reflexión, de que las personas luchan por conseguir la felicidad, tener emociones agradables que los dejen disfrutar de la vida.

Llega la tercer semana es día sábado, hoy tenemos la gran materia Entrenamiento exploración Fuerzas Especiales II son 7:45 me dirijo al punto de reunión, el grandioso estadio que nos espera, nuestros profesores, nos observan de lentes obscuros, impacientes por el gran trabajo que estamos por realizar, habla el profesor Salomomr, competidores hoy es un gran día, un nuevo día que será testigo de nuestras habilidades, la mentalidad que poseemos, hoy competidores, haremos un triatlón, que consiste en 3 etapas;

1.- Nadar 1,500 mts.

2.- Bicicleta 40 kilómetros

3.- Carrera 10 Kilómetros

Competidores cualquier pregunta o aclaración estoy para resolverla, levanta la mano la competidora Rosalinda, si adelante dígame, profesor yo quiero saber, bueno estoy de acuerdo que debemos ejercitarnos para estar saludables, pero yo creo que un triatlón es demasiado, nada más de pensar en las distancias, es algo difícil de cumplir, exacto competidor Rosalinda, si en esta vida las cosas fueran fáciles, cualquiera tendría la determinación de hacerlas, en realidad, este es un lugar para competir, ustedes son evaluados en todas las materias, sus fortalezas, dependen del deporte, cuando salgan de aquí encontraran en su camino infinidad de desafíos, que muchas veces se les presenten sin imaginárselos, deben de estar preparados, para cada paso que dan en la vida, la vida no siempre los tratara de maravilla, habrá ocasiones, que los fracasos los tiren al suelo, el poder positivo de su autoestima los levantara, la valentía con la que cuentes será una herramienta necesaria para seguir continuando su camino, los invito competidores a esforzarse, la vida es lo que les pide fuerza, determinación, valor, cuando ustedes enfrentan diferentes desafíos en su vida, se sienten más completos, más vivos.

El triatlón es un deporte demasiado completo, yo estoy buscando en ustedes atletas de alto rendimiento, para desarrollar una base física, que los haga en esta competencia atletas de elite, atletas de fuerzas especiales, para que les sirve este gran entrenamiento, les contesto a todos; les proporcionara un perfil de atleta, una mentalidad positiva, aferrada y fuerte, una actitud filosófica ante la vida real de lo que se está viviendo, vivir cada día al máximo, disciplina, tenacidad, mentalidad de logro, autorrealización, una autoestima alta, un cuerpo saludable, lleno de energía, espiritualidad, conexión con el universo, satisfacción de cumplir con metas y objetivos, personalidad, salud, infinidad de cosas más que te ayudaran a trascender en tu gran camino por el mundo, con ustedes la profesora Yessica, competidores como escucharon al profesor, el ejercicio está lleno de beneficios, con mayor razón el Entrenamiento Exploración Fuerzas Especiales II, a continuación les voy a leer este pergamino llamado;

Desafío

Miré el sol y me di cuenta lo lejos que esta de mí, pero su energía me fortalece.

En mi camino me lamente por lo fracasos y errores, en lugar de aprovechar todas las opciones que se me han presentado.

Mis lamentos crearon en mi mente inseguridad, me atormente con lo que nunca ocurrió.

Creí que mañana era grandioso para empezar, pero se me olvido que el tiempo trascurría.

Soñaba con un futuro maravilloso, olvidándome del presente, olvidándome que era la construcción de mi vida.

Mi vida estaba llena de ilusiones, eran castillos en el aire, sin bases, sin estructura.

Mis cicatrices del pasado, me atormentan, han sido parte de mi presente, siguen abiertas.

Mi reflexión buscaba alternativas, buscaba sentido de vida.

Hasta que la luz llego a mi vida, ilumino todo mi cuerpo, ilumino mi espíritu, ilumino mi corazón.

Llego el desafío a mi vida, llego la fuerza, la valentía.

Desafío, que cada que te presentas me siento vivo, regresan mis ilusiones.

Desafío, que me acercas al éxito, que me enseñas que hay un camino donde es importante soñar.

Desafío, que complementas mi vida, que me enseñas, que cada instante debo luchar.

Desafío, dueño del presente, dueño del tiempo, dueño de la realidad.

Desafío, que enriqueces mi alma, enriqueces mi espíritu, enriqueces mi experiencia.

Desafío, que en cada reto me das más energía, más fuerza, más vida.

Cuando los desafíos aparecieron en mi vida, mis conocimientos crecieron, conocí la sabiduría.

Desafío, me hiciste competir con mi ser, mi interior se fortaleció.

Desafío, me enseño que el progreso requiere decisión, valentía y coraje.

Me llené de retos que le dieron sentido a mi vida, conocí el amor.

Desafío, llegas a mi vida, como agua en el desierto, como alimento en la hambruna.

Los retos que tengo en mi vida, me construyen, me enseñan que mi presente es lucha constante.

Desafío, que activas mi mente, que me llenas de energía, que me activas para la acción.

Desafío, complementas mi vida, interesante mi día, porque tiene retos significantes.

Desafío, carismático, que me das motivación para continuar mi camino hacia el éxito.

Desafío, la señal de la intensidad, la señal de la dicha plena, la señal del optimismo.

Desafío, me enseño que la creatividad se presenta cuando el reto es desafiante.

Desafío, es vida, es amor, es el más grande camino que lleva al universo espiritual.

Sin desafíos la vida no tiene riquezas, las experiencias no llegan, el vacío existencial aparece.

Desafío, preséntate a mi vida, para que este ocupada con la genialidad, de actuar cada instante.

Desafío, enséñame que mi vida tiene sentido, que soy un constructor activo de mi presente.

Desafío, crea en mi experiencia, para que mi legado sea infinito.

Desafío, enséñame a construir el mundo, comenzando a construir mi interior.

Que el próximo desafío, me llene de disfrute, goce, me llene de felicidad.

Desafío, que al disfrutar mi alegría se eleve, al realizar mi trabajo con el máximo esfuerzo.

Desafío, la inquietud toco mi puerta, me enseño que la riqueza de las opciones, olvidaran el pasado tormentoso.

Desafío, complemento de existencia, la competencia llena mi escenario, de virtudes.

Desafío, los premios, las medallas, la gloria, es la satisfacción de la entrega total día con día.

Desafío, que llegaste a mi vida cuando menos lo esperaba, cuando pensé que estaba perdido.

Desafío, que me hiciste activo, me disté energía, volví a creer que los sueños se hacen realidad.

Desafío, es lo que quiero, el reto que me hiso nacer nuevamente.

Desafío, que me hiso crecer interiormente, creando un camino activo de genialidades.

Desafío, simplemente los grandes desafíos en mi presente, en mi vida, en mi corazón.

Competidores llenen su vida de desafíos, para que su corazón lata con fuerza, para que sepan, que su vida en este mundo, es por algo, cuando tu vida está llena de retos, pierdes la noción del tiempo, se enriquece cada momento, luchas cada día esforzándote al máximo, no buscas un premio, simplemente buscas haber entregado todas tus fuerzas al reto que se te presento, tu premio fue sentirte más vivo, llénate de retos en tu camino, para que llegue la fabulosa experiencia que entrara en tu camino enseñándote, que tu vida tiene sentido y que tu legado será efectivo para las futuras generaciones, que en tu tumba este escrita la palabra nunca, nunca se dio por vencido, muchas gracias profesora por sus palabras, por la gran filosofía que transmite.

Competidores, en estos pequeños autos que ven ustedes, son de energía solar, nos transportaremos al lago en donde nadaremos la primera prueba que son 1,500 mts., después salimos del lago y realizamos la transición en la bicicletas que estarán enfrente de nosotros, cada bicicleta cuenta con su nombre de cada uno de ustedes, serán 40 kilómetros duros, en una carretera especial que cumple la distancia, después dejamos las bicicletas y continuamos corriendo los 10 kilómetros, que será la prueba final, la meta nos estará esperando un paraíso terrenal, ya lo verán cuando cumplan todo el recorrido, todos los que realicemos el recorrido, saldremos al sonido del disparo, nuestro punto de reunión será en la meta, todos los señalamientos son sofisticados, contaran con una memoria de la carrera, para que cuando gusten puedan observarse en el desafío, competidores abordemos los autos, cada uno tiene su nombre, los veo en la salida.

Que genial desafío, en realidad me quedo asombrado de lo que vamos a realizar, sé que no soy competidor, pero con todo el entrenamiento que he llevado, la unión con los competidores, me siento parte de ellos, será un gran desafío, llegamos con los superautos solares al lugar de salida, nos espera un lago hermoso, el agua es cristalina, color azul turquesa, se respira un aire único combinado con la naturaleza, que hermoso escenario, los profesores observan a todos los competidores, jóvenes estamos en el punto de reunión de salida, los jueces nos observan, tendrán monitores especiales en donde observaran toda la competencia, bueno competidores los minutos pasan en 2 minutos comenzaremos el gran reto, en sus marcas, suena el disparo, infinidad de helicópteros vuelan a nuestro alrededor, nos adentramos en el agua, todos tenemos una energía especial, todos tenemos hambre de triunfo, todos realizamos la prueba a un ritmo similar, pero comienzan unos adelantarse, los profesores también están participando, entonces no tenemos pretextos para el gran desafíos, disfrutan los profesores realizar ejercicio, participar en competencias, unos se van adelantando, pero mi condición crece, casi todos salimos iguales, en los 1,500 mts., del lago, siento como mi corazón late con fuerza, como si quisiera reventar o salirse de sus lugar, pero es genial, el cuerpo humano, como nuestro cuerpo es la maquina más maravillosa del mundo, Dios nos creó para realizar lo que nos propongamos en la vida.

Voy corriendo leo mi nombre en la bicicleta Richc, cada un recoge su vehículo de dos ruedas, comienza el gran desafío, son subidas bajadas, nunca me imaginé que fuera tan genial realizar un recorrido con bicicletas profesionales, la que traigo están ligera, como el viento, voy tan rápido que me olvido del cansancio, observo el paisaje esplendoroso, recorremos una pista especial, para nuestras bicicletas, hay subidas muy pronunciadas, utilizo los cambios es genial, como la tecnología te da poder, nos indican los señalamientos que vamos en el kilómetro 21, llevamos un poquito más de la mitad, ya casi llegamos a los 40 kilómetros, en realidad el paisaje es tan maravilloso, el aire entra a mis pulmones llenando mi cuerpo de energía, el sudor baña todo mi cuerpo, el cansancio comienza a sentirse, pero debo continuar con fuerza, sé que este desafío, me hará crecer muchísimo mentalmente, físicamente, ideológicamente, es un privilegio conocer mi cuerpo, saber que puede realizar cosas extraordinarias, mi cuerpo se adaptó al gran esfuerzo, mi corazón ya se adaptó, sabe mi cuerpo que es algo genial que está viviendo, es dolor, con el disfrute máximo a la vez, me siento vivo, están despiertos todos mis sentidos disfrutando de este gran momento, estamos en el kilómetro 32, las subidas son más complicadas, pero esta genial bicicleta me ayuda demasiado, esta consiente del esfuerzo realizado, nos sentimos un solo cuerpo, ya la bicicleta es parte de mi cuerpo, somos uno solo, los competidores no se dan por vencidos, continúan el camino, el gran camino a la realización, como esta pista está diseñada para una gran competencia, cualquier deportista desearía estar en este grandioso escenario, somos unos privilegiados, estamos disfrutando lo mejor del mundo, en el mejor escenario del mundo, con las mejores personas del mundo, faltan 2 kilómetros para cumplir la segunda etapa y saber que todavía falta correr los últimos 10 kilómetros, voy a programar mi mente, me voy a imaginar, que estoy comenzando, el dolor tiene que quedar en el pasado, tengo que vivir el momento, soy dueño de este instante, soy dueño de este lapso de tiempo, 1 kilómetro ya casi termino, la bebida hidratante es genial como hace que todo mi cuerpo se sienta fresco, mis células están tan hidratadas, que no se imaginan el gran esfuerzo que estoy realizando, estos últimos metros se sienten un poco alejados, todos estamos haciendo nuestro mejor esfuerzo, toda la filosofía que hemos recibido ha sido genial para nuestra formación, toda la filosofía va enfocada, a los esfuerzos, desafíos, obstáculos, que se nos presenten en la vida, es genial, como las filosofías que hemos escuchado, cada que las analizamos nos hablan de la realidad lo que sucede a nuestro alrededor, somos unos campeones y lo estamos demostrando, no se sabe quién será el ganador, todos tenemos el mismo perfil, la misma necesidad que es triunfar, ahora si cumplimos los 40 kilómetros en bicicleta.

Dejamos nuestros vehículos estacionados, cambiamos de tenis, todos rápidos seguros de lo que estamos haciendo, es genial como el grupo va parejo en la transiciones, todos tienen deseos de ganar, la carrera nos dará la efectividad espiritual de lograr el máximo esfuerzo, es complicado saber quién será el ganador, pero todos seremos triunfadores, a correr, los profesores casi nos alcanzan es muy poca la diferencia, tienen mucha condición, pensaron que iba a ser fácil vencernos, pero sé que nosotros tenemos una necesidad de triunfo particular, será un camino difícil, mis piernas sienten desfallecer, pero a la vez, mi mente las motiva a continuar, estoy descansando de la bicicleta me mentalizo, que es la única prueba que estoy haciendo, espero que mi cuerpo entienda que necesito más energía, nunca imagine ser tan buen deportista, sé que la mente te lleva a lugares inexplorados, camino que nunca se ha recorrido, es maravilloso, vamos todos casi al parejo, pero estas subidas están mortales, algunos se adelantan, otros los alcanzan, llevamos un paso extremo en el que nadie, quiere ceder su lugar, pero el desfallecimiento es genial, pero nuestro espíritu nos da fuerzas, quien sabe de dónde.

Kilómetro 3, me estoy cansando pero son geniales estos momentos, me enseñan que tenemos capacidades extraordinarias, que únicamente salen a relucir en tiempos de crisis, existe mucho conocimiento que desconocemos, por eso es verdad que ocupamos un porcentaje muy bajo de nuestras capacidades extraordinarias, hoy en este día me doy cuenta, que nuestro cuerpo es tan genial y maravilloso, que cada día nos da un aprendizaje nuevo, incluso el aprendizaje se observa más en los desafíos, kilómetro 5 los paisajes son geniales, me enfoco en ellos, siento su olor, se reflejan sus imágenes, capto sus sonidos, de las cascadas que caen, el sonido de los animales, susurran mis oídos, que me hacen asombrar, que estoy en un lugar que nunca imagine, kilómetro 6 ya casi, los profesores nos alcanzan, no puede ser de dónde sacan tanta fuerza, aumentamos nuestro paso, no los vamos a dejar que nos ganen, aumentamos el paso, estamos motivados, es una fuerza especial que no sabemos de dónde vino, volteo a ver el rostro de los profesores, están asombrados pensaron que nos iban a ganar fácilmente, están viendo que todos somos fuertes y tenemos el deseo de triunfar a como dé lugar.

kilómetro 7, hay algunos participantes que se están quedando atrás, me dan ganas de darme por vencido dejar que todos me rebasen, disfrutar del gran premio que es el descanso, pero no todo lo que hecho hasta este momento ha sido genial, no puedo darme por vencido, es genial pensar en el descanso, pero es mejor cumplir con el objetivo y después disfrutar del gran descanso, kilómetro 8, todos aceleramos, pero la piernas ya no me dan más, que hago, son dos kilómetros lo que falta, son los más pesados desde toda la competencia, es genial competir, me siento vivo, es fabuloso sentir que es poco lo que falta para alcanzar el objetivo, los profesores aceleran, es genial todos intentamos hacer lo mismo, pero nuestros cuerpos no responden, todos sabemos que los esfuerzos no terminan, que el único descanso está en el cementerio, tenemos que trabajar al máximo, ante las adversidades, ante el cansancio, ante lo que se presente, mi mejor premio será cuando termine la competencia.

Me están rebasando, estamos ya casi llegando al kilómetro 9 lo alcanzo a ver, voy a esforzarme más solo es 1 kilómetro el que falta, alcanzo a todos, los profesores se asombran de que los alcanzo, todos aceleramos el paso, sabemos que ya es el final, solo 600 metros faltan, el profesor acelera al máximo la profesora se va quedando atrás, estoy perdiendo de vista al profesor, va ser el ganador, la profesora acelera, pero le es difícil alcanzarlo, yo ya no puedo continuar, le exijo más a mis piernas pero no quieren continuar, me rebasan no sé cuántos, cierro los ojos, me olvido del resultado, estoy feliz de que casi alcanzo mi objetivo, estoy llegando a un grandioso estadio fenomenal, recupero la energía, estoy a 400 mts., hay dos competidores que van delante de mí, aunque muera los voy a rebasar, hay no aguanto mi estómago comienza actuar muy raro, les gano por medio paso, ellos también decidieron dar su último esfuerzo al máximo, cruce la meta siento morir y a la vez, estoy volviendo a nacer, camino mi corazón está, agradeciendo el gran descanso, se acercan varias personas preguntándome si estoy bien, si les digo me siento sensacional, maravilloso, fantástico, gracias, pero es algo único, siguen llegando los competidores, se les nota una felicidad genial de haber cumplido el objetivo que todos sentimos que ganamos demasiado. Después de 40 minutos se escucha una voz enérgica, competidores, les tengo la lista de los ganadores, momento todos han sido ganadores, pero mencionaremos, como fueron llegando, para que reciban una medalla conmemorativa al primer, segundo, tercer lugar de la rama femenil y varonil, los lugares quedaron así;

DAMAS:

1.- Profesora Yessica

2.- Rosalinda

3.- Giselle

4.- Queenie

5.- Joharim

6.- Florecet

7.- Akeilas

CABALLEROS

1.- Profesor Salomomr

2.- Ryud

3.- Mahatmae

4.- Richc

5.- Jenst

6.- Winstond

7.- Joao

Estos son los grandes lugares, no importando el lugar que obtuvieron siéntanse campeones, cumplieron con una gran clase, cumplieron venciéndose ustedes mismos, cumplieron al trascender en esta vida realizando su mayor esfuerzo, todos son ganadores, reciban este gran aplauso sincero, reciban estas palabras espero que lleguen a su corazón dice así;

Campeón

Has luchado día con día, entre tormentas y tempestades.

El cansancio no te ha detenido, la valentía te ha fortalecido.

Cuando ya no existían alternativas, seguían buscando opciones en el anochecer.

Nunca tuviste noción del tiempo, tu prioridad fue trabajar al máximo sin esperar ningún premio.

Tu mentalidad creció, cada que se te presentaba un nuevo reto.

Has creído en el gran milagro de que los sueños se hacen realidad, con disciplina y dedicación.

Sabes que los milagros existen, que llegan muchas veces cuando nos sentimos perdidos.

Me caí infinidad de veces, me volví a levantar, continúe mi camino.

Luche incansablemente, llore infinidad de veces, no encontrando solución.

Llore infinidad de veces, por no encontrar salida, por no obtener el mínimo resultado.

El universo fue testigo de mi esfuerzo, de mi entendimiento de no rendirme nunca.

Me estaba aburriendo de solo ver obscuridad, no encontraba la luz.

Mi trabajo no rendía frutos, sentía coraje de que mi esfuerzo no daba resultados, luchaba con más fuerza.

Me acostumbre a la derrota, le preguntaba al cielo, porque no llegaba el mínimo resultado.

Lloraba nuevamente de modo amargo, me volví más espiritual, pedía con el corazón mejores resultados.

Prometí que, si veía la luz, seria agradecido por siempre, creyendo por siempre que los milagros existen.

Mi cansancio quería derrotarme, pero fue lo contrario me fui sintiendo más fuerte.

Comencé a disfrutar lo que hacía, me enamoré de mis días, el cansancio desapareció.

Empecé a ver una luz pequeña y brillante, pensé que no era realidad.

Vi el primer resultado fue genial, es mínimo, pero lo vi como un gran logro.

El destino es un gran adversario, que se debe enfrentar con valentía y coraje.

Día con día, lidiamos con batallas personales, estas contiendas son las más duras.

Fui creando un perfil necesario, luchar para vivir, con intensidad y amor.

Mis crisis me han llevado al suelo, las heridas han querido detenerme, pero me levanto.

Sé que la motivación constante, hará que sucedan cosas poderosas.

Me volví autentico, pensé que era un error, pero el presente me enseño su fortaleza.

Siempre encontré en mi mente luchar por ser mejor que ayer.

Vivir el hoy al máximo me enseño, que no tengo otra oportunidad, nada más la que se presenta.

Voy hacer todo lo que este de mi parte, para obtener resultados positivos.

El miedo desapareció, surgió actuar con valentía en la vida, en el amor, en el camino al éxito.

Nuestros ancestros hicieron cosas más peligrosas, para sobrevivir, incluso muriendo luchando.

Hoy lo que vemos como un desafío, quizá no lo sea.

Tenemos infinidad de herramientas para lograr nuestros objetivos, incluso la tecnología está de nuestro lado.

Soy un guerrero que enfrenta los riesgos, conquista el dolor, construye de los sueños.

Hoy me dicen campeón, únicamente ven mis victorias, no observan el camino de tormentas que pase.

En tiempos históricos se peleaba por todo, hoy únicamente debes de luchar por vivir al máximo.

Me siento motivado para seguir luchando y lograr más, sé que se puede, tengo la experiencia que me ha dejado el dolor.

Campeón, estoy lleno de cicatrices, cuando llega el disfrute lo hago con energía, lo disfruto al máximo.

Campeón, mi premio es la alegría de nunca dejar de luchar, de nunca rendirme, que el escenario que se me presente, es algo nuevo.

Mis retos, mis desafíos, los tomo como algo nuevo, un lugar en donde me debo esforzar al máximo, es un nuevo día.

Campeón, me caí, fracase, me levante, conocí la cima, me volví a caer, soy un guerrero dispuesto a enfrentar lo que se presente.

He venido de la nada, soy un milagro de la vida, mis constantes logros son milagros, que muchas veces imagino estar soñando.

Hice muchos sacrificios, que no me afectaron, me dieron una filosofía de vida genial, que está en mi presente.

Campeón, cada día es uno nuevo, debo estar en forma, para el siguiente reto, la siguiente batalla.

Campeón, más bien soy un guerrero listo para enfrentar, lo que se me presente hoy.

Campeón, la noción del tiempo ha desaparecido, porque cada día lo vivo al máximo.

Disfruto de las cosas que muchos llaman sencillas, son la base de mi sentido de vida.

Campeón, mi trabajo es un legado para motivar a las futuras generaciones de tener un mundo mejor.

Campeón, la retroalimentación es importante, escuchar a los grandes héroes de la historia, me llena de riqueza.

Campeón, nunca imagine esta palabra, mis días de constante lucha, se llenaron de los trofeos sencillos, que para mí fueron por siempre valiosos.

Campeón mi vida está llena de alegría y felicidad.

Campeón mi espíritu crece día con día.

Campeón, solo el universo es testigo, solo soy mejor hoy en este presente, de lo que fui ayer.

Que palabras tan geniales, exactamente llegan al corazón, nos transportan, nos enseñan la filosofía real de la vida, incluso los grandes líderes de toda la historia, nos demuestran que, durante su vida, estuvo llena de sacrificios, que para llegar a donde están, tuvieron que luchar incansablemente, que maravilloso es todo esto.

Competidores, serán transportados a un lugar especial, en donde los consentiremos, en donde observaran lo importante que es disfrutar de un premio, sigan luchando por sus metas, cada día es un día nuevo, soy su amigo el profesor Teslac, disfruten al máximo lo que viene se lo merecen.

Nos transportan en unos autos todo terreno solares, que magnífico que utilicen la tecnología para el desarrollo, mejorando la calidad del aire, subimos, pasamos por un lugar genial donde hay cultivos de todos frutas y verduras, nunca me imaginé que los alimentos que existen en este lugar son cultivados, incluso leí, que este lugar es un lugar sustentable, que incluso toda la agricultura es orgánica, lo que sobra se exporta, para todos, el personal que forma el grupo de las 10 personas más ricas del mundo, ellos cuentan con infinidad de empresas en donde a su personal, se les da lo mejor, tienen una alimentación genial, son como sus hijos, dicen que son una gran familia mundial, estamos llegando a una majestuosa fortaleza, toda es en color blanco, brillante, resalta ante el inmenso sol, es una gran joya rodeada por este maravilloso lugar.

Llegamos nos indican, que vamos a recibir un masaje, nos introducen a un gran salón, que cuenta con infinidad de aparatos geniales, con el objetivó de rehabilitar nuestros cuerpos, después de recibir un premio tan gratificante, estuvimos en el sauna, en grandiosas tinas de hidromasaje, disfrutamos de una comida genial, los chefs se esmeraron en satisfacer nuestros paladares, es genial estar en este lugar, disfrutando del gran premio, la música penetra todos los sentidos, el olor es relajante, me siento en el paraíso, saber qué hace unos momentos estaba sufriendo por llegar y conseguir mi meta tan anhelada, terminar la prueba de la competencia, si comparamos todo lo que realizamos en la vida, por mucho esfuerzo que realicemos nos dará un premio, que por mínimo que sea, incluso respirar más tranquilo nos da una dicha plena, la relajación nos da fortaleza, para continuar nuestro camino hacia el éxito, después del gran disfrute, los profesores nos indican que en 10 minutos, nos esperan en el salón triunfadores, para darnos las ultimas indicaciones, se siente tristeza al dejar de seguir disfrutando, pero el camino tiene que continuar, es bien dicho que el éxito de ayer a hi quedo, tenemos que seguir nuestro camino, buscando nuevos desafíos, nuevos objetivos, nuevas metas, para cuando llegue el gran tiempo del disfrute lo hagamos también con gran gozo, la gran motivación es cuando consigues la meta anhelada, te da fuerza y aliento para seguir continuando.

Llegamos al gran salón triunfadores, infinidad de fotos de los más grandes líderes de la historia abarrotan el lugar, que gran honor a su nombre, es una gran semblanza de todas las grandes historias de vida, en donde tenemos la facilidad de tomar las cosas más importantes, las filosofías que los llevaron a triunfar, los profesores están en el centro del salón, rodeados de trofeos, de reconocimiento, de todo triunfo que ha dado un antecedente, habla el profesor, es para mí un privilegio darles mi mayor reconocimiento, decirle como siempre que los admiro, son un gran grupo, que me han dado mucho conocimiento, fortaleza, filosofía de que se puede lograr lo que deseamos, hoy en este día fue de muchísimo aprendizaje, esta competencia la sentí como si fuera la primera, recibí una lección especial, que no existe competidor débil, al contrario existen competidores que te dan grandes sorpresas, observe su rostro de lucha incansable, la sed de triunfar, sus ojos brillaban con intensidad, sus cuerpos estaban dispuestos hacer los esfuerzos que fueran necesarios para conseguir sus metas, fue un gran aprendizaje, fue una gran competencia.

Los dejo con su profesora Yessica, competidores, como lo manifiesta el profesor, yo también estoy asombrada por su gran entrega, por los esfuerzos sobrehumanos que hicieron, nosotros somos atletas de elite, llevamos muchos años compitiendo, nos ha dejado experiencias grandiosas, que nos hacen conocer el perfil de los grandes deportistas, hoy demostraron sus grandes capacidades, sé que varios están asombrados por su gran participación, su gran motivación los llevo a terminar con éxito la gran prueba, el cuerpo es una maquina magnifica, maravillosa, única, difícil de entender, pero que nos lleva a lugares increíbles digno de un milagro, el universo es testigo de nuestra gran entrega, de nuestros grandes deseos de alcanzar nuestros sueños, hoy yo observe un equipo muy unido, todos con una misma mentalidad, con un mismo sentido espiritual, son guerreros, porque entregaron el alma en esta gran batalla, todos son ganadores, porque el día de hoy aprendieron algo fantástico, sus cuerpos son maravillosos es una máquina asombrosa que no terminamos de conocer, que nos deja asombrados de sus grandiosas capacidades, Dios creo nuestros cuerpos de una forma magnífica, para que cada día nos asombráramos de las grandes herramientas naturales que contamos para nuestro desarrollo humano, los felicito competidores son un gran equipo, me siento orgullosa de pertenecer a este gran proyecto, son personas geniales que como dijo el profesor nos dan retroalimentación, hemos terminado este gran día, los esperamos pronto renovados con una mayor fuerza que los caracteriza.

Que filosofía dios mío, yo siento que este lugar es de los más importantes en mi vida, el aprendizaje que estoy obteniendo es único e incomparable, ya voy a cumplir casi dos meses en este gran lugar y no se pierde mi asombro, cada día es un día nuevo lleno de conocimientos y sabiduría, nos dirigimos a nuestra última clase Yoga Bioenergética II, son las 17:50 estamos en el gran estadio que nos ve nacer cada que estamos aquí, estamos en el salón de clases, la profesora Noetherli, como siempre está al centro, bienvenidos competidores sé que han tenido un día maravilloso, todos en posición relajante, decía un gran sabio es importante morir para vivir, que significado tienen estas palabras, cuando disfrutas todo lo que te rodea como si fueras a morir, cuando haces todas las cosas como si ya no fueras estar, cuando amas con gran fuerza como si fueras a morir, tu vida se llena de un karma especial, te rodea un campo de luz que eres consciente que existe, pero hay personas que lo observan, ese campo de fuerza, siempre te da luz ante las tempestades, ante las grandes oscuridades, la vida te sonríe, tienes por que vivir, te sientes vivo, le das un valor especial a tu cuerpo y a tu espíritu.

Chicos vamos a energizarnos, vamos a comenzar nuestra clase de rehabilitación hagamos del yoga parte de nuestras vidas, con agradecimiento y amor el universo será testigo de nuestra coordinación con todos nuestros puntos cardinales, después de las grandes posiciones del yoga energético, todos volvemos a nacer con más energía, competidores deseo lo mejor para ustedes, en este salón se respira un ambiente natural en donde la combinación de la energía es la prioridad, siempre relájense, respiren de forma que sientan su inhalación con energía, sientan como sus cuerpos se revitalizan, se llenan de fuerza, siéntanse vivos, disfruten de la vida al máximo, solo se vive una vez, pídanle lo mejor a la vida, reúnanse con personas que cuenten con su tipo de energía, que sean positivas, que sean constructivas, para que juntos logren un mundo mejor, cuando ustedes cambian interiormente, los resultados los observan a sus alrededor, las energías magnificas rodean su corazón, su sensibilidad despierta, sus emociones nacen dirigidas hacia un solo objetivo, darle prioridad a la felicidad y al amor, cuando amas con fuerza sin esperar lo que recibes, sientes una gran satisfacción, que el resultado no depende de ti, te entregaste máximo al amor, el universo es testigo de tu gran ofrenda, vives la vida al máximo, eso es vivir, es estar vivo.

Competidores descansen, disfruten sus grandes momentos, sueñen que cuando menos se lo esperen, llega el gran milagro que hace los sueños realidad, descansen recupérense, luchen al máximo, son los mejores, son un gran grupo, tienen grandes proyectos que beneficiaran muchas vidas alrededor del mundo. Que geniales comentarios de la profesora, es conocimiento real, es sabiduría máxima, es la realidad de la vida fue un día genial, para escribirlo en una gran historia de vida.

Hoy se cumple el mes es sábado, a las 3 de la tarde sabremos quién es el próximo competidor que se retira, son difíciles estos momentos, nadie se quiere ir, nadie quiere dejar de disfrutar estos grandiosos momentos, todo aquí es genial, es el sueño hecho realidad de cualquier líder en el mundo, contar con un lugar maravilloso en donde recibes conocimientos únicos que fortalecen tu personalidad, tu autoestima, autorrealización, el gran tesoro más importante que es la sabiduría, nos tratan como reyes, es algo que la mayoría que está en este lugar no hemos recibido, ese trato que nos dan, nos ofrece mucha energía para trabajar y mantenernos firmes en este gran lugar, a las 15:00 nos dirán los profesores quien es el próximo que se retira, todos los competidores están pensativos por este gran día, nadie se quiere ir, pero todos saben que solamente habrá un solo ganador, que yo diría que ya desde que estamos en este gran lugar, disfrutando lo que nos rodea, los magníficos tratos que nos dan, ya somos ganadores.

Entramos al gran salón, todos los profesores están en el gran pódium, enfrente de nosotros, observándonos, sé que quisieran que nadie se fuera, pero saben de la gran responsabilidad que tendrá el gran ganador, competidores soy su profesora McYuretzili, me toca el gran trabajo de despedir al siguiente competidor, tengo el honor de comentarles en nombre de todos los profesores aquí presentes, que para nosotros es un gran trabajo que dura 3 días hasta el día de hoy, que con el análisis exhaustivo que realizamos, de acuerdo a los resultados sabemos cuál será el próximo competidor que se retira de esta gran competencia, sabemos que durante nuestras carreras en la vida, tenemos infinidad de obstáculos que son productivos porque nos llenan de experiencia, cuando nuestra vida se le presentan desafíos, se engrandece nuestro camino, nuestra vida se enriquece de experiencias únicas, su trayecto en este lugar ha sido magnífico, han dejado su sudor, sus lágrimas, sus capacidades en cada prueba, en cada reto que se les presento, es para nosotros, muy difícil cuando llega este momento de decidir quién es el que se retira, nos cuesta mucho trabajo, ya que todos están capacitados para esta gran prueba, todos lo demuestran en su entrega total, en su fuerza en cada momento para conseguir sus objetivos.

La persona que va a dejar este grandioso y bello lugar es, una persona luchadora que siempre hiso su máximo esfuerzo, que allá fuera la vida le presentara infinidad de oportunidades, que debido a sus capacidades, las aprovechara, la persona que se retira, es un líder genial, que cada día se esforzó, sabía lo que le esperaba, sabía que tenía una gran responsabilidad que no ha terminado, el mundo lo espera con ansias de que transmita lo que sabe hacer, sus grandes conocimientos, su gran potencial, el competidor que se va es;

10.-Nombre: Jenst

Edad: 31 años

País: Dinamarca

Profesión: Doctor en filosofía

Proyecto: construir felicidad

Deporte: Rugby

Idioma: Danés, inglés.

Altruismo para el mundo: Se ha encontrado que la felicidad es una necesidad mundial, objetivo específico hacer organizaciones en todo el mundo dedicadas a la felicidad.

Se escuchó el nombre y los datos con resignación, pero con unos aplausos energéticos, de haber cumplido y desarrollado con todo su esfuerzo, su personalidad de guerrero, las lágrimas se desbordan en el lugar, es una gran despedida, continua la profesora, se pierde un gran competidor, pero quedan 10 dispuestos a entregar lo mejor de sí, duelen las despedidas, pero muchas veces las grandes construcciones, requieren de grandes sacrificios, para lograr los sueños se deben hacer sacrificios, que muchas veces hasta el futuro se aprecia el gran trabajo, lo que si los invito a seguir luchando por ser mejores, por utilizar sus herramientas con el máximo esfuerzo, cuentan con la ayuda de nosotros sus profesores, que estamos dispuestos a entregar en cada momento lo mejor que tengamos para su desarrollo, para que ese gran proyecto Misión, eliminar la pobreza mundial, trascienda en todos los tiempos, en donde la historia sea testigo de que se entregaron todas las fuerzas disponibles, toda la mentalidad positiva, la entrega total, todos los esfuerzos necesarios para conseguir la gran meta.

Despidamos al competidor Jents con entusiasmo y amor, es una despedida genial donde las emociones se unen entre tristeza, alegría, ilusiones, se retira por un túnel lleno de luz, competidores sigan adelante con sus proyectos, sigan esforzándose, con la premisa de ser mejores cada día, hoy es el día más importante de mi vida, en este instante es cuando me voy a esforzar al máximo, olvidándome del tiempo, solamente pensando en el beneficio que le daré a la humanidad en el mundo, todos sus proyectos son geniales, visualícense como ganadores, demuestren el por qué están aquí, sorprendan con sus ideas, descansen, guarden energías para los grandes momentos que les esperan, cuentan con nuestro apoyo al máximo, somos parte de un gran proyecto que pasara a la historia, retírense con la frente en alto, sueñen con su proyecto, los milagros existen, que tengan un día genial.

Todos nos retiramos, dos emociones nos reúnen un poco de tristeza y a la vez la felicidad de no ser seleccionado para salir, los competidores, descansaran hoy relajados sabiendo que el lunes es un gran día de competencia, me dirijo a mi casa a observar los monitores es la última vez que habla el gran gurú con Jents. Llega el gran momento lo veo en el monitor, gran gurú estoy nuevamente aquí, pero hoy me siento triste, desolado, derrotado, siento un nudo en mi garganta, desahógate hijo, se lo que estás pasando, es algo increíble de aceptar, te vas de un gran lugar, pero te espera el mundo que necesita de tu contribución, necesitas transmitir tu nueva personalidad, tus nuevos conocimientos, tu nueva manera de ver la vida, enseñarle a todo el mundo que estas vivo y que aceptas el reto de realizar cosas extraordinarias, que complementen tu vida, que te hagan trascender, gran gurú, gracias por tus grandes palabras, me dan un gran aliento, me hacen saber por qué estuve aquí.

Si hijo duelen las despedidas, existe un duelo especial, para cualquier cosa que perdemos, lo importante es manifestar nuestro sentimientos, tener el valor de aceptar nuestra condición y seguir luchando, saber que el mundo nos da muchas oportunidades, pierdes una batalla, pero la guerra continua, eres un gran guerrero que debe estar preparado para la próxima contienda, toma todo lo bueno qué te regalo este gran lugar, todos los sueños que manifestaste estando aquí, toda la creatividad que surgió en ti, todo el aprendizaje, todos los conocimientos que te dieron, más herramientas para continuar tu camino, siente tu perdida, valora tu camino, valora cada instante, se agradecido con la vida, se agradecido con todo lo que recibes por mínimo que sea, eso te dará un perfil de abundancia que compartirás durante tu vida, tus conocimientos son valiosos, al salir de aquí sé que los vas a compartir, porque te interesa el desarrollo humano, eres un gran ser humano de grandes sentimientos, aprovecha todas las opciones que se te presenten, tu vida continua, todo el gran pasado que has tenido tómalo, como una grandiosa experiencia, sueña con infinidad de situaciones que te harán constructor.

Sé que al salir de aquí, buscaras como siempre lo más preciado que es para ti la felicidad, disfruta lo que haces, disfruta del amor al máximo, sigue en construcción de tu gran personalidad, recuerda que eres una persona única en esta vida, coincidirás con infinidad de mentalidades, tendrás algunos rasgos que te comparen con alguien, pero al final todos los habitantes del mundo somos diferentes, cada individuo es único, goza de tus fortalezas, aprende de tus debilidades, circula tu mundo con valentía, gracias gran gurú, sellan su despedida con un gran abrazo, se retira Jents, fue un gran privilegio contar con tu presencia.

CAPITULO V

Es domingo mañana comienzan de nuevo las clases, hoy es un día de relajarse y analizar estos dos meses geniales que han pasado, es relevante saber cómo el tiempo pasa tan aprisa, pero en todas nuestras metas está la trascendencia de estar aquí soñando en este gran lugar, un lugar de grandes riquezas, que se tatúa en nuestras pieles de una manera magnifica, el proyecto es una sola unión, un solo cuerpo, una sola alma, se sabe la gran responsabilidad, pero a la vez, el gran desafío que es estar aquí, las materias que llevaremos son las siguientes;

Lunes	Profesor	Materia
8:00 a 10:45	Salomomr	Entrenamiento Físico y mental III
11:00 a 12:45	Laeva	Liderazgo global III
12:50 a 13:50	COMIDA	
14:00 a 15:45	Teslac	Innovación III
16:00 a 17:45	McYuretzili	Comunicación y entendimiento III
18:00 a 18:55	Edisonic	Ideas trascendentales III
19:00 a 20:00	Noetherli	Yoga Bioenergética III

Martes	Profesor	Materia
8:00 a 10:45	Salomomr	Filosofía deportiva y Entrenamiento III
11:00 a 12:45	Markl	Desarrollo Humano III
12:50 a 13:50	COMIDA	
14:00 a 15:45	Vincir	Creatividad III
16:00 a 17:45	Curielm	Motivación III
18:00 a 18:55	Yessica	Mentalidad positiva III
19:00 a 20:00	Noetherli	Yoga Bioenergética III

Miércoles	Profesor	Materia
8:00 a 10:45 especiales III	Yessica	Entrenamiento fuerzas
11:00 a 12:45	Laeva	Liderazgo global III
12:50 a 13:50	COMIDA	
14:00 a 15:45	Teslac	Innovación III
16:00 a 17:45 entendimiento III	McYuretzili	Comunicación y
18:00 a 18:55	Edisonic	Ideas trascendentales III
19:00 a 20:00	Noetherli	Yoga Bioenergética III

Jueves	Profesor	Materia
8:00 a 10:45 Entrenamiento III	Salomomr	Filosofía deportiva y
11:00 a 12:45	Markl	Desarrollo Humano III
12:50 a 13:50	COMIDA	
14:00 a 15:45	Vincir	Creatividad III
16:00 a 17:45	Curielm	Motivación III
18:00 a 18:55	Yessica	Mentalidad positiva III
19:00 a 20:00	Noetherli	Yoga Bioenergética III

Viernes	Profesor	Materia
8:00 a 10:45 mental III	Salomomr	Entrenamiento Físico y
11:00 a 12:45	Markl	Comunicación III
12:50 a 13:50	COMIDA	
14:00 a 15:45	Vincir	Creatividad III
16:00 a 17:45	Curielm	Motivación III
18:00 a 18:55	Yessica	Mentalidad positiva III
19:00 a 20:00	Noetherli	Yoga Bioenergética III

Sábado	Profesor	Materia
8:00 a 17:45 exploración Fuerzas	Salomomr	Entrenamiento
	Yessica	Especiales III
18:00 a 20:00	Noetherli	Yoga Bioenergética III

Domingo

Descanso estratégico; con opciones de trabajo de acuerdo a las necesidades del participante.

Nota importante:

Todas las materias van enfocadas, con el proyecto de cada competidor.

Continuamos con el gran aprendizaje, todos contamos con la gran cultura del máximo esfuerzo, las clases son geniales, cada competidor desarrolla cada vez mejor su proyecto, el intercambio de ideas de riqueza y aprendizaje, el desenvolvimiento de cada estudiante es magnífico, cada uno fomenta la participación, todos cuentan con un gran interés especial hacia el conocimiento, se respira un ambiente tan genial que la retroalimentación es esplendida, llega nuevamente la tercer semana, los profesores han utilizado este día como el máximo reto, que nos espera, disfrutar estos grandes momentos de desarrollo único; los profesores nos esperan para darnos la sorpresa de lo que sucederá, habla la profesora Yessica, competidores como siempre estamos dispuestos a entregar el máximo esfuerzo, su iniciativa debe ser fugaz, para cualquier desafío que se les presente, son unos grandes líderes, que día con día tienen que demostrar de que esta hechos, la prueba es la siguiente, una nave de la fuerza aérea nos dirigirá como grandes guerreros a la pista que esta cercas de la playa ahí la prueba será la siguiente:

Nadaremos de la orilla de la playa en aguas profundas hacia la isla infinitir, son cinco kilómetros de recorrido, ya han sido medidos de acuerdo a su exactitud, van a contar con señalamientos especiales, que les darán visibilidad hacia el objetivo, al llegar a la orilla de la isla, verán el anuncio de meta, la cruzaran después de que salgan de la orilla del mar, corriendo son 200mts. Espectaculares de recorrido, contaran con una pulsera, en donde habrá personas que analizaran sus trayectorias, su salud, sus signos vitales, si ven algún deterioro, de inmediato los sacaran del agua, habrá botes de energía solar para retirarlos de la competencia.

Escuchando todas las indicaciones, estamos dispuestos a la gran prueba, al gran desafío. El profesor esta con ustedes, a lo mejor la vida nos tiene muchas sorpresas, esto es un campo de batalla en donde se esperan batallas extraordinarias, nadie está obligado a cumplir con ellas, el que desee puede desistir, retirarse y presentarse en la próxima clase, levante la mano el que se quiera ir, ahí está el jet que lo llevara de regreso a la zona de confort, el profesor espera en silencio, nadie levanta la mano, gracias competidores, son de los míos, sé que aceptan el gran reto, esto no es una alberca, estarán en el máximo escenario que es el natural, el mar los recibirá con su poder, cierren los ojos haremos una gran oración para que el gran escenario permita nuestra entrada, contamos con la mayor seguridad del mundo, pero si el mar no acepta nuestra entrada a sus dominios será más complicado, cierren sus ojos escuchen y repitan conmigo mentalmente la oración.

Gran Mar

Hoy este día tomamos la decisión de explorar tu cuerpo.

Te pedimos el permiso de estar en tu gran lugar, en tu territorio.

Desconocemos lo que nos espera, te pido que nos protejas de todo lo negativo.

Sentimos temor, pero si nos facilitas las cosas, nos darás gran valentía.

Te pedimos humildemente, realizar nuestro recorrido, sentir tu fuerza, a la vez que permitas explorarte.

Nuestra oración es de corazón, queremos conocerte y a la vez continuar nuestro camino hacia el éxito.

Sabemos de tu poder, sabemos de tu grandeza, sabemos que nos falta mucho por conocer.

Bendice nuestro camino, es para trascender, si no lo permitieras, tenemos el valor de seguir nuestro camino.

Si lo permites, estaremos agradecidos por siempre.

El universo es testigo de nuestra realización, de que los retos que se presentan los recibimos con decisión y amor.

Gran mar hoy decidimos explorarte, con todo el respeto que te mereces.

Gran mar, tomamos la decisión de conocerte, de sentirte, olerte, probarte en ocasiones.

Gran mar, continuaremos nuestro camino, para trascender en la historia de nuestra vida.

Gran mar, siente nuestros corazones como laten con fuerza, como viven al máximo.

Gran mar, gran mar, grandioso mar.

Abran sus ojos lentamente, listos competidores a realizar el gran esfuerzo, en 5 minutos anunciaran la salida, que gran prueba Dios mío, estoy con mucho temor, la adrenalina corre por mi cuerpo, pero a la vez tengo el valor de querer conocer lo desconocido, son 5 minutos en donde todos los rostros se observan temerosos ante el gran reto, se escucha una voz fuerte, competidores listos, suena un disparo que retumba en el cielo, comenzamos, hay que difícil prueba siento mucho miedo, no es como una alberca, es enfrentarte a lo desconocido, se balancea mi cuerpo, derecha, izquierda, las olas chocan con mi cuerpo, me estoy tranquilizando y eso debo hacer, si no mi ritmo cardiaco aumentara y me sacaran de este lugar, ya estoy asimilando el gran reto, lo bueno que las herramientas que nos proporcionan son tan geniales y futuristas, observo perfectamente mi camino, es genial, observo como con mi vista natural, me imagine que estos lentes no me dejarían observar mi camino, nunca imagine estar en este lugar, ayúdame Dios mío, sé que estoy preparado para esto y los profesores también lo saben sino no fomentarían a realizar estas pruebas.

Todos vamos en grupo, es genial, todos llevamos la misma intensidad, la misma ilusión, la misma fuerza, es genial la prueba, me doy cuenta este día, que no hay desafío fácil, todo en esta vida tiene su grado de dificultad, por mínimo que sea, es importante cuando realizas el reto, disfrutar del gran hallazgo, disfrutar del gran logro, me doy cuenta que es diferente nadar en una alberca, al nadar en el mar, existe infinidad de flora y fauna, que se observa en nuestro curso, observo la meta, se ve cerca, pero a la vez se ve que no avanzamos, siento un reto especial, estoy disfrutando ya de este gran momento, siento el poder del sol, como penetra mi cuerpo, es un estado natural genial, se acerca un bote están sacando a Joao, si lo entiendo yo también ya quería darme por vencido, me imagino que él nunca se quiso dar por vencido, fue el monitoreo que están realizando de sus signos vitales, también el oleaje ha aumentado, oh también están sacando a Florencet.

Todos observamos pero continuamos nuestro camino en un solo grupo y es que la prueba es difícil, pero que en la vida es fácil, tenemos que luchar con valentía, no sabemos que se nos presente cuando luchemos por conseguir nuestras metas, somos unos guerreros, dispuestos a entregar lo mejor de nosotros, después de un gran lapso de tiempo, estamos llegando a la meta, queda un kilómetro, voy a ganar, voy a esforzarme al máximo, tiene que ser mi gran victoria, pero es difícil, parece que los demás escuchan mis pensamientos, pensamos de la misma forma somos uno solo, un gran grupo genial, se siente el esfuerzo de todo el grupo, pero hay unos que están nadando más poderoso, no le hace que fallezca pero voy a ganar, voy a seguir luchando hasta el final, estamos llegando yo y el profesor al mismo tiempo, al salir de la playa y correr los últimos 200 mts., me caí, no pude conservar el equilibrio, llegue a la meta desfalleciendo, me hidrato lo más que puedo consumo todas las frutas que nos proporcionan, los lugares de competencia quedaron de la siguiente manera;

Damas

1.- Profesora Yessica

2.- Rosalinda

3.- Queenie

4.- Giselle

5.- Joharim

6.- Akeilas

CABALLEROS

1.- Profesor Salomomr

2.- Richc

3.- Mahatmae

4.- Ryud

5.- Winstond

Que gran competencia, es un gran sueño no lo puedo creer llegue en segundo lugar y casi le gano al profesor, no puedo creer este gran milagro es genial, me siento súper feliz de haber terminado este gran reto, voy a subir al pódium al lado de mi gran profesor, la profesora Yessica volvió a ganar, son grandes deportistas, digno de un gran ejemplo. Competidores felicidades, por cumplir con esta gran meta, fue fabuloso ver cómo se esforzaron, sabemos que todos tienen grandes capacidades, hasta los que tuvieron que retirarse en la competencia.

Florencet y Joao, todos los felicitamos, les damos nuestro máximo reconocimiento, les mencionamos lo difícil de la prueba que estuvimos a punto de desistir, de no seguir, pero pudimos controlar nuestro signos vitales, que nos dieron poder de continuar, competidores siéntanse felices del logro desde que entraron al gran mar ya eran campeones, es un gran reto que los hace especiales, los llevaremos a un lugar especial en donde disfrutaran del gran logro, ya que recibieron la respectivas medallas de los primeros 3 lugares nos retiramos en unos autos todo terreno, con tecnología solar, después de 25 minutos de trayecto, llegamos a la gran estructura que espera nuestra llegada, es una construcción futurista color oro, llegan a nuestros cuerpos, un aire aromático que llega a 360 grados de nuestro cuerpo.

Es un lugar como todos lo que hemos estado fantástico, se observa desde este lugar la majestuosa isla, es sorprendente, la gran vegetación, la gran fauna, las grandes estructuras que las rodean, pero este lugar es genial en los cuatro puntos hay paisajes sorprendentes, vamos a comer nos subimos al elevador estamos en el último piso un restaurant giratorio nos espera, la persona que nos introduce al lugar, aprieta un teclado, todos los vidrios de nuestro alrededor desparecen, estamos en un lugar natural, en un lugar único, comemos genial, es importante celebrar el gran hallazgo de esta manera, ya que terminamos de comer nos transportamos a una gran sala, en donde el olor es relajante, la música es genial, me siento en un lugar especial, utilizo la pantalla táctil la programo para que me despierte en 1 hora, estoy exhausto, me voy a relajar, es genial el asiento, demasiado relajante, muy moderno, observo la pantalla donde me indica la manera en que quiero disfrutar de él.

Después que descansamos, nos indican que pasemos a la área de masajes, es genial desearía quedarme en este lugar se relaja uno demasiado, recupero mi energía, estoy feliz de mi gran participación en esta competencia, todas han sido fabulosas, pero esta fue genial porque casi ganaba, estamos en la zona de sauna, después de ahí nos damos un baño, nuevamente a descansar, como nos consienten, después del gran infierno de la competencia, viene la calma, el disfrute, el gran gocé, nos dicen los profesores descansen, en 1 hora los veo en el salón magnifiquert, enciendan sus despertadores prográmenlos 10 minutos antes, este lugar es genial como nos consienten, es genial, cuando te esfuerzas y el premio aunque sea el descanso es genial.

El despertador suena es hora de levantarse, es genial descansar, es un gran premio, me dirijo al punto de reunión al salón magnifiquert, todos llegamos puntuales, los profesores están en el gran salón, habla la profesora Yessica, competidores hoy fue un gran día cumplimos con una gran meta, los competidores que tuvieron que salir, sé que en el fondo querían continuar, pero hay ocasiones que se deben posponer las metas, para que en la próxima participación sea con mayor intensidad, decisión, durante la vida, lo importante es intentarlo, buscar los objetivos con el mayor interés, dando siempre el mayor esfuerzo, si el resultado no se da, tendremos varias oportunidades en nuestra vida, para seguir luchando, en nuestro camino al éxito habrá varias opciones, de nosotros depende aprovecharlas, fue una prueba genial, difícil, todos sabemos que nadar en un alberca es más seguro, que un lugar creado por nuestra magnifica naturaleza, es perfecta nuestra realización, estamos conscientes de que nuestra vida estará llena por siempre de desafíos, nuestro camino al éxito no será sencillo, será complicado, muchas veces desearemos no continuar, pero la gran fuerza, el gran espíritu nos motivara a continuar, a continuación el profesor les hablara;

Los grandes caminos de la vida

La vida es genial, nos manifiesta un camino de varias opciones.

Es importante experimentar, esta encontrar el lado correcto, el lado que nos haga disfrutar lo que hacemos.

Una vida sin desafíos no es divertida, le falta emoción, sentido, amor.

La grandeza no se mide por una sola actividad, se mide por una personalidad total.

Existen caminos fáciles en donde cualquier persona puede transitar.

En los caminos difíciles, sofisticados, especiales, únicos, en donde solo los campeones viven.

En el recorrido de la vida una mentalidad fugaz te enseña, el croquis hacia el éxito.

Las estrellas se ven lejanas, pero el espíritu tiene caminos para llegar a ellas.

La mentalidad positiva, crea caminos de luz, seguridad, entendimiento.

Los grandes caminos de la vida, están llenos de experiencias inolvidables.

Es mi prioridad manifestar el gran trabajo, disciplina, para construir las bases del éxito.

No deseo cosas materiales, siempre pido la grandeza de la sabiduría.

Los grandes caminos de la vida, son un tesoro que es importante recordarlo por siempre.

Tu camino ha sido difícil, pero que en esta vida es fácil.

Tu interés por lograr lo que te propones, hace de tu vida interesante, única.

Los grandes caminos de la vida, son geniales para vivir, búscalos con entusiasmo.

Los fracasos te detendrán, por muy difícil que sea tu prioridad es levantarte, continuar tu camino, no ha pasado nada.

Los obstáculos, te han dado energía, experiencia, desafíos que te han dado fortalezas.

Los grandes caminos de la vida, me han sorprendido la gran experiencia de vivirlos.

Para llegar a ellos, he pasado tormentas, obscuridades, he tenido que atreverme.

La valentía ha sido mi prioridad, el miedo tuve que enterrarlo en el camino.

Los grandes caminos de la vida, me han enseñado que la vida es genial, es magnífica.

Mi vida es interesante porque está llena de retos.

Mi vida es interesante, porque soy dueño de cada instante, por tal motivo me esfuerzo al máximo.

Los grandes caminos de la vida, son la gran trayectoria que deseo en mi vida.

Los grandes caminos de la vida, son el premio al máximo esfuerzo.

Los grandes caminos de la vida, son la felicidad y el amor.

Grandes competidores sigan su gran camino hacia el éxito, les esperan muchas batallas, me dio un gran gusto pertenecer hoy a un grandioso equipo de trabajo, en donde la espiritualidad, el amor y la trascendencia es lo fundamental, los felicito y muchas gracias por su gran participación, es genial para mí y la profesora, formar parte de un gran equipo.

Es genial recibir tanta filosofía de vida, es genial recibir tantas palabras de aliento, no existen pretextos para dejar de continuar nuestro camino, los profesores nos enseñan con entusiasmo y determinación los caminos esenciales, maravillosos de la vida.

Ha sido muy gratificante, mañana se cumplen 3 meses de estar en este grandioso lugar, mañana se retira otro competidor, desconozco quien vaya a ser, pero todos los competidores han de estar pensativos, todos piensan del mismo modo, que pueden ser el próximo participante que se retira, han sido días extraordinarios, voy a descansar mañana a las 3 de la tarde sabremos quien se retira. Llega el próximo día son las 14:50, todos estamos ansiosos, impacientes, de quien será el próximo participante eliminado nadie se quiere ir.

Con ustedes el profesor Markl, estamos reunidos en este maravilloso día, para dar fe del próximo participante eliminado, fueron 3 días geniales en donde todos los profesores, agregaron a este proyecto un gran apoyo, fue difícil como toda competencia, pero tenemos mucha responsabilidad debajo de nuestros hombros, es importante hacer todo de la mejor manera, todos ustedes son unos competidores geniales, a cómo pasa el tiempo es más difícil la selección, todos sacan calificaciones geniales, pero sabemos la gran responsabilidad de sacar un ganador absoluto, el próximo competidor que se retira de esta gran competencia es una persona genial como todos dignos de reconocimiento, recuerden que los doce participantes se seleccionaron de forma muy sofisticada eso los hace los mejores del mundo, el gran competidor que se retira es;

1.- Nombre: Florencet

   Edad: 28 años

   País: Canadá

Profesión: Ingeniero geólogo

Proyecto: Agua potable para todo el mundo

Deporte: Gimnasta

Idioma: Inglés y Francés

Altruismo para el mundo: Por medio del agua pura cumplir con la necesidad primordial.

Es muy duro recibir la noticia del que se va, pero a la vez observo entre los competidores, el respiro de alivio al no ser seleccionados. Es fabuloso este lugar, sé que les ha encantado, pero es una competencia en donde un solo ganador representara este gran proyecto, te puedes retirar orgullosa de que manifestaste grandes aptitudes, grandes conocimientos, una gran personalidad, eres una gran guerrera que en cualquier proyecto que participes, te entregaras al máximo con la gran disciplina y entusiasmo que te pertenece, se retira la gran competidora es nostálgico ver a los competidores partir, pero así son las competencias, solo hay un solo representante para este gran proyecto, competidores disfruten de la gran estancia en este lugar, sigan esforzándose por su grande proyecto, luchen incansablemente, ya habrá demasiado tiempo para descansar, sean felices disfruten los grandes momentos, disfruten lo que hacen, porque es el mejor regalo que pueden recibir, la satisfacción de pertenecer a grandes proyectos que le dan significado a sus grandiosas vidas, descansen y cuando tengan que luchar háganlo con mucha fuerza, para que se den cuenta de su gran participación, de su personalidad guerrera.

Nos retiramos muchos van felices de no ser seleccionados, sabiendo que tienen otra oportunidad para seguir luchando.

Llego a mi casa voy directo a los monitores esperando el arribo de Florencet, con el gran gurú, ya la veo en el monitor, le doy el acercamiento necesario, gran gurú me retiro de este gran lugar y no me quiero ir, me duele dejar este lugar en donde estuve los 3 meses más maravillosos de mi vida, si hija lo se te escucho háblame con el corazón, estoy para ayudarte, es un gran dolor que siento, no asimilo mi derrota, nunca había estado en un lugar tan bello, que tantas cosas me ha dado, me siento confundida no sé qué hacer, no sé lo que me espera haya afuera, hija en esta vida hay experiencias maravillosas que quedan clavadas en nuestra mente, al perderlas el duelo no es fácil, tu tuviste una gran experiencia en este lugar, es importante que siempre lo recuerdes, que te sirva como antecedente para lograr cosas maravillosas, el miedo nos invade hija, muchas veces por situaciones que no ocurrieron o que simplemente imaginamos que van a ocurrir.

Es importante hija disfrutar la vida, saber que en nuestro camino existen altibajos, fracasos, dolor, felicidad, cada emoción tiene su propio lapso de tiempo, es necesario disfrutar al máximo lo que nos produce felicidad, cuando llega el dolor, es importante hacer que la realidad nos haga vivir esas emociones que nos afectan, no debemos ocultarnos, debemos enfrentarlas con los sentimientos verdaderos, si quieres llorar, hazlo, si tu sufrimiento produce dolor, manifiéstalo, no lo ocultes, en la vida existen tiempos de felicidad y tristeza, vive esos lapsos al máximo, entiendo hija tus sentimientos, relájate, expresa todo ese dolor, que te afecta, eso te hará más fuerte, nunca ocultes tus sentimientos verdaderos exprésalos, somos humanos, no somos inmunes al dolor, las cicatrices, van desapareciendo, cuando dejas fluir tus emociones, cuando te das cuenta de lo que sucede, cuando expresas todo ese dolor, cuando te dicen se fuerte, tú debes ser fuerte, cuando luchas por tus objetivos, no para ocultar tus sentimientos, eso es ser cobarde y se trata que tu vida la manejes con valentía, expresando al máximo tus emociones, tus sentimientos, eso te dará más valor, para alcanzar tus sueños, tus metas anheladas, gran gurú, te voy entendiendo, pero que me espera haya afuera, hija te espera un mundo lleno de opciones, oportunidades de desarrollo, la gran oportunidad que tuviste de estar en esta gran lugar, te ha dado una gran experiencia, la preparación que llevaste durante esos 3 meses, es para defenderte ante cualquier tempestad que se te presente, tus capacidades, tus fortalezas han aumentado, tu transcurso en este lugar ha sido de obtener los conocimientos necesarios, para defenderte ante cualquier problema que se te presente en tu camino.

Lo que acabas de vivir es algo único, eres un gran líder, que recibiste infinidad de aprendizaje, tu familia y seres queridos te esperan con entusiasmo, lánzate a la vida con más fuerza, no has perdido nada, has el balance de lo que has obtenido en este lugar y te darás cuenta que has ganado, analiza todo, voltea al pasado, únicamente obsérvate como eras antes de estar aquí, como ha cambiado hoy tu personalidad, sabes que lo más importante de tu vida es el presente, hoy es importante para ti, sabes que trascenderás, porque hoy enfrentaras el mundo con más fuerza, olvídate del miedo, eres una guerrera que ha demostrado un gran valor, serás el ejemplo de infinidad de personas, el mundo necesita de líderes como tú, observo en ti un futuro prometedor, sé que ante lo que se presente en tu camino, jamás te darás por vencida, porque recibiste una filosofía avanzada que se convirtió en sabiduría, es el tesoro más preciado de cualquier líder.

Muchas gracias gran gurú, por tu gran filosofía, abres en mi mente, una filosofía que sé que recibí, lo único que me queda es cultivar esa gran semilla, para que empiece a dar los frutos anhelados que deseo, gracias gran gurú, por tus grandes palabras, me das el consejo y el soporte para continuar mi gran aventura por la vida, hija te mando mis bendiciones, disfruta lo que la vida te da, por insignificante que parezca se agradecida, todo lo que te da el universo es con amor, recíbelo, con la máxima disciplina y siempre que exista en ti la gratitud, ama lo que recibes con fuerza, porque es tuyo, te pertenece, es parte de tu ser, gracias gran gurú, hija tu camino está lleno de sorpresas y bendiciones, que harán de tu vida, lo que anhelas, nunca dejes de soñar, porque los milagros existen y llegan cuando menos te lo esperas.

Se retira Florencet, observo su rostro ha cambiado en el tiempo que hablo con el gran gurú, la veo con un semblante de seguridad, de gran fuerza, me quedo asombrado, como el gurú tiene la gran capacidad de motivar a las personas, su filosofía espiritual, es genial, porque cambia sentimientos, emociones, contribuye en motivaciones positivas, es muy importante que hablen con él, los competidores que se van, ya que su trabajo no termina, les espera un mundo, con dificultades, pero con grandes milagros, grandes desafíos, grandes oportunidades, grandes experiencias, termina hoy este grandioso día, despidiendo a otro gran competidor, voy analizar las materias y el horario del próximo mes, así quedaría;

Lunes	Profesor	Materia
8:00 a 10:45	Salomomr	Entrenamiento de Elite I
11:00 a 12:45	Laeva	Comunicación global I
12:50 a 13:50	COMIDA	

14:00 a 15:45 Global I	Teslac	Planeación estratégica
16:00 a 17:45	McYuretzili	Empatía I
18:00 a 18:55	Edisonic	Visión I
19:00 a 20:00	Noetherli	Yoga Transcendental I

Martes	**Profesor**	**Materia**
8:00 a 10:45 Entrenamiento I	Salomomr	Filosofía de Campeón y
11:00 a 12:45 competencia I	Markl	Inteligencia emocional de
12:50 a 13:50	COMIDA	
14:00 a 15:45	Vincir	Enfoque I
16:00 a 17:45	Curielm	Fortalezas I
18:00 a 18:55	Yessica	Autorrealización I
19:00 a 20:00	Noetherli	Yoga Transcendental I

Miércoles	**Profesor**	**Materia**
8:00 a 10:45 motivacional I	Yessica	Entrenamiento
11:00 a 12:45	Laeva	Comunicación global I

	Profesor	Materia
12:50 a 13:50	COMIDA	
14:00 a 15:45 Global I	Teslac	Planeación estratégica
16:00 a 17:45	McYuretzili	Empatía I
18:00 a 18:55	Edisonic	Vision I
19:00 a 20:00	Noetherli	Yoga Trascendental I

Jueves	**Profesor**	**Materia**
8:00 a 10:45 Entrenamiento I	Salomomr	Filosofía de Campeón y
11:00 a 12:45 competencia I	Markl	Inteligencia emocional de
12:50 a 13:50	COMIDA	
14:00 a 15:45	Vincir	Enfoque I
16:00 a 17:45	Curielm	Fortalezas I
18:00 a 18:55	Yessica	Autorrealización I
19:00 a 20:00	Noetherli	Yoga Trascendental I

Viernes	**Profesor**	**Materia**
8:00 a 10:45	Salomomr	Entrenamiento de Elite I
11:00 a 12:45 competencia I	Markl	Inteligencia emocional de

12:50 a 13:50	COMIDA	
14:00 a 15:45	Vincir	Enfoque I
16:00 a 17:45	Curielm	Fortalezas I
18:00 a 18:55	Yessica	Autorrealización I
19:00 a 20:00	Noetherli	Yoga Trascendental I

Sábado	**Profesor**	**Materia**
8:00 a 17:45	Salomomr	Exploración I
	Yessica	
18:00 a 20:00	Noetherli	Yoga Trascendental I

Domingo

Descanso estratégico; con opciones de trabajo de acuerdo a las necesidades del participante.

Nota importante:

Todas las materias van enfocadas, con el proyecto de cada competidor.

Comenzamos otro gran mes de conocimientos, de aprendizaje, de nuevas aventuras, nuestra visualización aumenta, los competidores, cada mes que pasa están más fuertes, más centrados, en sus fortalezas y capacidades, cada día se entregan al máximo con el mayor esfuerzo.

Fue un mes impresionante, nos dejó infinidad de aprendizaje, las materias, complementan el sofisticado conocimiento, que necesitan los competidores para desarrollar sus grandes proyectos, es eficaz mencionar, que no hay una materia fácil, todas tienen sus grados de dificultad los profesores, emplean su máximo esfuerzo para transmitir los conocimientos necesarios para el desenvolvimiento de los competidores ha sido un mes genial, mañana se cumple el 4 mes, saldrá otro gran competidor, todos se muestran nerviosos, como siempre nadie se quiere retirar de este gran lugar, quien será el que se ira, lo desconozco, incluso se del gran trabajo de los profesores para seleccionar, el próximo competidor que se retira.

A todos los he observado, son unos grandes guerreros que no se dan por vencidos, luchan cada día, saben que es un día nuevo, solo piensan en el presente, voy a dormir mañana nos espera un día genial, es sábado son las 14:50, estoy por entrar al gran salón, todos los competidores están presentes, los profesores están en el pódium, observadores generales de todos los competidores, quien será el profesor que mencionará al competidor que se retira, soy la profesora Laeva, estoy en representación de todos mis compañeros profesores, para describir este gran momento, como se los mencionamos cada ceremonia, para nosotros es un trabajo muy difícil, el evaluarlos durante 3 días, para saber el gran competidor que se retira, nosotros desearíamos que todos continuaran esta gran aventura, pero sabemos la gran responsabilidad de este gran proyecto, solo una persona será la que nos representara a nivel mundial, el desarrollo humano es genial, requiere mucha responsabilidad, disciplina, liderazgo, coraje, valentía, dedicación, planeación.

Menciono solo unas cuantos eslabones pero todos sabemos que es todavía algo más, soñamos con un futuro mejor, estamos conscientes que para realizar nuestros objetivos y metas, se tienen que hacer sacrificios, que de antemano, sabemos que valdrán la pena por siempre, debido al gran proyecto que va trascender en la historia, sabemos de la gran entrega de cada uno de ustedes, hoy es un gran día, pero sabemos de la gran responsabilidad de hacer bien las cosas, la persona que se retira, es un líder genial, que sabemos que el aprendizaje que obtuvo durante estos 4 meses que pasaron, será una base para su desarrollo, cada uno de ustedes le pertenece un gran perfil, que será un desarrollo humano obtenido, para su desenvolvimiento, en la era global que lo espera con ansias, el mundo necesita líderes comprometidos con el gran desarrollo, la persona que se retira es un gran ser que nos ha demostrado como se debe perseverar hasta el último minuto, el gran competidor que se retira de este gran lugar es quien se ganó el respeto de todos los competidores y el reconocimiento de sus profesores, el gran competidor que se retira de la competencia es;

8.- Nombre: Joao

Edad: 39 años

País: Brasil

Profesión: Ingeniero Aeroespacial

Proyecto: creación de materiales para construcción

Deporte: Futbol

Idioma: Portugués, Inglés.

Altruismo para el mundo: Recolección de basura y desechos, para crear materiales resistentes para que todo mundo cuente con viviendas.

Se encienden las luces, se respira un gran alivio entre los competidores, todos se están despidiendo con un gran abrazo con Joao, incluso se observan lágrimas, es un gran competidor, en cada clase demostró que era un gran guerrero. Competidores son difíciles estos momentos, pero sientan los sacrificios como beneficio de una gran causa, cada uno de ustedes, demuestra sus grandes deseos de aprendizaje y de estar aquí, pero sabemos que cada mes alguien tiene que irse, para que continúe en gran desarrollo este magnífico proyecto, todos son unos grandes competidores, hoy que Joao se retira, quiero felicitarlo, por su gran entrega y su lucha constante, se retira un gran elemento, pero seguimos construyendo un grandioso proyecto, todos los profesores te deseamos un gran camino hacia el éxito.

Se retira Joao, cambia el rostro de los competidores, se les ve con un gran alivio, vuelven a nacer, saben que siguen en la competencia, me imagino por todo lo que he visto, que cada día que pasa aumentara los perfiles, llegara una riqueza especial que desde un principio se ha observado, el gran nivel de los competidores.

Me retiro a mi casa para observar en los monitores este gran momento, observo a Joao dice; gran gurú estoy con mucha nostalgia, es un golpe duro que estoy recibiendo, me va costar mucho trabajo adaptarme haya afuera, ya me había acostumbrado a este gran lugar, es una gran pérdida en mi vida, hijo se por lo que estás pasando, percibo tus sentimientos, sé que te duele demasiado dejar este gran lugar, toda la vida duelen las perdidas, más cuando te adaptas a algo maravilloso, que nunca habías vivido, pero hijo así es la vida, reconoce todo lo que has obtenido en esta estancia, has un balance de todo lo bueno que te llevas, hijo hoy tienes otra mentalidad, tus pensamientos positivos han aumentado, tu visualización hacia la vida es otra, sabes que para alcanzar tus metas tienen que hacer muchos esfuerzos, hasta que consigas tus sueños, se cómo te sientes pero tu vida no ha terminado.

Acumula todas las cosas extraordinarias que sucedan en tu camino, esas riquezas que obtengas te darán fortaleza y soporte, para continuar en los tiempos de crisis, siente felicidad porque estuviste 4 meses en un lugar que te proporciono sabiduría y herramientas, continua tu camino la luz ha llegado a ti, el universo es testigo de que tu espiritualidad ha crecido, gracias gran gurú por tus maravillosas palabras, siento que estoy volviendo a nacer con más fuerza, eres una gran luz para mi camino, tu sabiduría es el agua en el desierto, me da aliento para continuar mi camino, si hijo en nuestra vida existen infinidad de experiencias de ti depende cuales son las que tomas, la vida te da muchas opciones, lo único que tienes que hacer es aprovecharlas, visualizar siempre tu camino con la gran misión que tienes en tu vida, contémplate siempre en el gran camino de los triunfadores, es muy duro, pero con fuerza, dedicación, valentía, puedes estar incluido en ese grupo.

Desarrolla cada día tus habilidades, siempre prepárate para las batallas, hasta que ganes la gran guerra, sabes que eres un guerrillero capaz de lograr tus objetivos, sueña siempre, visualiza, los milagros existen, cuando menos te lo esperes llega el gran placer del gran milagro conseguido, gracias gran gurú, me siento más feliz al haberte escuchado, sé que mi trabajo es esforzarme día a día, para conseguir mis metas, si hijo, veo en ti un gran futuro, observe tus grandes capacidades que te caracterizan, tienes un gran camino enfrente de ti cada día pelea con más fuerza, eres un gran líder lo has demostrado, emplea tu liderazgo, para el desarrollo de la humanidad, utiliza tu creatividad, para desarrollar negocios, para beneficio de la humanidad, hijo que tu camino este lleno de luz, conocimientos y sabiduría, gracias gran gurú, un abrazo fuerte se dan, que grandes palabras expresa el gurú, es magnífica su sabiduría y espiritualidad, los conocimientos que transmite, son para toda la vida, incluso cada que observo su intervención aprendo más de la vida, el día lunes comienzan otra vez las grandes clases estos van a ser los horarios;

Lunes	Profesor	Materia
8:00 a 10:45	Salomomr	Entrenamiento de Elite II
11:00 a 12:45	Laeva	Comunicación global II
12:50 a 13:50	COMIDA	
14:00 a 15:45	Teslac	Planeación estratégica Global II
16:00 a 17:45	McYuretzili	Empatía II
18:00 a 18:55	Edisonic	Visión II
19:00 a 20:00	Noetherli	Yoga Transcendental II

Martes	Profesor	Materia
8:00 a 10:45 Entrenamiento II	Salomomr	Filosofía de Campeón y
11:00 a 12:45 competencia II	Markl	Inteligencia emocional de
12:50 a 13:50	COMIDA	
14:00 a 15:45	Vincir	Enfoque II
16:00 a 17:45	Curielm	Fortalezas II
18:00 a 18:55	Yessica	Autorrealización II
19:00 a 20:00	Noetherli	Yoga Transcendental II

Miércoles	Profesor	Materia
8:00 a 10:45 motivacional II	Yessica	Entrenamiento
11:00 a 12:45	Laeva	Comunicación global II
12:50 a 13:50	COMIDA	
14:00 a 15:45 Global II	Teslac	Planeación estratégica
16:00 a 17:45	McYuretzili	Empatía II
18:00 a 18:55	Edisonic	Visión II
19:00 a 20:00	Noetherli	Yoga Trascendental II

Jueves	Profesor	Materia
8:00 a 10:45 Entrenamiento II	Salomomr	Filosofía de Campeón y
11:00 a 12:45 competencia II	Markl	Inteligencia emocional de
12:50 a 13:50	COMIDA	
14:00 a 15:45	Vincir	Enfoque II
16:00 a 17:45	Curielm	Fortalezas II
18:00 a 18:55	Yessica	Autorrealización II
19:00 a 20:00	Noetherli	Yoga Trascendental II

Viernes	Profesor	Materia
8:00 a 10:45 II	Salomomr	Entrenamiento de Elite
11:00 a 12:45 competencia II	Markl	Inteligencia emocional de
12:50 a 13:50	COMIDA	
14:00 a 15:45	Vincir	Enfoque II
16:00 a 17:45	Curielm	Fortalezas II
18:00 a 18:55	Yessica	Autorrealización II
19:00 a 20:00	Noetherli	Yoga Trascendental II

Sábado	Profesor	Materia
8:00 a 17:45	Salomomr	Exploración II
	Yessica	
18:00 a 20:00	Noetherli	Yoga Trascendental II

Domingo

Descanso estratégico; con opciones de trabajo de acuerdo a las necesidades del participante.

Nota importante:

Todas las materias van enfocadas, con el proyecto de cada competidor.

Continuaron como siempre las clases con grandes conocimientos, grandes experiencias y gran sabiduría, todos los competidores han mejorado mucho, es difícil saber el próximo que se va a retirar, todos están luchando de una manera digna de reconocimiento, me he dado cuenta que a todo mundo le gusta este gran lugar y van a vender cara su derrota, la motivación ha aumentado todos son unos grandes líderes, todos los proyectos en cada clase se complementan con más ideas, yo me imagino, que el próximo competidor que salga puede ir experimentando, con las ideas obtenidas, como puede funcionar su proyecto en el mundo real, es sofisticado el deseo de aprendizaje de cada competidor, es un intercambio de ideas muy fructífero, llega el tercer sábado del mes, otra gran prueba, estamos en frente de los profesores.

Habla la profesora Yessica, los felicito son unos grandes competidores, sabemos que cada día se esfuerzan al máximo, todos los profesores coincidimos en nuestros pensamientos positivos hacia ustedes, nos han demostrado, que por algo están aquí, hoy realizaremos alpinismo, abre el profesor un cofre, le otorga a cada uno de los competidores unos binoculares, esta herramienta hoy ya es parte de ustedes, quiero que miren hacia el sur observen la montaña ejemplar que se observa, en el centro hay una bandera que ondea gigantesca color blanca, con un escudo dorado, si la observan, todos contestaron que sí, ahí competidores, esta nuestra meta, hoy será trabajo en equipo, la profesora va comandar el grupo, yo voy a ir hasta atrás de todos ustedes, seremos un solo grupo, en ocasiones caminaremos a paso veloz y en otros a paso a ritmo constante, somos uno solo, luchemos para alcanzar nuestro objetivo, cada quien tome una de sus mochilas tienen sus respectivos nombres, el contenido se ira utilizando de acuerdo a los grados de dificultad.

Competidores tienen 10 minutos para colocarse su equipo, todos saldremos a un solo paso, se van a ir ubicando de acuerdo al paso de la profesora, encuentro mi mochila y me la coloco, esto es genial, hacer alpinismo, son deportes majestuosos, observe con los binoculares la gran montaña es un gran objetivo, competidores listos, es hora de comenzar, la profesora dará la salida, en sus marcas listos competidores, comenzamos la gran aventura, todos salimos con un gran entusiasmo a llenarnos de la gran aventura que nos espera, en nuestro camino se ve una flora genial es una terapia fabulosa, que disfrute, lleno mis pulmones de un aire tan puro, que entra por mi interior con una energía que despierta todos mis sentidos, siento la tierra debajo de mis pies, todavía húmeda, existe una red impresionante que nos cubre de toda la fauna genial que vamos observando, hay animales que nunca había visto, me imagino que están en peligro de extinción, se escucha un gran sonido de aves que cantan, mis oídos se sorprenden sensorialmente, de sonidos agradables que me relajan, continuamos nuestro camino asombrándonos del gran perfume que despide la naturaleza, yo creo que si viviéramos en este lugar, seria nuestra eterna juventud, todos están disfrutando de esta gran maravilla natural, los animales salvajes nos observan, como si fuéramos parte de ellos, no se les ven intensiones de atacarnos, como quiera no lo podrían hacer por la gran malla de seguridad que hay a nuestro alrededor.

Llevamos 1:30 minutos de recorrido, se escucha un trueno espectacular, nos indica la profesora Yessica que estamos por llegar a una gran cascada en donde beberemos agua y almorzaremos, cuando llegamos observamos a una multitud de personas pescando y unos chefs, preparándonos grandes platillos, nos reunimos todos, el profesor nos indica que en nuestro equipo hay un recipiente cilíndrico color plata, que lo saquemos y bebamos del agua que cae de las grandes cascadas, me asombra el paisaje que hay a nuestro alrededor, las cascadas están repletas de peces, que nadan en sentido contrario, o sea que contracorriente, esos peces demuestran que su fuerza es genial, ya que bebimos todos agua fresca, nos dirigimos a una gran mesa como para 30 personas, la adorna, todos los grandes platillos que nos hicieron los chefs, la profesora Yessica nos indica que el día de hoy se comerá todos los productos geniales que se encuentren en el camino, ahorita todos los platillos servidos son pescado fresco, con verduras y jugos de frutas de aquí de nuestro alrededor, hoy los chefs, nos van alimentar de platillos nativos, con productos de nuestro camino y lo que produce este gran lugar, disfrútenlo, esto es algo único.

Este lugar chicos es autosuficiente, todo lo que coman es totalmente fresco, orgánico, todo lo que han comido son productos de este lugar, disfrútenlo y buen provecho, esto me asombra es un lugar autosuficiente, he sabido de infinidad de lugares que importan sus alimentos, esta es una gran cultura que es capaz de producir lo que consume y todavía exporta gran parte de sus productos, los chefs, cocinaron grandioso, esto fue un gran manjar, nunca había comido tan natural o tan al natural, la naturaleza nos da regalos maravillosos, este día me siento nostálgico nunca había comido tan relajado alrededor de la naturaleza, escucho el sonido de las cascadas los peces, esto es algo soñado, algo espiritual, después de un buen rato de disfrute continuamos nuestro camino, es asombrosa la energía que me ha dado ese gran banquete, me siento genial, seguimos caminando asombrándonos de la variedad de flores que adornan nuestro camino, este es un lugar soñado, cada día que paso en este lugar me vuelvo asombrar, cada día es maravilloso, sorprendente.

Continuamos, ya llevamos 3 horas de camino, todos lucen relajados, como si no fuera esfuerzo subir la montaña, nos indica el profesor que saquemos nuestros binoculares que ya estamos próximos por llegar, observamos se ve la bandera cercas, pero es la representación de la imagen yo siento que todavía nos faltan unas dos horas, llegamos a un lugar sorprendente, es como una barrera que no permite pasar a nadie, el profesor nos indica, competidores es hora de usar el equipo, en sus mochilas hay arnés, cuerdas, vamos a escalar esa barrera, yo voy hacer el primero en subir, al llegar a la cima coloco los soportes para que comiencen a subir, es algo difícil, pero él profesor lo realiza con una habilidad sorprendente, después de 30 minutos, las sogas ya cuelgan por la gran barrera, el profesor ha cumplido con la gran labor, ahora nos toca escalar.

Nos indica la profesora que ella nos seguirá, para que todo se realice con la mayor seguridad, nunca he subido por una pendiente, pero siempre hay una primera vez, seguimos las indicaciones y comenzamos, todos llevamos un paso lento, descansamos y volvemos a continuar, hasta que poco a poco estamos cumpliendo con el objetivo, dominar a la gran barrera, cuando llegamos el profesor estaba realizando abdominales, nos dice que en lo que subimos estaba realizando una rutina de ejercicios, que proporciona fortaleza, todos nosotros llegamos exhaustos casi con el corazón en las manos, en realidad, escalar son distancias cortas, pero donde se emplea mucha fuerza, logramos el objetivo, todos nos hidratamos, nos da el profesor 5 minutos para volver a nuestro camino, seguimos caminando, ya estamos próximos a la meta.

Nos indica el profesor que sigamos a ese paso para llegar en 40 minutos, la presión del aire aumenta, la respiración se dificulta, pero es genial, como el subir la barrera, nos dio más fuerza, continuamos nuestro camino, con gran energía, después de un tiempo, ya vemos la esplendorosa bandera, es una gran satisfacción, cumplir con el objetivo, todos tocamos la gran hasta de madera, al saber que ya llegamos, es impactante lo que vemos al frente, es la cima de la montaña, pero no acaba ahí sigue habiendo más montañas, pero tenemos una vista genial de 360 grados, hay un edificio, que resplandece su brillo, alrededor los chefs, nos esperan con un festín de comida deliciosa, hay una orquesta que toca una música especial, es tan motivadora la música, que nos da una gran alegría encontrarnos en ese lugar, un chef nos aborda y nos indica; los platillos que van a degustar, es carne de animales exóticos, hay personas que se dedican a criarlos, con una alimentación sana, orgánica, cuentan con las mejores condiciones de crecimiento, disfruten los grandes platillos que acabamos de servir en la mesa, deseamos que sean de su gran agrado, disfrútenlos, los hemos realizado, con mucho entusiasmo y alegría, la gran prueba que realizaron hoy, tiene su premio, comiencen a disfrutar, todos nos sentamos en la gran mesa, son unos platillos geniales, unas carnes tan suaves que se deshacen en la boca, su sabor es genial, son manjares únicos que nunca habíamos probado, hoy tenemos el privilegio de probar, una mínima parte, de la naturaleza.

Ya que terminamos nos indica el profesor, que en 20 minutos nos quiere ver el piso 6 del edificio, ya que estamos ahí, los dos profesores están al centro del salón, habla la profesora Yessica, competidores hoy como siempre fue un gran día, nuestro gran desafío, ha sido cumplido, todos disfrutaron el reto, sé que la naturaleza enriqueció su camino y los platillos extraordinarios que prepararon los chefs, fueron energéticos para sus cuerpos, se ha logrado otro objetivo más, me siento orgullosa de pertenecer a este gran grupo, de guerreros inquebrantables, a continuación el profesor hablara con ustedes sobre;

La gran cima

Nuestros comienzos fueron inciertos, pero con un solo objetivo, llegar a la cima.

Fue fabuloso nuestro camino, de disfrute y gocé.

Por nuestra mente pasaron muchos pasajes, en donde nos podíamos dar por vencidos.

Pero continuamos, nuestro espíritu deseaba lograr algo maravilloso.

El camino nos dio la facilidad sensorial de activar todos nuestros sentidos.

Los premios que fuimos obteniendo en nuestro camino, nos enseñaron que siempre debemos ser sensibles.

El sudor corrió por nuestro cuerpo, el sol fue nuestro fiel compañero, la sombra nos cobijó.

Los olores que percibimos, nos acercaban a nuestra meta.

Cuando escalamos, pensamos caer, pero la fuerza que nos rodeaba nos hacía ver al frente.

Todos los objetivos de nuestra vida, llevan un paso, un comienzo, un camino.

El trabajar en equipo nos dio una fortaleza especial, que fuimos uno solo, nuestras luces se hicieron un sol.

Nos damos cuenta que, con trabajo, disciplina y dedicación, todo se puede lograr.

La capacidad de lograr nuestras metas nos da un perfil de enfrentar cualquier reto.

Cuando ya estábamos cerca de la meta, ansiábamos con todas nuestras fuerzas, terminar el gran momento.

Cuando tocamos la asta de la bandera, fue como tocar una parte del cielo.

Cuando llegamos a la meta, volteamos a nuestro alrededor y nos dimos cuenta, que el camino seguía siendo extenso.

Nos dimos cuenta que los objetivos no acaban ahí, que siguen existiendo más desafíos.

La gran cima, nos enseñó, que cuando hemos conseguido lo anhelado, ya está presente otro reto.

Quiere decir que nuestra lucha constante nunca termina, que el día que descansen nuestros cuerpos, será cuando dejemos de existir.

Lo fabuloso es que estamos conscientes que el éxito de ayer ahí quedo, que nuestra mentalidad debe estar siempre consiente, de que el trabajo continúa.

La gran cima fue nuestra felicidad, nos hiso sonreír, nos dio libertad.

Nuestros sueños se hacen realidad, con un gran milagro que no podemos creer.

Tenemos que estar por siempre activos, para que nuestros cuerpos estén siempre joviales, llenos de energía.

La gran cima, nos dio aliento, nos dio el gran premio de reconocer, su gran dificultad.

Encontramos un gran perfil, al llegar a nuestro objetivo, que el entusiasmo es incansable.

Que cuando consigues tu meta, encuentras que es el momento de disfrutar al máximo, el gran momento.

La gran cima, nos da la filosofía espiritual, de que los desafíos nunca terminan.

La gran cima, nos enseña que siguen existiendo más montañas por explorar, más caminos por recorrer.

La gran cima, me enseño infinidad de habilidades, pero la principal fue que me hiso más espiritual.

La gran cima, fue una gran batalla, pero sabemos que para ganar la guerra tenemos que continuar perseverando día con día.

La gran cima, nos dio conocimientos, nos entregó una parte de sabiduría.

La gran cima, fue nuestro objetivo.

La gran cima, fue nuestro amor.

Competidores disfruten este gran momento, lo que acaban de hacer ya es una experiencia más para su vida, en 1 hora nos retiramos de este gran lugar, nos reuniremos en el patio central, unos vehículos todo terreno, nos llevaran hasta el estadio, que tengan una gran estancia, que grandes palabras de los profesores y si es la realidad, cada día tenemos experiencias únicas que se acumulan para nuestro crecimiento, nos dirigimos al área de masaje queremos que nos consientan para recuperar nuestras energías, termino este maravilloso día, fue una experiencia única.

Hoy sábado se cumplen 5 meses, de que empezó la competencia, dentro de unos minutos, sabremos quién es el próximo competidor que se retira, todos estos meses han sido geniales, de muchísimo aprendizaje, de vivencias extraordinarias, hemos estado en un gran lugar que nunca imaginamos, este lugar ha dejado huella en nuestro corazones, en nuestros espíritus, el universo es testigo de las impresiones que ha causado este lugar a nuestras vidas, me dirijo hacia el salón en donde los profesores, tienen la gran labor de decidir quién es el que se retira, están frente a nosotros, toma la palabra el profesor Vincir; grandes competidores estamos reunidos, para transmitirles quien de ustedes es el próximo que se retira de esta gran competencia, tengo el honor de hablar en representación de mis colegas, ha sido un trabajo muy duro el que hemos tenido que realizar, han sido 3 días en los que todos sus profesores han puesto toda su experiencia, para hacer la difícil selección, durante la vida, tenemos infinidad de pruebas, desde nuestros comienzos en la escuela siempre hemos sido evaluados, es algo que nunca termina, porque al final, la máxima evaluación que van a tener es la de la vida, todos en sus exámenes han salido geniales, han asombrado todas nuestras expectativas, teóricamente y prácticamente sabemos de su entrega, observamos un sentimiento especial, de realización, son unos grandes competidores, que están dispuestos a entregar su vida a este gran lugar, reconozco su trabajo, su disciplina, su entrega, el nivel de la competencia es muy alto, comenzó de lo más bajo, hasta el día de hoy en el lugar que están, para nosotros se crea nostalgia en nuestras mentes, pero sabemos todos, que los grandes sacrificios, nos dan recompensas grandes, eso es lo que buscamos, ese es nuestro gran objetivo, conseguir el tesoro más preciado de sabiduría, para compartirlo con la población mundial, nuestro trabajo es único en la historia, por tal motivo debe realizarse, con excelencia y calidad.

Me encanta el nivel que hay de competencia, este nivel es el que respalda el intercambio de ideas, la retroalimentación, la creación de un conjunto de mentes brillantes, con el mismo objetivo, la espiritualidad nos ha hecho trascender, el universo es testigo, de nuestro trabajo creativo e innovador, por tal motivo soy el portavoz de mis compañeros, la persona que se retira es, un gran ser humano que fue un orgullo de todos, pero sabemos que la capacidad muchas veces no se mide con exactitud, por tal situación es importante, seguir creciendo día con día, somos seres humanos que constantemente, estamos en desarrollo, en esta lugar manifestaron a lo que venían, con hechos, pero así es la vida, el gran camino que estamos construyendo tiene que continuar, el próximo competidor que se retira es un individuo que su estado espiritual ilumino nuestros corazones, su presencia nos motivó a continuar, nos enseñó que es un gran guerrero dispuesto a sacrificar por conseguir sus metas, el gran competidor que se retira es;

4.- Nombre: Giselle

Edad: 31 años

País: Alemania

Profesión: Psicólogo

Proyecto: Crear una mentalidad positiva en todo el mundo

Deporte: Atletismo

Idioma: Inglés, Alemán, Francés.

Altruismo para el mundo: Indicar y darle seguimiento a las fortalezas personales

Se escuchan todos sus datos, todos lloramos, pero ese es el nivel de competencia, también los grandes guerreros se tienen que ir, continua el profesor, competidores les voy a leer este gran epitafio llamado;

El poder transforma

La gran responsabilidad, golpeo nuestras espaldas, haciendo nuestro camino más lento.

El tiempo fue testigo, de que esa carga se hiso más ligera, hasta que desapareció.

El camino me enseño, infinidad de opciones, fui experimentando hasta que encontré las correctas.

Mi camino se ilumino, desapareció la obscuridad, pero en ocasiones volvía con más fuerza.

Mi trabajo comenzó a dar frutos, experiencia, sabiduría.

Mi energía broto con fuerza, me enseñó a ser más perseverante.

Cuando llego a mí el poder, fue una fuerza impresionante, que me permitía hacer a un lado los obstáculos.

El poder transforma, es como la gran roca, que con trabajo y amor se convirtió en escultura.

Por las noches llegaron los grandes sueños, que me hicieron continuar.

Los fracasos fueron dolorosos, pero al final me enseñaron, como no debería hacer las cosas.

El amor llego a mí, me enseño que cuando amas lo que haces, el tiempo desaparece.

El poder transforma, es la creatividad que llego, después de tanto sacrificio.

La visualización me enseñó a pensar en mi objetivo día con día, hasta ver ese sueño hecho realidad.

Cuando el cansancio aparecía, mi mente con valentía me pedía continuar con mayor fuerza.

Mi equipo de trabajo, me veían como un gran guerrero, me comenzaron a imitar, crecimos juntos.

El poder transforma, las grandes habilidades que, obtenido, se resumen en sabiduría.

La motivación me enseño, que cuando las ruinas están, hay que mover los escombros para poder continuar.

Mis lágrimas me enseñaron que eran saludables, porque era importante expresar el dolor que sentía.

Mi logro fue infinito, cuando comencé a ver los resultados, por sencillos que fueran llenaban mi alma y mi corazón.

El poder transforma, ser agradecido me enseño, que es una forma de vivir genial y maravillosamente única.

Mis sueños se hicieron realidad, me volví más espiritual y supe que los milagros existen.

Mi vida es un gran milagro, cada detalle es sorprendente, incluso luego pienso que no es real, que es un sueño.

Me di cuenta que lo imposible se puede hacer posible, creyendo en los grandes milagros de la vida.

El poder transforma la vida.

El poder transforma la humanidad.

El poder transforma el universo.

Competidores vayan por su camino como grandes gladiadores, esperando la próxima batalla, sigan con fuerza, energía y amor, son bases del desarrollo humano, prediquen con el ejemplo, sean líderes, pero unos grandes líderes, se escuchan unos grandes aplausos, se retira Giselle, existe un dolor de nostalgia, pero a la vez una gran tranquilidad de no ser seleccionados, me dirijo a mi casa a observar los monitores, llego se encuentra Giselle, con el gran gurú, hija dime tus sentimientos estoy para escucharte, suelta el llanto, gran gurú esto es una pesadilla, no puedo controlar mis emociones negativas, me tiemblan las piernas, me siento derrotada, hija es normal lo que sientes, sé que te habías acostumbrado a la gran rutina de este gran lugar.

La pérdida que sientes en este instante es insoportable, hija nadie se quiere ir de aquí, sabemos que a todos los humanos nos encantan las cosas que nos dan sentido, que enriquecen nuestras vidas, tu perfil es genial has desarrollado habilidades que nunca imaginaste, siente el orgullo de que eres otra mujer, una mujer más centrada en lo que quiere, tu futuro es grandioso, solamente, tienes que ser como fuiste en este lugar una gran guerrera, tu familia te vera con un gran orgullo, tienes que seguirte esforzando por realizar lo que amas, ese es tu único trabajo, encontrar el trabajo que te enamores, que estés dispuesta a entregar tu vida a lo que amas sin recibir ningún dinero, te darás cuenta que cuando encuentres la meta que deseas, será tanta tu felicidad que te olvidaras de lo económico y esto aparecerá como arte de magia, tu riqueza será infinita, ama lo que haces con gran fuerza, esa es la gran llave, para el logro de las grandes metas.

Gran gurú me encanta platicar contigo, eres una persona tan espiritual, que le das un gran sentido a mi vida, mi alma despierta, siento tus palabras en mi corazón, gran gurú gracias por despertarme nuevamente, voy a enfrentarme al mundo con gran fuerza, llevo en mi mente tus grandes consejos, hija respira profundo, eres libre, has lo que desees, con fuerza, energía, disciplina, creatividad, lucha por lo que quieres, cuando encuentres tu objetivo, tus metas estarán visibles por siempre, se espiritual, eres observada por el gran universo, siéntete orgullosa por tu gran camino en esta hermosa tierra, aprovecha todas las oportunidades que se te presenten, será genial cada que logres lo que deseas, fue un gusto conocerte, se abrazan, Giselle se retira.

Es un gran sentimiento que transporta al gran entendimiento humano, a la gran mentalidad que mueve espíritus y corazones, es importante cada detalle de sentimiento que expresa cada competidor, todos sienten el máximo dolor de abandonar este gran lugar y los entiendo, por lo que he platicado con todos los competidores, ninguno ha vivido una experiencia como esta, todos me han explicado su gran asombro de estar en este gran lugar, todos dicen que es un gran sueño del que no quieren despertar, el escenario donde se está realizando esta competencia es genial, los profesores son grandiosos con sus conocimientos, la gran sabiduría que nos transmiten está quedando clavada en nuestras mentes, nuestras mentes se han desarrollado de forma genial, el deporte nos ha complementado, de una manera maravillosa, que todos nos sentimos personas diferentes que cuando llegamos, nuestro desarrollo ha aumentado, es genial, todas las experiencias que hemos vivido día con día, los grandes alimentos que nos dan, como nos tratan, todo esto hace que los competidores se esfuercen al máximo, toda la filosofía que nos trasmiten cultiva nuestro espíritu, bueno a descansar de este grandioso día.

CAPITULO VI

Mañana lunes comienzan las clases, la organización es la siguiente;

Lunes	Profesor	Materia
8:00 a 10:45	Salomomr	Entrenamiento de Elite III
11:00 a 12:45	Laeva	Comunicación global III
12:50 a 13:50	COMIDA	
14:00 a 15:45	Teslac	Planeación estratégica Global III
16:00 a 17:45	McYuretzili	Empatía III
18:00 a 18:55	Edisonic	Visión III
19:00 a 20:00	Noetherli	Yoga Transcendental III

Martes	Profesor	Materia
8:00 a 10:45	Salomomr	Filosofía de Campeón y Entrenamiento III
11:00 a 12:45	Markl	Inteligencia emocional de competencia III

12:50 a 13:50	COMIDA	
14:00 a 15:45	Vincir	Enfoque III
16:00 a 17:45	Curielm	Fortalezas III
18:00 a 18:55	Yessica	Autorrealización III
19:00 a 20:00	Noetherli	Yoga Transcendental III

Miércoles	**Profesor**	**Materia**
8:00 a 10:45	Yessica	Entrenamiento motivacional III
11:00 a 12:45	Laeva	Comunicación global III
12:50 a 13:50	COMIDA	
14:00 a 15:45	Teslac	Planeación estratégica Global III
16:00 a 17:45	McYuretzili	Empatía III
18:00 a 18:55	Edisonic	Visión III
19:00 a 20:00	Noetherli	Yoga Trascendental III

Jueves	**Profesor**	**Materia**
8:00 a 10:45	Salomomr	Filosofía de Campeón y Entrenamiento III
11:00 a 12:45	Markl	Inteligencia emocional de competencia III

12:50 a 13:50	COMIDA	
14:00 a 15:45	Vincir	Enfoque III
16:00 a 17:45	Curielm	Fortalezas III
18:00 a 18:55	Yessica	Autorrealización III
19:00 a 20:00	Noetherli	Yoga Trascendental III

Viernes	**Profesor**	**Materia**
8:00 a 10:45 III	Salomomr	Entrenamiento de Elite III
11:00 a 12:45 competencia III	Markl	Inteligencia emocional de
12:50 a 13:50	COMIDA	
14:00 a 15:45	Vincir	Enfoque III
16:00 a 17:45	Curielm	Fortalezas III
18:00 a 18:55	Yessica	Autorrealización III
19:00 a 20:00	Noetherli	Yoga Trascendental III

Sábado	**Profesor**	**Materia**
8:00 a 17:45	Salomomr	Exploración III
	Yessica	
18:00 a 20:00	Noetherli	Yoga Trascendental III

Domingo

Descanso estratégico; con opciones de trabajo de acuerdo a las necesidades del participante.

Nota importante:

Todas las materias van enfocadas, con el proyecto de cada competidor.

Continuaron las clases, los profesores con sus grandes esfuerzos, los competidores desarrollaron sus habilidades, su liderazgo creció, el amor por su proyecto trascendió. Se pasó este mes muy rápido con sus grandes grados de dificultad, con sus maravillosas clases, es fantástico estar en este gran lugar, nuestros conocimientos crecen, es espectacular estar en un lugar donde cada día aprendes algo nuevo.

Hoy es sábado el último del mes dentro de 10 minutos, estoy por entrar al gran salón, en donde los profesores indicaran quien es el próximo en salir, entro al gran salón, comienza la gran ceremonia, se levanta el profesor Salomomr, grandes competidores es para mí un honor estar en este gran lugar que inspira una luz especial, que ilumina cualquier corazón, realizamos un gran trabajo junto con los profesores para designar quien es el próximo participante que se retira de esta gran competencia, quiero decirles en este momento que a todos los admiro son unos grandioso guerreros es un privilegio y honor trabajar con ustedes, veo la luz de cada uno de ustedes, lo magnifico que reaccionan en los entrenamientos y coincidimos con los profesores de que son unos alumnos maravillosos y especiales, es gratificante trabajar con ustedes, pero me toca mencionar al próximo que se retira es un gran guerrero que ha demostrado con el ejemplo, él porque está en este gran lugar, fue genial trabajar con todo el equipo y en especial con este gran guerrero, es una gran satisfacción, saber la entrega de cada uno de ustedes, es un gran legado, es un gran ejemplo, el próximo guerrero que se retira, es alguien que entrego todos sus esfuerzos en un solo paquete, su sudor se perdió en la tierra manifestando sus grandes capacidades, su gran hambre de triunfo, el gran competidor que se retira de este grandioso escenario es;

9.- Nombre: Winstond

   Edad: 30 años

   País: Inglaterra

   Profesión: Chef

   Proyecto: Alimentación de calidad

   Deporte: Rugby

   Idioma: Inglés, Español, Francés

   Altruismo para el mundo: Crear a nivel mundial centros de alimentación para la población en general.

Mi gran admiración por ti Winstond, sé que no deberías salir, pero en este gran lugar se tienen que hacer grandes sacrificios, gracias por tu gran determinación, por tu valentía, continua tu camino con mucho éxito, todos lo abrazamos, se retira triste y con la mirada en el suelo, no lo puede creer, después de su gran discurso del profesor, termina la gran ceremonia, me retiro un poco apresurado, me urge observar en los monitores, los sentimientos y la reacción de Winstond, llego al monitor, está llegando hacia el gran gurú, hijo adelante estás en tu gran casa de bendiciones, dime te escucho, gran gurú siento morir, se suelta en llanto se desvanece hasta quedar hincado, ¿Por qué? Si todo iba tan bien.

Hijo hay ocasiones en el sentido espiritual que tenemos que morir, para vivir, que significa esto hijo, que si peleáramos en nuestras batallas de la vida, como si fuéramos a morir, serian grandiosas, pelearíamos con una gran fuerza, que nos desconoceríamos, sabríamos que es un poder sobrenatural el que nos mueve, que el universo nos da una valentía especial en donde el cansancio nunca llega, podremos descansar hasta que consigamos nuestra gran meta, tú debes vivir el presente al máximo y obtener el gran mensaje del pasado o las cosas extraordinarias que has vivido, las tienes que transportar al presente, con la capacidad y la alegría de conseguirlas, es gratificante ser un campeón, si no lo logras, es fantástico haber entregado el máximo esfuerzo con la gran posibilidad de conseguir la meta anhelada, hijo el futuro te sonrió, pero debes saber que es incierto, pero te recomiendo lo que aprendiste, ese ya es tu camino, has conseguido un nuevo lugar lleno de luz, es la premisa de tus pensamientos, sueños y logros.

Demuestra allá afuera que eres otro, que eres un gran guerrero que surgió de la nada, tienes herramientas sofisticadas que te hacen un gran líder, sabes que cada día es diferente, que cada día será nuevo para ti, te enfrentaras con entusiasmo, coraje, entendimiento de que vas a trascender, porque has pertenecido a un gran proyecto y has contribuido durante 6 largos meses, en donde tú aprendizaje, fue genial, conseguiste una sabiduría especial, que podrás aplicar en cualquier lugar, el gurú le toca su frente, se ve una luz inmensa, está recibiendo una gran energía, se levanta, muchas gracias gran gurú, que bien me siento, con una energía especial y pura, que está en todo mi cuerpo, gracias gran gurú, por tus grandes palabras, ya me siento mejor, salieron todas mis emociones que me afectaban, hijo te doy mis bendiciones, continua tu camino, con mayor fuerza, tienes grandes capacidades, tu intelecto aumento, tu madures es excelente, camina con energía y decisión, que palabras las del gran gurú, se fue otro competidor, que dejo un gran legado de conocimientos y de maneras de actuar con determinación, a descansar que gran día, voy a soñar con todos los grandes momentos, sé que no voy acabar, porque son demasiados.

Mañana es lunes, comienza el séptimo mes, como vamos de avanzados, estas son las materias y horarios que se impartirán;

Lunes	Profesor	Materia
8:00 a 10:45 especiales de Elite I	Salomomr	Entrenamiento fuerzas
11:00 a 12:45 intrapersonal e interpersonal I	Laeva	Comunicación
12:50 a 13:50	COMIDA	
14:00 a 15:45 Global I	Teslac	Misión estratégica
16:00 a 17:45 I	McYuretzili	Autoestima y percepción

| 18:00 a 18:55 | Edisonic | Oportunidades de trascendencia I |
| 19:00 a 20:00 | Noetherli | Yoga universal I |

Martes	**Profesor**	**Materia**
8:00 a 10:45	Salomomr	Crecimiento de habilidades y Entrenamiento I
11:00 a 12:45	Markl	Inteligencia social globalizada I
12:50 a 13:50	COMIDA	
14:00 a 15:45	Vincir	Desarrollo estratégico humano I
16:00 a 17:45	Curielm	Desarrollo integral de imagen I
18:00 a 18:55	Yessica	Motivación extrínseca e intrínseca I
19:00 a 20:00	Noetherli	Yoga Universal I

Miércoles	**Profesor**	**Materia**
8:00 a 10:45	Yessica	Motivación extrínseca e intrínseca I
11:00 a 12:45	Laeva	Comunicación intrapersonal e interpersonal I
12:50 a 13:50	COMIDA	

14:00 a 15:45	Teslac	Misión estratégica Global I
16:00 a 17:45	McYuretzili	Autoestima y percepción I
18:00 a 18:55	Edisonic	Oportunidades de trascendencia I
19:00 a 20:00	Noetherli	Yoga universal I

Jueves	**Profesor**	**Materia**
8:00 a 10:45	Salomomr	Crecimiento de habilidades y Entrenamiento I
11:00 a 12:45	Markl	Inteligencia social globalizada I
12:50 a 13:50	COMIDA	
14:00 a 15:45	Vincir	Desarrollo estratégico humano I
16:00 a 17:45	Curielm	Desarrollo integral de imagen I
18:00 a 18:55	Yessica	Motivación extrínseca e intrínseca I
19:00 a 20:00	Noetherli	Yoga Universal I

Viernes	**Profesor**	**Materia**

8:00 a 10:45 especiales de Elite I	Salomomr	Entrenamiento fuerzas
11:00 a 12:45 globalizada I	Markl	Inteligencia social
12:50 a 13:50	COMIDA	
14:00 a 15:45 humano I	Vincir	Desarrollo estratégico
16:00 a 17:45 imagen I	Curielm	Desarrollo integral de
18:00 a 18:55 intrínseca I	Yessica	Motivación extrínseca e
19:00 a 20:00	Noetherli	Yoga Universal I

Sábado	**Profesor**	**Materia**
8:00 a 17:45 de Elite I	Salomomr	Entrepeneur Deportivo
	Yessica	
18:00 a 20:00	Noetherli	Yoga Universal I

Domingo

Descanso estratégico; con opciones de trabajo de acuerdo a las necesidades del participante.

Nota importante:

Todas las materias van enfocadas, con el proyecto de cada competidor.

Comienza de nuevo el entrenamiento con materias más sofisticadas, es importante contar con herramientas de este tipo, que nos muestren un gran camino, para ser unos grandes exploradores del conocimiento. Son semanas intensas ningún competidor se da por vencido, saben que luchando día con día al máximo, sus perspectivas de trascender crecen, llega el tercer sábado los profesores están al centro para darnos su gran materia Entrepeneur Deportivo de Elite I, habla el profesor Salomomr, competidores es una felicidad verlos nuevamente, bajo esta salida del gran sol, sus rayos nos iluminan, penetran nuestro cuerpo, lo llenan de energía para el próximo reto, el universo es testigo de nuestro gran trabajo día con día, la prueba es la siguiente;

1.- nadaremos 2,000 metros en el rio, la señalización nos indica la distancia.

2.- Correr medio maratón (21 kilómetros).

3.- ¿?, estará pendiente.

Competidores estos serán los grandes desafíos, la transición 2 serán 21 kilómetros en subida, la meta aquí será en la cima de la montaña, la transición numero 3 será una gran sorpresa para ustedes, cuando lleguemos a la cima iremos descifrando ese gran paradigma. Competidores la profesora dará la salida, jóvenes en 5 minutos comenzaremos el gran reto, competidores listos suena un disparo, todos salimos con una energía descomunal, todos nos hemos dado cuenta que ese es el secreto de los atletas de elite, salir en las competencias con gran intensidad, para que el corazón y los signos vitales, se acostumbren al gran esfuerzo y a como pase el tiempo, la velocidad aumenta, el tiempo de reacción y el cansancio sea soportable.

Todos somos conscientes del gran entusiasmo que proyectamos, todos somos unos grandes atletas, dispuestos a entregar todos los esfuerzos que sean necesarios. Todos completamos la etapa 1 casi llegamos al mismo tiempo, nos colocamos el siguiente equipo y a correr, es genial escuchar los latidos del corazón, me siento genial, me siento más vivo, es especial y maravilloso para mí, estar en este gran lugar, la carrera es intensa, pero es mucho esfuerzo, la subida es intensa, el esfuerzo es grandioso, el aire que entra por mis pulmones es gratificante, todos llevamos el ritmo similar, pasa el tiempo continuamos subiendo, esto parece que no tiene fin, después de grandes esfuerzos estamos llegando a la cima, lo bueno que los profesores, indicaron que hoy no es competencia, tenemos que llevar un ritmo, hoy lo que se iba a medir en nosotros es la resistencia, vamos en el kilómetro 18, ya casi logramos el objetivo.

No sabemos la gran sorpresa que tienen los profesores, con la etapa 3, es genial realizar ejercicio de este tipo, el que realizan las fuerzas especiales, es genial acercarse a la meta, pero a la vez impredecible, que es lo que nos espera, todos comenzamos a sentir el gran cansancio, pero nos despierta el ultimo kilometro que falta, todos recuperamos energía, estamos dispuestos a morir, por lograr nuestra meta, el profesor y la profesora nos ganaron por unos 50 metros, pero fue genial cumplimos con la meta, llegamos a la meta, hay una pista de aviones hay dos hermosos aviones, nos indican que de combustible, utilizan energía solar, es genial la tecnología futurista con la que cuenta este lugar, son un gran ejemplo para el mundo, nos indican los profesores que haremos 30 minutos de estiramientos, con la estrategia de retirar el ácido láctico de nuestros cuerpos, ya que terminamos la gran reparación de nuestro cuerpo, con los maravillosos estiramientos, la profesora se dirige a nosotros, competidores es un orgullo haber cumplido con la gran meta que nos propusimos este día, somos un gran grupo que lo demuestra con hechos, me toca señalarles la prueba;

3.- Lanzarnos a 5,000 pies de altura (1524 metros) en paracaídas, ese avión gigantesco que están observando es el que va cumplir nuestro sueño, lograr esa gran meta.

Todos recibieron el adiestramiento necesario para este gran desafío, lo que no les avisamos fue cuando iban a necesitar esos conocimientos, hoy es el gran día que nos tocó trascender, encienden el avión y nos indican que subamos, al entrar al sofisticado avión, todos nos colocamos el equipo que salvara nuestras vidas, competidores en 5 minutos nos lanzaremos, cuentan 15 segundos después de que se lance el primero y así sucesivamente hasta dejar vacío el avión, me lanzo al gran cielo maravilloso, que miedo Dios mío, cuento hasta 15 y jalo la poderosa cuerda, me siento morir, sale mi paracaídas con una potencia que me jala hacia arriba, que experiencia Dios mío, esto es morir para vivir, nos vemos como grandes aves en el cielo, es un gran desfile, somos 8 grandes aves despedidas en el gran cielo, es maravilloso, una experiencia única, llena de adrenalina, sentía que mi corazón se salía del miedo, pero ahorita que estoy aquí en este gran lugar, siendo dueño de todo mi alrededor, lo volvería hacer, se me salen las lágrimas es una gran emoción, nunca pensé vivir esta gran aventura, gracias Dios mío por este gran milagro.

Aterrizamos en un gran llano plano, cubierto de pasto, que nos espera como un gran colchón, que delicia es arriesgarte para disfrutar grandes momentos, todos estamos en el mismo lugar en un gran circulo, todos estamos retirándonos los grandiosos equipos, que salvaron nuestras vidas, la caída es espectacular, debes tener fuerza en tus piernas para amortiguar el golpe, cuando pisas el suelo debes caminar, incluso correr, para soportar la gran inercia, es una experiencia única y genial, ya que nos quitamos el equipo estamos en forma de u ante nuestros profesores, habla la profesora Yessica, competidores una gran felicitación han cumplido su gran prueba, este será un día recordado por todos ustedes, la vida está hecha de cosas maravillosas y esta es una de ellas, ya tienen que contarle a sus familias y a sus futuras generaciones de lo hermosa que es la vida, los grandes desafíos nos fortalecen, estoy orgullosa de pertenecer a un gran equipo como ustedes, es gratificante comenzar un día nuevo a su lado, los veo como mi familia, su lado humano me contagia, sus fuerzas, energía, perseverancia, me contagian y me hacen más fuerte, cuando ya no estemos juntos los voy a extrañar, pero los voy a llevar en la parte más grande de mi corazón, por siempre, vamos a darnos un gran aplauso, con fuerza, que retumben nuestros espíritus, nuestras almas, que el universo sea testigo de nuestro agradecimiento, que nos dio un gran día de vida y nos hiso soñar, con ustedes el gran profesor Salomomr, competidores ya lo dijo la profesora es un grandioso orgullo trabajar con ustedes, por tal motivo les voy a leer el siguiente pensamiento llamado;

Adrenalina

Tu palabra llego a mi mente, como algo natural, algo desconocido.

Te veía como algo normal, como una frase más.

Mi corazón no entendía tu gran significado.

Tu valor me era desconocido, sabía que existías, pero era algo normal.

Hasta que te conocí, entraste por mis venas, exploraste mi cuerpo.

Conocerte fue lo mejor que me ha pasado, en mi vida.

Cuando sentí tu palabra en mi cuerpo, sentí vivir.

Claro me dio miedo, no lo pude evitar, pero cuando tú llegaste, ese miedo se convirtió en poder.

Sabía que eras una hormona, pero no sabía que producías un gran poder, la presión sanguínea y mi ritmo cardiaco aumento.

Mis músculos se activaron, mi cuerpo se llenó de una energía inexplicable.

La depresión y la tristeza las enterré en mi camino, gracias Adrenalina.

Mi confianza regreso, mis pensamientos aparecieron con más fuerza, dándome creatividad.

Hiciste que mi cuerpo reaccionara con facilidad, que mi fuerza me sorprendiera.

La energía lleno mi cuerpo, me dio facilidad, agilidad, perseverancia, me ayudo a soñar.

Me doy cuenta de la grandeza de nuestro cuerpo, los grandes químicos naturales que produce.

Me quedo maravillado, de la gran maquina fantástica que nos pertenece.

Su valor es incalculable, me siento afortunado, la riqueza de mi cuerpo me pertenece.

Cuando practico deportes con energía, me produce un bienestar fantástico.

Adrenalina que llegaste a mi vida, demostrando tu gran poder natural.

Adrenalina que me enseñaste que existía un poder espiritual.

Adrenalina me enseñaste que existen cosas maravillosas que complementan mi vida.

Adrenalina le diste sentido a mi vida, me hiciste conocer el amor.

Adrenalina neurotransmisor eficaz, que haces magia en cualquier cuerpo que te encuentres.

Adrenalina me diste vida, enseñándome un mundo nuevo.

Adrenalina, produces cambios en mi vida, la energía volvió a mí.

Adrenalina, tu encuentro me ha dado significado me ha llenado de espiritualidad.

Adrenalina, saber que antes de conocerte el miedo me invadía.

Adrenalina, cuando te conocí, experimente lo mejor que ha pasado en mi vida.

Adrenalina, genial adrenalina estas en mi corazón.

Adrenalina, mi energía ha despertado todos mis sentidos, me siento en comunicación con el universo.

Adrenalina, gracias por entrar en mi sangre, recorrer mi cuerpo y transmitirte a mi corazón.

Adrenalina, el gran sentido que le diste a mi vida, es una riqueza incomparable.

Adrenalina, vivo agradecido, la vida es genial y maravillosa.

Competidores gracias por estar en este gran momento, luchando y esforzándose, por ser mejores, estamos inspirados por este gran día, solo el universo sabe nuestros sentimientos, lo que pasa por nuestras mentes, nuestro sentido espiritual, ese helicóptero solar que están viendo nos transportara, a un gran lugar donde seremos consentidos, para recuperar esa energía que nos sobra, suban muchachos a nuestro gran vehículo de transporte, todos subimos, nuestros semblantes no pueden creer lo que hemos vivido, son situaciones sorprendentes que enriquecen nuestras vidas, llegamos al lugar es un edificio enorme, con una estructura futurista espectacular, no me acabo de asombrar, cada día existe algo nuevo que me sorprende, entramos al gran lugar a bañarnos y disfrutar de un gran masaje, todo esto es un premio genial, como nos tratan de una manera incomparable, maravillosa, nos introducimos al lugar de los chefs, la gran cocina, me muero de hambre, los platillos son geniales, lo que más me sorprende que toda la materia prima la genera este gran lugar, es sofisticado, con el desarrollo que cuentas, no utilizan pesticidas o materias químicas para sembrar, todo se hace como en el pasado, de manera nativa, de una gran manera natural y todavía tienen el privilegio de exportar estos productos a todas sus organizaciones en el mundo.

Que delicia, yo trabajaría para ellos únicamente, que me dieran estos grandes platillos de comer, me sentiría bien servido y bien pagado, terminamos los sagrados alimentos, cada día los chefs, se esmeran por sorprendernos, su cocina es deliciosa, nutritiva, fantástica, nunca en mi vida había comido tan genial y constantemente, todo en este lugar es maravilloso, cuando no esté aquí, quedara gravado en mi mente, como una grandiosa experiencia única en mi vida, nos indican que nos subamos nuevamente al grandioso helicóptero, la nave nos transportara, al gran estadio, en donde es nuestro gran punto de reunión, llegamos al gran estadio, la profesora nos dice, competidores, sueñen con este gran momento, porque cada día es diferente, genial, único e irrepetible, descansen relájense, sueñen, porque los milagros existen, todos nos retiramos que lugar increíble, que cosas hacemos inimaginables, impredecibles, sofisticadas, que nos dan un gran sentido de luchar cada día con más fuerza.

Es sábado, el ultimo del mes, en 15 minutos sabremos el próximo competidor que se retira, que duro es este momento, pero necesario para el gran crecimiento del proyecto, me imagino cómo están los competidores, nadie se quiere retirar, nadie quiere dejar este gran sueño y nadie quiere despertar de ese gran sueño. Entramos al gran salón, los profesores atentos nos observan; competidores soy la profesora Noetherli, en representación de todo el panel de profesores que están aquí a mi lado, antes que todo un merecido reconocimiento a todos los competidores, los niveles de competencia han aumentado, para nosotros cada día es más complicado seleccionar al gran competidor que se retira, pero ese es nuestro gran trabajo, hacer las evaluaciones más sofisticadas, por 3 días para que nuestro trabajo nos de los frutos esperados, la integración de un gran grupo para nosotros fue una gran responsabilidad, desde un principio se ha hecho difícil la selección, porque todos son unos grandes competidores, pero todos sabemos nuestra filosofía, realizar sacrificios, para alcanzar nuestras metas, el próximo gran competidor que se retira es, un gran ser humano que nos mostró un gran camino de perseverancia, enseñándonos como se deben hacer las cosas y que nunca nos debemos dar por vencidos, en representación de los grandes profesores me toca mencionar al gran gladiador que se retira el día de hoy es, una persona magnifica que entrego todo en el campo de batalla, el gran guerrero que se retira de este maravilloso lugar es;

6.- Nombre: Queenie

Edad: 37 años

País: Australia

Profesión: Ingeniero en Telecomunicaciones

Proyecto: Evitar el cambio climático

Deporte: Natación

Idioma: Inglés, Griego, Italiano

Altruismo para el mundo: por medio de las telecomunicaciones crear en todo el mundo programas para que haya riqueza natural y económica.

Este día es trascendente los grandes sacrificios son para una gran causa nuestra Misión, eliminar la pobreza mundial, denle un gran aplauso a su compañera, expresen sus sentimientos, se retira una gran competidora. Todos expresamos nuestros sentimientos, hay lágrimas, expresiones verdaderas, las grandes emociones nos invadieron, quisiéramos que nadie se retirara, pero ese es el objetivo desarrollar el gran proyecto, se retira Queenie, por ese gran túnel lleno de luz, competidores los invito a seguir esforzándose cada día más, ya estamos casi al gran final de esta competencia, pero todavía queda mucho trabajo por realizar, entréguense al máximo a sus grandes proyectos tenemos que beneficiar a la población mundial, que necesita de nuestra ayuda, tengan un grandioso y maravilloso día.

Nos retiramos del gran evento, muchos respiran aliviados, ya llevan 7 meses en este gran lugar y sé que nadie se quiere ir, van a vender cara su derrota, veo en su semblante que van a luchar con más fuerza, me retiro a mi casa, tengo que observar los monitores, llego Queenie, está subiendo la gran montaña para ver al gran gurú, hija adelante estás en tu casa, este gran templo espiritual que te pertenece, gracias gran gurú, que te puedo decir, di hija lo que sientas, lo que tu alma y tu corazón exprese, estoy para escucharte y ayudarte, en el grandioso camino que has formado, gran gurú siento un gran nudo en la garganta las palabras se han ido, si hija exprésate deja que tus emociones surjan con fuerza, tienes que sacar todo lo que te inquieta, si gran gurú, lo sé, lo primero que pensé, cuando llegue a ver a mis familiares, que les digo ya llegue, me siento derrotada.

Hija lo primero que expresaran tus familiares al verte será felicidad, eres su orgullo, para ellos eres una gran campeona, observe el esfuerzo que hiciste día con día fue ejemplar, motivaste a tus compañeros para seguir adelante, pero hija así es la vida, lo que si te digo es que el destino, si continuas con esa gran mentalidad que te caracteriza, recibirás de la vida infinidad de sorpresas, infinidad de opciones que enriquecerán tu camino, tu personalidad de guerrera, librara infinidad de batallas que te harán crecer y cuando enfrentes los caminos tormentosos, no tendrás miedo, porque la vida y las grandes experiencias que has vivido, te han dado un perfil magnifico de lucha, la vida te sonríe, el universo es testigo de tus grandes esfuerzos día con día, instante tras instante, has perdido la noción del tiempo y eso es fortificante, hija los milagros existen, en el transcurso de tu vida te has dado cuenta de los milagros que te han ocurrido, son cosas magnificas e inesperadas, que han llegado a tu camino cuando menos lo esperabas, vive la vida al máximo, como si fuera el ultimo día que estuvieras en la tierra, da muchísimo amor, el amor es la llave para abrir la puerta del universo, el gran sentido hacia la espiritualidad, recibe los regalos de la vida, con agradecimiento, dale sentido a las cosas maravillosas de la vida, aprende de los fracasos, se una mujer genial, orgullosa de hacer las cosas que ama, dedica tu vida al trabajo del que estés enamorada, eso le dará sentido a tu vida.

Gracias gran gurú, estas despertándome con un gran sentido espiritual, tienes razón debo ser agradecida, por haber pisado este gran lugar durante 7 meses, fue una experiencia única, genial, incomparable, voy a tomar las grandes notas que me ha dado la vida, los grandes capítulos que me han dado emociones incalculables, lo fantástico de la vida es importante vivirlo al máximo, voy a tomar como prioridad ser siempre feliz y producir felicidad, ya ves hija eres una persona demasiado inteligente, rápido captas el sentido de las experiencias, hija disfruta los grandes momentos de tu vida, se cómo eres una gran mujer, pero esfuérzate cada día por ser mejor, olvídate del tiempo, tu solamente vive el día como si fuera el ultimo, gracias gran gurú, se abrazan, Queenie se retira, su cuerpo brilla con una luz especial, un gran guerrero se va, pero un gran proyecto es el que queda, bueno a descansar han sido días brillantes, días de grandes experiencias, días únicos.

Es domingo por la tarde mañana comienza el nuevo mes estas son las materias que se impartirán;

Lunes	Profesor	Materia
8:00 a 10:45	Salomomr	Entrenamiento fuerzas especiales de Elite II
11:00 a 12:45	Laeva	Comunicación intrapersonal e interpersonal II
12:50 a 13:50	COMIDA	
14:00 a 15:45	Teslac	Misión estratégica Global II
16:00 a 17:45	McYuretzili	Autoestima y percepción II
18:00 a 18:55	Edisonic	Oportunidades de trascendencia II
19:00 a 20:00	Noetherli	Yoga universal II

Martes	Profesor	Materia
8:00 a 10:45	Salomomr	Crecimiento de habilidades y Entrenamiento II
11:00 a 12:45	Markl	Inteligencia social globalizada II
12:50 a 13:50	COMIDA	

| 14:00 a 15:45 | Vincir | Desarrollo estratégico |
| humano II | | |

| 16:00 a 17:45 | Curielm | Desarrollo integral de |
| imagen II | | |

| 18:00 a 18:55 | Yessica | Motivación extrínseca e |
| intrínseca II | | |

| 19:00 a 20:00 | Noetherli | Yoga Universal II |

Miércoles	**Profesor**	**Materia**
8:00 a 10:45	Yessica	Motivación extrínseca e
intrínseca II		
11:00 a 12:45	Laeva	Comunicación
intrapersonal e interpersonal II		
12:50 a 13:50	COMIDA	
14:00 a 15:45	Teslac	Misión estratégica Global
II		
16:00 a 17:45	McYuretzili	Autoestima y percepción
II		
18:00 a 18:55	Edisonic	Oportunidades de
trascendencia II		
19:00 a 20:00	Noetherli	Yoga universal II

Jueves	**Profesor**	**Materia**

8:00 a 10:45	Salomomr	Crecimiento de habilidades y Entrenamiento II
11:00 a 12:45	Markl	Inteligencia social globalizada II
12:50 a 13:50	COMIDA	
14:00 a 15:45	Vincir	Desarrollo estratégico humano II
16:00 a 17:45	Curielm	Desarrollo integral de imagen II
18:00 a 18:55	Yessica	Motivación extrínseca e intrínseca II
19:00 a 20:00	Noetherli	Yoga Universal II

Viernes	Profesor	Materia
8:00 a 10:45	Salomomr	Entrenamiento fuerzas especiales de Elite II
11:00 a 12:45	Markl	Inteligencia social globalizada II
12:50 a 13:50	COMIDA	
14:00 a 15:45	Vincir	Desarrollo estratégico humano II
16:00 a 17:45	Curielm	Desarrollo integral de imagen II
18:00 a 18:55	Yessica	Motivación extrínseca e intrínseca II

| 19:00 a 20:00 | Noetherli | Yoga Universal II |

Sábado	**Profesor**	**Materia**
8:00 a 17:45 de Elite II	Salomomr	Entrepeneur Deportivo
	Yessica	
18:00 a 20:00	Noetherli	Yoga Universal II

Domingo

Descanso estratégico; con opciones de trabajo de acuerdo a las necesidades del participante.

Nota importante:

Todas las materias van enfocadas, con el proyecto de cada competidor.

Recibimos las grandiosas y sofisticadas clases, todos los competidores van aumentando sus capacidades, su fuerza crece, su energía es espectacular, su motivación, su visualización y todos se identifican con la gran misión que le espera al ganador.

Es día sábado el ultimo del mes dentro de 20 minutos nos dirán quien se retira de los competidores, ahora si sinceramente observo a varios algo nerviosos y los entiendo no es fácil estar expuestos a ser el próximo que se retira de esta gran competencia, todos los profesores en el centro del gran pódium, ya cada vez la sala del público se ve más vacía, ya quedan menos competidores, se hace un poco más tenso el ambiente, sabemos que nadie quiere retirarse.

Se escucha una voz grave pero directa en todo el salón, soy su servidor el profesor Teslac, es un privilegio encontrarme ante los profesores y el gran grupo de competidores que siguen en pie de lucha, es para mí una necesidad manifestarles mi admiración, son un gran grupo que están en el lugar que merecen, les agradezco su lucha constante, su determinación, su enfoque hacia el logro, su sentido humano para colaborar al beneficio de la población mundial, han sido unos grandiosos alumnos, ha sido tan grande la retroalimentación y la iluminación de conocimiento, de saber que vamos por el camino correcto, también mi gran respeto a todos los profesores que han cumplido con sus grandes conocimientos, esto es una gran comunidad, en donde la sabiduría será el tesoro más preciado que trascenderá, me toca la gran responsabilidad de indicar quien es el próximo competidor que se retira, el próximo es, quien lucho cada día por ser mejor, que nos dio un legado de cómo se debe lograr los mayores deseos, pero sabemos que estamos en una competencia por realizar algo que hará una historia mundial, que estará escrito en las grandes páginas y capítulos de la historia, de nosotros depende la efectividad, el próximo gran alumno que se retira de este maravilloso lugar es, alguien que nos gustaría que se quedara, porque sabemos que su lugar se lo gano, por las grandes realizaciones, por sus grandes motivaciones, el gran competidor que se retira es;

3.- Nombre: Joharim

Edad: 29 años

País: Sudáfrica

Profesión: Maestría en Negocios internacionales

Proyecto: Trabajo para todo el mundo

Deporte: Ciclismo

Idioma: Inglés, Alemán, Portugués.

Altruismo para el mundo: crear empleos para que beneficien a todas las sociedades.

Sabemos de la gran responsabilidad que tenemos bajo nuestros hombros, nuestro lema es hacer sacrificios para beneficio del gran proyecto, despídanse de su gran compañera, las emociones brotan, pero sabemos la gran carga y responsabilidad que influye un proyecto global, sabemos de la gran importancia, los competidores están entregando gran parte de su vida y todos sus conocimientos. Se retira Joharim por el gran túnel brillante, donde nadie quiere ir, competidores sigan su camino cumplimos el mes numero 8 ya casi se termina esta gran competencia, les recomiendo que hagan hasta lo imposible por sacar todas sus fortalezas, los esfuerzos que sean necesarios, para trascender en esta gran historia, en donde todos somos los actores principales, les deseo lo mejor, que tengan días maravillosos y una continuidad competitiva fantástica, que el último esfuerzo y aliento los identifique.

Gracias grandes guerreros por contribuir al gran sueño, sigan su camino con la frente en alto y el corazón en la mano, se escuchan unos grandes aplausos ha terminado la gran ceremonia, como siempre me retiro, voy a mi casa a observar esos grandes monitores que han sido una ventana a lo inimaginable, esas historias grandiosas, que complementan la vida misma, son historias reales, emociones reales, sentimientos reales, ya vi a Joharim, como psicólogo observo el lenguaje corporal que transmiten antes de llegar con el gran gurú, semblante apagado, todas las características de un ser derrotado y el gurú como si tuviera una barita mágica, les da la motivación que necesitan, para continuar su gran camino.

Gran gurú estoy aquí para manifestarte mi gran dolor, si hija te escucho se a lo que has venido, cuenta lo que tu corazón siente y expresa, me siento derrotada, pensé y soñé que sería la ganadora, lo se hija y todos los que han salido también lo merecían, porque simplemente han entregado todo como si estuvieran a punto de fallecer y en una gran competencia como esta es lo más importante y gratificante, tus grandes 8 meses de estadía en este gran lugar te han dado un gran tesoro que podrás expresar ahí a fuera en el gran mundo que te espera, te esperan tiempos florecientes, tiempos de cosechar lo que has sembrado, el único secreto es que así como luchaste en este lugar, en tu vida diaria debes hacerlo y cuando puedas con más fuerza, identifica cada día de manera diferente, vive cada instante con fuerza, siéntete viva, lucha por tus sueños, cuando menos lo esperes llegara el gran premio de la realización, tu mundo te espera con los brazos abiertos, quiere que demuestres el gran potencial que tienes, el universo es testigo de tus logros, de tu gran espiritualidad, tu disciplina y compromiso, tienes una ancla que te lleva a la creación de oportunidades, llévalas acabo quedaras sorprendida, has obtenido en todo este tiempo un gran tesoro, que forma parte de tu gran sabiduría, vive las grandes experiencias al máximo, cultiva los grandes momentos, disfruta de esas cosechas indicadas para tu vida, gracias gran gurú, pasan cosas maravillosas por mi mente, me has dado un gran eslabón para unir mi gran cadena hacía la realización, me siento más tranquila, tu filosofía me ha iluminado en todos los sentidos, sé que tenemos que guardar en el gran cofre de nuestro tesoro, las grandes experiencias vividas, he intercambiarlas por la tan preciada sabiduría, gracias gran gurú, hija ve de la mano de ser la mejor, tu camino está lleno de bendiciones, te has ganado un gran legado que lo único que le falta es desarrollarlo al máximo con perseverancia y dedicación. De verdad que observo a Joharim con una gran aura de luz que rodea su cuerpo, es una luz especial que no lastima los ojos, se retira como un gran guerrero, que entrego la vida misma, me encanta como se retiran con una gran motivación.

Llega la hora de ver el gran horario que el día de mañana comenzara de nuevo en la gran formación de nuestras vidas es el siguiente;

Lunes	**Profesor**	**Materia**
8:00 a 10:45	Salomomr	Entrenamiento fuerzas especiales de Elite III
11:00 a 12:45	Laeva	Comunicación intrapersonal e interpersonal III
12:50 a 13:50	COMIDA	
14:00 a 15:45	Teslac	Misión estratégica Global III
16:00 a 17:45	McYuretzili	Autoestima y percepción III
18:00 a 18:55	Edisonic	Oportunidades de trascendencia III
19:00 a 20:00	Noetherli	Yoga universal III

Martes	Profesor	Materia
8:00 a 10:45	Salomomr	Crecimiento de
habilidades y Entrenamiento III		
11:00 a 12:45	Markl	Inteligencia social
globalizada III		
12:50 a 13:50	COMIDA	
14:00 a 15:45	Vincir	Desarrollo estratégico
humano III		
16:00 a 17:45	Curielm	Desarrollo integral de
imagen III		
18:00 a 18:55	Yessica	Motivación extrínseca e
intrínseca III		
19:00 a 20:00	Noetherli	Yoga Universal III

Miércoles	Profesor	Materia
8:00 a 10:45	Yessica	Motivación extrínseca e
intrínseca III		
11:00 a 12:45	Laeva	Comunicación
intrapersonal e interpersonal III		
12:50 a 13:50	COMIDA	
14:00 a 15:45	Teslac	Misión estratégica
Global III		
16:00 a 17:45	McYuretzili	Autoestima y percepción
III		

18:00 a 18:55   Edisonic   Oportunidades de trascendencia III

19:00 a 20:00   Noetherli   Yoga universal III

Jueves	**Profesor**	**Materia**
8:00 a 10:45	Salomomr	Crecimiento de habilidades y Entrenamiento III
11:00 a 12:45	Markl	Inteligencia social globalizada III
12:50 a 13:50	COMIDA	
14:00 a 15:45	Vincir	Desarrollo estratégico humano III
16:00 a 17:45	Curielm	Desarrollo integral de imagen III
18:00 a 18:55	Yessica	Motivación extrínseca e intrínseca III
19:00 a 20:00	Noetherli	Yoga Universal III

Viernes	**Profesor**	**Materia**
8:00 a 10:45	Salomomr	Entrenamiento fuerzas especiales de Elite III
11:00 a 12:45	Markl	Inteligencia social globalizada III
12:50 a 13:50	COMIDA	

14:00 a 15:45	Vincir	Desarrollo estratégico
humano III		
16:00 a 17:45	Curielm	Desarrollo integral de
imagen III		
18:00 a 18:55	Yessica	Motivación extrínseca e
intrínseca III		
19:00 a 20:00	Noetherli	Yoga Universal III

Sábado	**Profesor**	**Materia**
8:00 a 17:45	Salomomr	Entrepeneur Deportivo
de Elite III		
	Yessica	
18:00 a 20:00	Noetherli	Yoga Universal III

Domingo

Descanso estratégico; con opciones de trabajo de acuerdo a las necesidades del participante.

Nota importante:

Todas las materias van enfocadas, con el proyecto de cada competidor.

La gran participación de los competidores es extensa luchan con gran energía, solo quedan cuatro competidores, los profesores se entregan como siempre en sus clases al máximo, saben que sus grandiosos alumnos tienen que estar preparados excelentemente.

Llega el gran día el último sábado del noveno mes, en unos minutos sabremos quién es el siguiente competidor que se retira, noto a los profesores un poco nerviosos, pero a la vez sabiendo que ya está próximo a saber quién será el gran ganador de esta fantástica competencia.

Soy su profesor Edisonic, estoy en representación de todos los profesores y colaboradores de este gran proyecto, nos queda poco tiempo, estamos casi terminando esta gran aventura, es para nosotros una gran felicidad pertenecer a esta gran estructura, en 3 días hemos valorado el gran trabajo de cada uno de ustedes, nuestra selección ha sido difícil, ya que todos cuentan con capacidades especiales que los identifican, los líderes en el mundo, han utilizado como herramientas principales la creatividad y la innovación, hoy agradezco a los grandes líderes que han contribuido al gran desarrollo de nuestra gran población, hoy en estos tiempos contamos con una gran tecnología que tiempos atrás jamás imaginamos, los grandes proyectos trascendieron ante dificultades personales, burlas, faltas de aceptación, en donde el coraje y la valentía surgieron ante esas adversidades, el poder de logro que obtuvieron, hiso que estos líderes trascendieran por siempre en la historia, fueron líderes que se atrevieron a entregar, el corazón, el alma, incluso en ocasiones la vida, para que sus inventos fueran reconocidos.

Por eso hoy los invito a que nunca en su vida se den por vencidos, que cada día lo vean como un escenario diferente, que desea grandes guerreros que estén dispuestos a sacrificar su zonas de confort, por conseguir lo más preciado que es el éxito, hoy en este día nos hemos reunido para saber el gran competidor que se retira de este grandioso escenario, quien se retira es un gran alumno que ha trascendido, si sigue en su camino con el perfil de un triunfador, lo que se presente lo lograra, es eficaz mencionar que al gran competidor que se retira es, quien mostro un camino de cómo se pueden ganar las batallas, su liderazgo trascenderá como los grandes líderes, que dieron hasta la vida por conseguir su paso en la gran historia, la gran persona que se retira hoy y quedara por siempre en nuestros corazones es;

5.- Nombre: Akeilas

Edad: 34 años

País: Rusia

Profesión: Medico

Proyecto: Salud para todo el mundo

Deporte: Patinaje artístico sobre hielo

Idioma: Ruso, Inglés, Alemán, Francés

Altruismo para el mundo: Salud física y mental para erradicar la pobreza mundial.

Sé que para todos es un gran privilegio, encontrarse en este majestuoso lugar, cada uno ha escrito su propia historia, todos han desarrollado conductas impresionantes, que los hace unos grandes líderes dispuestos a todo, esos son los líderes que necesitamos para que gobiernen el mundo, que el sentido humano los caracterice, qué piensen de manera global, en las necesidades de la población mundial y de los más vulnerables, despídanse de su gran compañero que entrego todo por este grandioso proyecto, todos nos despedimos, los abrazos son más fuertes, sabemos que solamente ya quedan 3 competidores, que serán los dignos representantes, de todos los competidores que se han retirado, se retira Akeilas, por ese gran túnel lleno de luz, se ve su semblante que no estuvo de su parte quedar en el grupo, él sabe que lucho hasta el gran final.

Competidores les comento que falta únicamente un mes en donde serán evaluados ustedes 3, para saber quién es el gran ganador, los invito a seguir esforzándose, cada día más, ya que la responsabilidad va en aumento, el gran momento está llegando, veo la luz del cielo, apuntando a nuestro alrededor, se respira un gran aire de triunfo de que todos han sido grandes participantes, cada competidor ha puesto un gran eslabón para formar la grandiosa cadena que soportara nuestro gran proyecto, felicitaciones a los competidores restantes.

Ha terminado la gran ceremonia, con la novedad que en un mes esta competencia termina y comienza la etapa del desarrollo del proyecto, el gran campeón tendrá la facilidad, de exponer su gran proyecto ante el mundo, solamente este mes que viene y nos retiramos de este grandioso lugar. Me retiro a mi casa, me urge saber lo que piensa Akeilas de esta gran ocasión, la veo en los monitores está acercándose al gran templo del gurú, hija mía gran competidora Akeilas, gran gurú, he venido a conversar contigo, no sé cómo empezar, hija exprésate, me interesa que digas lo que sientes, gran gurú ha sido una gran competencia, quisiera a ver ganado, pero no fue así, pero el gran universo es testigo de todo mi empeño por ganar, si hija lo sé y te felicito, eres una gran atleta, un gran ser humano, una gran competidora, así es hija en el vida muchas veces estamos a un segundo de ganar, sé que eres comprensiva con los profesores, pero para ellos también fue muy complicada la decisión, me gusta tu madures hija, como has tomado las cosas, tu autoestima está muy alta, sabes que has realizado infinidad de sacrificios, que haya afuera te espera un mundo gratificante que sabe del gran esfuerzo que has realizado.

Hija esto que acabas de obtener hoy en este gran escenario, de ahora en adelante, es tu personalidad, todo esto ya es parte de ti, el poder de tus pensamientos positivos te ha alcanzado, con la gran dicha plena de poder alcanzar tus objetivos con perseverancia, disciplina, eficacia, compromiso, el amor hija ya forma parte fundamental de ti, conoces lo que has obtenido, hoy en este día eres más fuerte, la energía ha sobrepasado tu gran espíritu, si gran gurú, estoy muy agradecida por este gran lugar me ha dado infinidad de experiencia y sabiduría, que podre aplicar en cualquier escenario que yo este, hija creo en ti, tus palabras llegan a mi corazón, sé que jamás te darás por vencida, que tu lucha será constante, que sabes que eres una gran guerrera dispuesta a superarse día con día. Gracias gran gurú por tus palabras motivantes, llenan mi corazón y se graban en mi mente, gran guerrera Akeilas, ve con la frente en alto satisfecha de tu gran esfuerzo, el mundo te espera con infinidad de opciones que le darán riqueza a tu vida y a tu camino, gracias gran gurú, se abrazan, se retira la gran guerrera que estuvo en este maravilloso escenario, me sorprendió su gran mentalidad, es un gran ser humano, que merecía ganar, pero la realidad es que todos los competidores que se fueron han merecido ganar, este gran escenario ha creado los mejores líderes del mundo, bueno es hora de descansar mañana me espera un fabuloso día.

Es domingo, hoy reviso el ultimo horario de las materias, es el siguiente;

Lunes	Profesor	Materia
8:00 a 10:45	Salomomr	Trascendencia de Elite
11:00 a 12:45	Laeva	Desarrollo Humano Global
12:50 a 13:50	COMIDA	
14:00 a 15:45	Teslac	Innovación Global
16:00 a 17:45	McYuretzili	Autorrealización Global
18:00 a 18:55	Edisonic	Creatividad de trascendencia
19:00 a 20:00	Noetherli	Yoga espiritual

Martes	Profesor	Materia
8:00 a 10:45	Salomomr	Entrenamiento Sofisticado de Elite
11:00 a 12:45	Markl	Inteligencia Mundial de trascendencia
12:50 a 13:50	COMIDA	
14:00 a 15:45	Vincir	Desarrollo de un perfil Mundial
16:00 a 17:45	Curielm	Liderazgo Global
18:00 a 18:55	Yessica	Valentía del Líder
19:00 a 20:00	Noetherli	Yoga espiritual

Miércoles	Profesor	Materia
8:00 a 10:45 Liderazgo de Elite	Yessica	Entrenamiento y
11:00 a 12:45 Global	Laeva	Desarrollo Humano
12:50 a 13:50	COMIDA	
14:00 a 15:45	Teslac	Innovación Global
16:00 a 17:45	McYuretzili	Autorrealización Global
18:00 a 18:55 trascendencia	Edisonic	Creatividad de
19:00 a 20:00	Noetherli	Yoga espiritual

Jueves	Profesor	Materia
8:00 a 10:45 Sofisticado de Elite	Salomomr	Entrenamiento
11:00 a 12:45 trascendencia	Markl	Inteligencia Mundial de
12:50 a 13:50	COMIDA	
14:00 a 15:45 Mundial	Vincir	Desarrollo de un perfil
16:00 a 17:45	Curielm	Liderazgo Global
18:00 a 18:55	Yessica	Valentía del Líder
19:00 a 20:00	Noetherli	Yoga espiritual

Viernes	Profesor	Materia
8:00 a 10:45	Salomomr	Trascendencia de Elite
11:00 a 12:45 trascendencia	Markl	Inteligencia Mundial de
12:50 a 13:50	COMIDA	
14:00 a 15:45 Mundial	Vincir	Desarrollo de un perfil
16:00 a 17:45	Curielm	Liderazgo Global
18:00 a 18:55	Yessica	Valentía del Líder
19:00 a 20:00	Noetherli	Yoga espiritual

Sábado	Profesor	Materia
8:00 a 17:45 Elite	Salomomr	Liderazgo Deportivo de
	Yessica	
18:00 a 20:00	Noetherli	Yoga espiritual

Domingo

Descanso estratégico; con opciones de trabajo de acuerdo a las necesidades del participante.

Nota importante:

Todas las materias van enfocadas, con el proyecto de cada competidor.

Comienzan las clases, existe una gran motivación entre los últimos 3 competidores, luchan día con día, con una energía descomunal, se identifica su liderazgo el por qué están aquí, sé que nadie se dará por vencido, la perseverancia es su fiel compañera, por igual los grandes profesores están con más energía, saben que es el último gran esfuerzo, porque sus alumnos sean los mejores, me quedo asombrado de las grandes materias que están llevando los competidores en este último mes.

Llega el tercer sábado del mes, estamos en el gran estadio, nuestra gran materia es Liderazgo Deportivo de Elite, nuestros grandes profesores están enfrente de nosotros para darnos las indicaciones, habla el profesor Salomomr: grandes competidores, hoy es un gran día, nuestro grupo ha disminuido, somos 6 competidores de elite dispuestos a realizar nuestro máximo esfuerzo, en la última gran prueba de este curso, me ha dado una gran satisfacción contar con un gran grupo, la gran retroalimentación que he recibido por parte de esta gran comunidad de competidores, los grandes participantes que se retiraron dejaron su huella plasmada en este gran lugar, pero estamos hoy presentes para hacer una historia, una gran historia en donde nuestro sudor, lagrimas, dolor no fue impedimento para ser campeones, hoy estamos dispuestos a entregar la vida misma ente los desafíos que nos proponga esta bella vida, nuestra valentía nos distingue, nuestro amor nos fortalece, tenemos el coraje de luchar hasta el final, sabemos que nuestro entorno tiene 360 grados, estamos ante la expectativa de lo que suceda, nuestro control espiritual, manifiesta nuestra conexión con el universo, hoy seré capaz de entregar toda la fuerza que hay en mí, agregándole los esfuerzos que sean necesarios, hoy nos enfrentaremos a una gran prueba, que nos dará un gran perfil de trascender, de mi depende si quiero cruzar las barreras del tiempo, acortándolas con la gran meta de ser un ganador.

El helicóptero nos llevara al punto de reunión donde haremos la gran prueba, todos están deseosos de saber el desafío, pero la vida jamás te dirá que es lo que sigue, serán cuestiones de momentos, de segundos, que sabrás a que te enfrentaras, habrá ocasiones que realices planeaciones, pero debes tomar en cuenta que no siempre van a salir perfectas, como un manual que puedas llevar a la práctica cuando desees, la vida te pondrá pruebas que te harán arrodillar, fracasar, caer, pero de ti depende si te levantas con más fuerza, lo predecible no existe, pero con trabajo y dedicación se puede cumplir una profecía de logro, la vida está llena de desafíos indescriptibles, que te hacen crecer, que te hacen valorar los tiempos de felicidad, de relajamiento, de disfrute, de alegría, cuando llega la tormenta, debes estar dispuesto a luchar, esperando la gran batalla, con decisión.

Competidores subamos al helicóptero un camino indescifrable nos espera, una nueva batalla que nos enseñara que los retos dan motivación, energía, fuerza, visualización, perspectiva, autorrealización, la capacidad de sentirse vivo, el conocer todos los sentidos, encontrar el poder espiritual, subimos al sofisticado helicóptero, tengo un poco de miedo, no sé lo que nos espera, lo que si se es que es algo muy fuerte, en las palabras del profesor se nota el peso del desafío que nos espera, es el último de estos grandes desafíos, me imagino que los profesores tienen que haber hecho una gran prueba en donde los recordemos por siempre, siento que mi corazón late muy fuerte, voy a tener que utilizar los ejercicios de relajación que nos enseñó la profesora Noetherli, en yoga espiritual, después de un momento, ya me siento mejor, esto es genial como cada clase va enfocada, ala autorrealización, todos los obstáculos que se presentan en nuestro día, es eficaz buscar soluciones, todos los profesores han cumplido el gran conocimiento que nos han transmitido se ha convertido en sabiduría, es nuestro tesoro, nuestra gran caja de herramientas lista para enfrentar las barreras que nos impidan continuar nuestro camino, los profesores los noto pensativos, saben la gran responsabilidad que les espera, saben que tienen que explotar al máximo el gran potencial con el que contamos, estamos llegando, el gran helicóptero baja con una gran suavidad, como si estuviéramos en una alfombra muy acolchonada, todos bajamos, los profesores están enfrente de nosotros, competidores, los dejo con la profesora Yessica a continuación les leerá un epitafio que contribuye a la superación personal y dice así;

En tu mente, en tu vida, lo más importante es ganar

El conformismo no existe.

Cada día es un día nuevo, en el que debes entregar todo lo que tienes.

Piensa en tu familia, en tus seres queridos, que van a observar en ti.

Visualízate como un ganador.

Se consiente de los sacrificios que harás para conseguir lo más preciado que es ser un ganador.

En cuestiones competitivas, no hay nada más importante que ser el ganador.

Tu espiritualidad trasciende en el universo, cuando eres ganador, tu brillo renace.

Has perdido batallas, pero no la guerra, tu mentalidad está en ganar, piensa que los milagros existen.

En tu mente, en tu vida, lo más importante es ganar.

Lucha constantemente, si las cosas no se dan como esperas, saca la perseverancia a flote.

Tu objetivo siempre debe estar presente, perdiendo la noción del tiempo.

Día con día tu armadura tiene que estar lista para la siguiente batalla.

Cuando la obscuridad invada tu camino, lucha con más fuerza.

La luz será el premio mayor a tu fuerza, el gran aliento para seguir adelante con más fuerza.

Desaparece de tu vida el conformismo, los pretextos, la irritabilidad.

Disfruta cada momento como si fuera el último día que estas en este bello mundo.

En tu mente, en tu vida, lo más importante es ganar.

Ve cada nuevo desafío, como una nueva esperanza, como un camino nuevo lleno de aprendizaje.

Toma las opciones que te da la vida, como un gran regalo.

Sueña, los milagros existen y te dan sorpresas cuando no encuentras salida.

Hoy me he dado cuenta que lo más importante es ganar.

Cuando eres un ganador, las nubes se hacen más cortas, existe una gran conexión con el universo.

Cuando eres un ganador las montañas reducen su tamaño.

Cuando eres un ganador los obstáculos te llenan de energía, te dan poder.

Cuando eres un ganador tu espiritualidad crece.

Cuando eres un ganador, tus sentidos vuelven a nacer, dándote una perspectiva más amplia de lo que sucede a tu alrededor.

Cuando eres un ganador tu legado está listo, para iluminar a las futuras generaciones.

En tu mente, en tu vida, lo más importante es ganar.

Tu compromiso, debe estar tatuado en tu mente y tu corazón, voy a luchar hasta el final por ser un ganador.

Cuando el miedo desaparece, la valentía te da más tranquilidad, para ser un ganador.

El universo siempre va a ser testigo de tus pensamientos, de tu sensibilidad, de tus emociones, de tu motivación.

Ganar es mi prioridad, ganar es mi base, ganar es mi plataforma espiritual hacia la realización.

Habrá factores externos que impidan mis logros, con los factores internos debo combatirlos siendo positivo, perseverante, con el hambre de trascender.

Mis capacidades se fortalecen, de los fracasos aprendo, mis caídas no me impiden continuar.

Estoy consciente de que para trascender debo hacer cosas extraordinarias.

Manifiesto mi compromiso que lo más importante es ganar.

Competir cualquiera lo puede hacer, pero ganar es un camino pequeño, que lo percibe el universo.

Tengo el poder de esforzarme al máximo, mi victoria me motivara para seguir adelante.

Mi premio día con día será haber dado todos los esfuerzos necesarios.

En tu mente, en tu vida, lo más importante es ganar.

Competidores es una gran satisfacción y motivación estar con ustedes ante una gran prueba, como lo dijo el profesor la vida estará llena de obstáculos impredecibles, nuestra manifestación debe estar consiente, como lo vimos en las clases, debemos manejar un entorno consiente de 360 grados a nuestro alrededor, el conocimiento de lo que nos rodea es satisfactorio para lograr nuestras metas y objetivos, competidores en 20 minutos realizaremos la gran prueba que consiste;

1.-nadar 10 kilómetros en el mar

2.- Enfrentar el oleaje que se presente con los conocimientos adquiridos

3.- enfrentar los obstáculos mentales que impidan la realización

Tenemos que llegar a la otra isla que se alcanza a observar, vamos a recibir la máxima protección de un equipo de logística moderno y futurista, el camino será indicado desde el comienzo de la salida, si quieren hidratarse los vehículos náuticos les proporcionaran lo que necesiten, es una gran prueba que nos manifestara un entorno natural, creativo, será un gran escenario en donde se pondrá a prueba nuestras habilidades obtenidas, en unos minutos más se dará la salida, estén alertas.

Que gran discurso el de la profesora, que gran motivación, que gran prueba nos espera, lo veo como lo máximo por realizar, me siento como un competidor más, sé que soy el gran observador, pero ha sido genial estar involucrado con los competidores y la gran eficacia de los profesores, suena un gran disparo que retumba en mis oídos, la adrenalina me invade, estoy listo para el gran reto, somos un gran grupo de 6 nadadores dispuestos a trascender con esta gran prueba, que me pasa estoy sintiendo mucho miedo, el oleaje está muy fuerte, creo que me voy a dar por vencido, no, debo tranquilizarme, si fuera fácil esta gran prueba cualquiera la haría, esto es lo máximo nadar en el mar, ante una fuerza indescifrable, voy a seguir luchando y disfrutando este gran momento, gracias Dios mío ya me tranquilice, ya estoy a finales de estas grandes pruebas, de este gran camino, no es justo darme por vencido, donde está la gran filosofía que han transmitido los profesores en cada una de sus aportaciones y de sus grandes discursos, es un gran camino tenemos una gran tecnología que nos rodea, pero la inmensidad del mar nos controla, nunca he nadado 10 kilómetros, pero es una gran prueba que despierta mis sentidos, me llena de adrenalina, todos los competidores y los profesores están luchando ante algo impredecible, al continuar mi camino una ola gigante atraviesa mi cuerpo y me dirige en otro sentido, creo que me estoy perdiendo, pero alcanzo a observar la gran isla que es nuestro objetivo, escucho un helicóptero que me indica que vaya hacia la derecha, sé que si me llegara a perder, únicamente debo nadar hacía la isla, el oleaje es impresionante, desde que salí en lugar de disminuir, va en aumento, las persona que se encargan de la logística y que nos están cuidando, no alcanzan a vernos, lo que les ayuda es la pulsera que indica donde estamos, me estoy desviando del lugar continuo nadando.

Dios mío ayúdame, esto es el infierno, el oleaje está tremendo, estoy con temor que me ataque algún animal acuático, me localizan me indican que me van a sacar de la prueba, debido a las condiciones del clima, les digo con fuerza, no nunca me voy a dar por vencido, es un coraje inmenso, déjenme continuar, sé que puedo estoy preparado, me dicen que si quiero salir de la competencia que presione el botón que está en mi pulsera, si es presionado emitirá ondas de frecuencia detectadas en segundos, tocar el botón, jamás ya me dejaron estoy solo ante esta majestuosidad, saber que únicamente apretando un botón estaría en mi zona de confort dejando de seguir luchando, eso jamás, mi objetivo la isla, me da un gusto enorme, que ante el gran oleaje, la isla se observa, es fabuloso, pero a la vez siento miedo, no sé qué vaya a encontrar en este lugar a lo mejor un tiburón hambriento, una mantarraya, no lo sé, pero me están llegando mensajes a mi mente que me producen miedo, recuerdo al gran conductor de televisión que una mantarraya con su aguijón perforo su corazón, que miedo, pero tengo que continuar con más fuerza.

Dios mío cuídame, sé que nada más nos acordamos de ti cuando tenemos problemas, pero ayúdame a lograr esta gran meta, he perdido al grupo estoy solo en este lugar aquí en este inmenso mar, se me acerca un vehículo náutico indicándome que si estoy bien y que debo nadar más hacia la derecha, me dicen que hay un gran edificio que ya se observa, que ese sea mi punto de referencia, continuo mi camino ya vi el edificio, pero son varios, bueno voy a continuar nadando, que pasaría con mi grupo, ya estarán próximos a llegar, he perdido noción del tiempo, estoy nadando con una fuerza impresionante me urge cumplir con esta meta, me voy a imaginar que yo soy el ganador, mitigare el cansancio, ya estoy llegando casi a la orilla, observo varios edificios grandiosos, con estructura futuristas que adornan la isla, se me acerca un vehículo náutico, me indica que siga nadando a la derecha, que ya me desvíe mucho, que el edificio, es majestuoso y brilla como el oro, que continúe así y que en cualquier momento lo observare.

Después de un tiempo interminable y casi queriendo llegar a la orilla, observo el gran edificio, ya casi llego, voy entregar mis últimas fuerzas, la cintura me duele muchísimo, me voy a relajar para evitar el dolor, no desaparece el dolor de cintura, voy a pensar en la gran meta y del premio que me espera que es un gran descanso, me escoltan varios vehículos náuticos hacia la meta, me siento con más energía, ya observo la playa, mis ojos ven mejor el fondo, ya casi llego a la orilla de la playa, fue demasiado tiempo, pero voy hacer los esfuerzos necesarios para lograr la meta, ya estoy por pararme, mis ojos observan el gran premio que es llegar a la meta, me levanto a correr con fuerza, pero caigo, continuo hincado, me vuelvo a parar, vuelvo a caer, que esfuerzo Dios mío, pero ya estoy en la meta, respiro profundo me levanto y corro, cruzó la meta esto es genial, mis compañeros, ya habían llegado, fui yo el ultimo, híjole que decepción pero ni modo, para mí fue un gran logro haber llegado después de que me perdí, si, salve mi vida, estoy feliz por que logre cruzar la meta, pero mi felicidad hubiera sido completa si fuera el ganador, en unos momentos sacaran las listas de los ganadores y como quedaron los lugares, estaban esperando que yo llegara, cheque mi pulsera y me indica que la distancia que recorrí por haberme perdido fue de 11,357 mts. Lo genial fue que hice más de 10 kilómetros que era la meta, lo que no me gusto fue que me perdí, arriesgue mucho mi vida, estoy contento de haber logrado mi meta, pero hubiera querido ser el campeón, ganar es lo máximo que puede existir. Así quedo la tabla de competencia;

1.- Profesora Yessica

2.- Profesor Salomomr

3.- Rosalinda

4.- Mahatmae

5.- Ryud

6.- Richc

La profesora gano, que gran atleta es, nunca imagine ese gran resultado, los profesores terminaron en la cabeza de la gran competencia, que genial y fantástica competencia, pensé que no lo iba a lograr, el profesor se dirige a nosotros nos abraza, nos dice, grandes competidores estoy feliz, hemos logrado una meta extraordinaria, a pesar de las inclemencias de nuestra naturaleza, se cumplió este gran objetivo, el profesor está llorando, todos lo seguimos es una gran meta genial que hemos cumplido, yo Richc, salve mi vida, sé que entregue todo de mi pero no fui el ganador, tengo que seguir trabajando, porque lo más importantes es ganar, todos expresamos nuestras emociones por la gran meta lograda, el profesor nos indica respiren profundo, repitan conmigo esta gran oración con los ojos cerrados;

Gracias gran mar que permitiste que te cruzáramos.

Gracias gran mar por permitirnos llegar con vida a este gran lugar.

Gracias gran mar por dejarnos expresar lo magnifico que eres.

 Gracias por darnos la oportunidad de conocer una mínima parte de tu entorno.

Gracias gran mar, reconocemos que no fue fácil estar aquí.

Gracias gran mar por hacerme trascender ante lo extraordinario.

Gracias gran mar, fue espectacular, fantástico, nuestro encuentro.

Gracias gran mar, por permitirme, utilizar mis energías y mi cansancio agotador.

Gracias gran mar por dejarme vivir una gran experiencia.

Gracias gran mar porque me dejaste encontrar espiritualidad en este gran cruce.

Gracias gran mar por darme la oportunidad de sentir que el universo me acompañaba.

Gracias gran mar por la gran travesía que me permitiste realizar.

Gracias gran mar por dejarme cumplir un sueño más.

Gracias gran mar, tu poder es único.

Competidores hemos cumplido con una gran meta que el destino nos fabricó, teniendo opciones de rendirnos y no enfrentar un gran obstáculo que se presentaba a nuestras vidas de forma impredecible, enfrentarlo fue una experiencia más que se unió a nuestra sabiduría, el universo es testigo de nuestra trascendencia, que hicimos a un lado nuestros temores y resolvimos con valentía nuestro camino que se presentaba con tormentas, la luz nos ilumino el camino, con la gran esperanza de alcanzar nuestro propósito. Los dejo con la profesora Yessica, es para mí jóvenes una felicidad inmensa cumplir con esta gran meta, en donde todos estamos vivos, reviviendo ilusiones de continuar nuestro camino hacia la búsqueda de la realización, sabemos que lo importante es ganar, pero en ocasiones hay batallas que nos dan la felicidad de únicamente sobrevivir, que es valioso para continuar luchando, sé que existen infinidad de sentimientos encontrados, pero la prioridad es sacar a flote, el máximo logro que acabamos de realizar, hemos cumplido la máxima meta, nuestra huella y trascendencia quedaran grabadas en la historia misma, de nuestras vidas, el legado que estamos construyendo, el universo es testigo de historias reales de vida, que están dispuestas a entregar todo por conseguir los objetivos y metas necesarios para trascender. Disfrutamos de la gran isla, nos trataron como verdaderos campeones, nuestras mentes grabaron en la historia, una situación fantástica y espectacular que nunca se borrara, las grandes experiencias quedan tatuadas en la mente y el corazón.

Capitulo VII

Llega el último sábado de la competencia, son sentimientos encontrados y a la vez nostalgia, porque la gran aventura ha terminado, hoy se sabrá quién es el gran ganador, después de todo este gran tiempo de conocimientos encausados hacia la sabiduría y una filosofía de vida extraordinaria, todos sabemos que los objetivos previstos se han cumplido, sabemos que la historia apenas comienza, el futuro ganador tiene la gran responsabilidad, que con su proyecto las futuras generaciones, complementen sus vidas con sentido y felicidad, su proyecto global del ganador será la materia prima que llene los rincones que el mundo necesita, estamos a 10 minutos que comience la ceremonia, todos están nerviosos, los profesores puntuales enfrente de nosotros, con las ultimas anotaciones de su gran decisión, de ellos también depende quien será el futuro líder que con su proyecto dará luz a varias vidas en el mundo.

Soy la profesora Yessica Entrenador Deportivo Fuerzas Especiales, son las 3 de la tarde, hoy como todos es un gran día, pero a la vez es especial ya que hoy sabremos quién es el gran ganador de esta gran competencia, los profesores reunidos, saben el gran esfuerzo que se ha pasado para llegar a este grandioso momento, en donde el gran ganador nos representara por siempre, a nuestra gran organización, con sentido altruista mundial, todos los competidores han sido un gran eslabón, para que la cadena del gran proyecto, salga con fuerza ante la humanidad, todos han sido unos competidores excelentes, que le han dado a nuestras vidas un gran sentido de pertenencia, es para mí genial y satisfactorio mencionar en estos momentos al tercer lugar, es un gran competidor, que lucho día con día, tormenta tras tormenta, su filosofía fue ganar, pero las evaluaciones son necesarias para la trascendencia de los objetivos, el genial competidor que se va es, una persona que mostro que la motivación puede surgir de lugares inimaginables, que su fe y esperanza lo llevaron a este gran lugar, es un gran guerrero que gano infinidad de batallas, pero hoy tenemos que decir que el competidor que se retira es, la persona que manejo sus emociones con sinceridad, que supo que estar aquí requería de valentía, perseverancia, amor a lo que hacía, el gran competidor que se retira es el numero;

12.- Nombre: Ryud

Edad: 27 años

País: Japón

Profesión: Ingeniero en electrónica

Proyecto: Aprovechamiento de la energía solar

Deporte: Karate

Idioma: Japonés, Inglés, Alemán

Altruismo para el mundo: Utilizar la energía solar para desaparecer la pobreza en el mundo, transportes con energía solar, electricidad, alimentos.

Su gran proyecto es motivante, pero el camino continua, despídanse de el con un fuerte y grandioso aplauso, todos se despiden de él, con lágrimas en los ojos, se dirige a todos los profesores dándoles agradecimiento y un gran abrazo, se retira Ryud, por el gran túnel, es el tercer lugar de esta competencia.

Continuamos es difícil esta situación, pero nuestra buena causa amerita los grandes sacrificios, todos los competidores que han pasado por este gran lugar, su huella quedo grabada, es magnífico apreciar cada una de las habilidades y fortalezas, que ejemplificaron a cada competidor, antes de continuar con la salida del ultimo competidor, quiero que observen este video genial, de 30 minutos de una recopilación de todos los competidores, con sus profesores, es genial observar estas grandes historias de vida que se vivieron en este gran lugar, comenzamos, observamos el video que fue editado de manera genial, muestra cada personalidad del competidor y su estancia en breve de lo que lo caracterizo, todos quedamos asombrados con el video, todos mostraron su lado emocional con lágrimas, nadie quiere irse, es genial como este proyecto está hecho con gran amor.

La gran fiesta continua el segundo lugar será para una gran persona que manifestó su grandeza por medio de los hechos, su gran sensibilidad nos enseñó, que la prioridad del trabajo en equipo se tenía que realizar siempre, que la práctica constante, llevaba premios que se podían disfrutar en el día a día, la satisfacción de haber entregado el máximo esfuerzo en cada actividad que se desempeñaba, el competidor que se retira es, un gran ejemplo a seguir, merecedor también del primer lugar, pero sabemos que en las grandes responsabilidades se deben realizar sacrificios, el gran competidor que se retira es, una gran persona que trascendió, con un enfoque de 360 grados, es magnífico y fantástico convivir con este gran líder, su liderazgo es ejemplar, sus éxitos suenan como campanas de logro ante las tormentas, el gran competidor que se retira es, una persona con gran motivación, con gran perseverancia, con gran control, con gran espiritualidad y con una gran conexión con el universo, el gran competidor que se retira es el numero;

2.- Nombre: Rosalinda

Edad: 32 años

País: México

Profesión: Ingeniero en alimentos

Proyecto: Alimentación nutritiva para el mundo

Deporte: Natación

Idioma: Español, Inglés, Japonés

Altruismo para el mundo: crear tus propios alimentos que sean nutritivos y agradables.

Todos se despiden de ella, pero Rosalinda estará junto con Ryud y el ganador, en la ceremonia de premiación. Ustedes ya se imaginan quien es el gran ganador, es un gran guerrero, nuestro digno representante, la gran responsabilidad que le espera es importante, pero sabemos que el gran proyecto Misión, eliminar la pobreza mundial, está en buenas manos, nos mostró durante su estancia aquí como se deben realizar los proyectos con dedicación, amor, perseverancia, espiritualidad, estamos grandiosamente orgullosos de ti el ganador es;

11.-Nombre: Mahatmae

Edad: 24 años

País: India

Profesión: Físico matemático

Proyecto: prestar dinero para creación de negocios que den empleo

Deporte: Yoga

Idioma: Hindi, Inglés, Español, Francés, Italiano, Ruso, Chino

Altruismo para el mundo: Utilizar la creatividad e innovación para fomentar que la población en el mundo, cree sus propios empleos proporcionándoles financiamiento a los proyectos que tengan futuro.

Es una celebración esplendida, juegos artificiales, confetis, todo lo que lleva una gran fiesta, todos los profesores se notan felices de haber logrado seleccionar al gran ganador, comienza la ceremonia de premiación, el pódium está esperando a los finalistas y al gran ganador, sale debajo del piso tocando una orquesta, que llena los oídos de grandes sensaciones, es un himno al triunfo, a la relajación, al descanso, porque casi acaba el día de hoy, pero las sinfonías motivan a que el trabajo no ha terminado, que estamos comenzando, sale una dama en un escenario movible, que se encuentra a un costado de la orquesta comienza a cantar;

El triunfo, llena nuestros corazones

Las lágrimas han desaparecido, ha llegado la tranquilidad.

Nunca imaginé el resultado, pero siempre me esforcé al máximo.

La dicha llego a mi he logrado lo máximo que es el éxito.

Pero sé que todavía no termina, mi rumbo, mi rumbo.

Tengo que seguir trabajando, tengo que seguir luchando.

Mi amor es tan grande por lo que hago, mi dicha creció día a día.

He ganado una gran batalla, pero continúa un gran camino, por resolver.

Para mi estos son los inicios, un suspiro a mi vida, un premio de aliento.

La vida continua, el tiempo no se detiene, estoy feliz y disfruto hoy.

Mañana no lo sé, si volveré a sentir esta gran felicidad.

Me invade la pasión, vuelve mi energía, mi invade el amor.

El universo, el universo, el universo, el universo fue único testigo.

Los milagros existen llegaron a mi vida comenzando por un sueño.

Mi amor es tan grande por lo que hago, mi dicha creció día a día.

He ganado una gran batalla, pero continúa un gran camino, por resolver.

Para mi estos son los inicios, un suspiro a mi vida, un premio de aliento.

La vida continua, el tiempo no se detiene, estoy feliz y disfruto hoy.

Mañana no lo sé, si volveré a sentir esta gran felicidad.

Lo que si se, es que debo amar con todas mis fuerzas.

Que cada día debo vivirlo al máximo, como si fuera a morir.

Morir para vivir, morir para vivir, morir……para…. Vivir.

Que fantástica canción muestra el lado humano del logro, la trascendencia, cada nota es espiritual, cada nota tiene conexión universal, continuamos con la ceremonia, en este momento se hará la entrega de premios y reconocimiento al tercer lugar Ryud, estos son los premios que recibirás;

1.- Una beca en la mejor escuela del mundo.

2.- Un grupo a tu cargo de mentes maestras para llevar acabo tu proyecto.

3.- Un viaje para todas las personas, que desees que vayan contigo, durante un mes al lugar del mundo que quieran.

4.- Premio en efectivo.

5.- Reconocimiento y medalla de Bronce.

Para el grandioso segundo lugar Rosalinda estos son los grandes premios que recibirás;

1.- Una beca en la mejor escuela del mundo.

2.- Un grupo a tu cargo de mentes maestras para llevar acabo tu proyecto.

3.- Un viaje para todas las personas, que desees que vayan contigo, durante un mes al lugar del mundo que quieran.

4.- Premio en efectivo.

5.- Hacerte un sueño que desees, realidad.

6.- Reconocimiento y medalla de Plata.

Para el primerísimo lugar, el gran ganador Mahatmae el premio es;

1.- Llevar a cabo tu proyecto a nivel mundial.

2.- Te proporcionaremos el mejor grupo del mundo de mentes maestras, para llevar a cabo el proyecto.

3.- Un viaje para todas las personas que desees que vayan contigo, durante dos meses al lugar del mundo que quieran.

4.- Premio en efectivo.

5.- Hacerte dos sueños que desees, realidad.

6.- Reconocimiento y medalla de Oro.

Termina la gran ceremonia, los ganadores están en el pódium, el ritual es semejante a la mayor competencia en el mundo existente, los ganadores les toman infinidad de fotos, el rostro de felicidad que tienen es algo único es un gran alivio, los profesores se unen a la fiesta esta felices, saben que el trabajo continua, pero que las bases ya están formadas de la gran estructura que se piensa formar, todos los competidores reciben un memorándum del gran gurú Taoci, en donde están los horarios que los recibirá, es una gran despedida, terminando de hablar con él se retira el segundo y tercer lugar de la isla, el gran ganador se retirara al otro día, en el memorándum, quedaron los horarios de la siguiente manera;

1.- Ryud 17:30 templo del gran gurú

2.- Rosalinda 18:30 templo del gran gurú

3.- Mahatmae 19:30 templo del gran gurú

Ya estoy en los monitores a la expectativa del tercer lugar Ryud que va hablar con el gurú Taoci, son las 17:25, ya está llegando al templo, gran gurú, si hijo adelante te estaba esperando, gracias gran gurú, mi mayor deseo era ganar y casi lo podía asegurar, si hijo en realidad eres un gran competidor, lleno de mucha inteligencia, hoy te vas con mucha sabiduría, lo sé gran gurú, la página de mi pasado ha quedado cerrada, mi perfil hoy es diferente, cuento con otra mentalidad, decido quedarme con esta, te felicito hijo has madurado muy rápido, tu estancia en esta gran lugar ha sido enriquecedora, tus fortalezas han crecido, tu espiritualidad ha trascendido, tu manifestación hacia el universo despide una luz que está en constante comunicación, hijo eres un gran ser humano, que gozara por siempre de mucho éxito, como ves la vida, es lo que te pertenece, tus pensamientos positivos ha generalizado tu mente, un pensamiento que te hace universal, tu liderazgo será fructífero, donde quiera que te encuentres, tu manifestación será tomada en cuenta ya que reúnes las grandes características esenciales de un gran líder, encontraras en tu camino infinidad de personas orgullosas de ti, de tus logros, de tus adelantos innovadores y futuristas, pero con la base principal de vivir el presente al máximo.

Gran gurú voy a extrañar este grandioso lugar, lo se hijo esto es un paraíso terrenal, pero esto que viviste lo puedes concebir a fuera, sé que hoy no piensas en las riquezas, sabes que lo único que es base en esta vida, para las grandes estructuras es la felicidad, te das cuenta hijo, nunca has buscado las riquezas, siempre te ha gustado esforzarte al máximo, pero sabes que alrededor de ti la riqueza es abundante, hijo continua tu camino con fuerza, has crecer tus fortalezas, has aun lado tus debilidades, tus huellas serán constantes, tu camino tendrá obstáculos pero estará lleno de abundancia, tu familia contara con un reconocimiento a tu persona, que trascenderá por generaciones, el desarrollo humano será tu prioridad, te rodearas de individuos comprometidos, por buscar el éxito, cultivando la excelencia, hijo ve con Dios y que te ilumine el universo, muchas gracias gran gurú, fue fantástico para mi platicar contigo, tu sabiduría me ha transportado, doy gracias por todo lo que he obtenido en este lugar junto con tu conocimiento, soy más espiritual, sé que pertenezco al grandioso universo, se despiden con un gran abrazo, se ven en los monitores una gran aura de energía que los rodea.

Que magnificas palabras del gran gurú, cultiva en ti el conocimiento, los pensamientos positivos, la perseverancia, el amor, la espiritualidad universal, faltan unos minutos para las 18:30, estoy esperando al competidor que obtuvo el segundo lugar Rosalinda, ya la observo en los monitores, ya casi llega al gran templo, se oye la voz del gurú, hija adelante dime te escucho, gran gurú estoy un poco pensativa, mi pregunta porque no me dieron el primer lugar, me sentía muy capaz de ser la ganadora, lo eres hija desde que llegaste a este gran lugar eras considerada una ganadora, ahora que te vas con mayor razón, yo te observo como una gran triunfadora, que dispuso de todas sus herramientas para hacer realidad su sueño, todo el tiempo manifestaste con tus hechos a que venias y era a ganar, eres una grandiosa mujer que trascenderá por siempre.

Gran gurú pero no tengo el primer lugar, hija como lo han dicho los profesores en esta vida se tienen que hacer sacrificios y muchas veces esos son, tú eres para mí una gran campeona, no ganaste, pero estuviste a punto de ganar, tú entrega total cada día, manifiesta tu conexión universal, eres un gran líder, ejemplo a seguir, la facilidad con la que manejas los retos te hacen especial, lo que si te digo es lo que te propongas en tu mente es realizable, sabes que los sueños se hacen realidad y sabes que los milagros existen, hija camina siempre con la frente en alto, con tu percepción de 360 grados, que sabes que cuando ves el exterior complementas tu vida, si trabajas con entusiasmo interiormente te haces más fuerte, tienes un perfil de seguridad, porque sabes quién eres y a que has venido a este maravilloso mundo, te invito a que seas como eres, siempre luchando cada día con mayor fuerza, hay muchas metas que te esperan allá afuera, con la iniciativa de comenzar cualquier proyecto, un tesoro grandioso, es que ha desaparecido el temor de tu mente, has encontrado la sincronización, de cómo llevar a cabo tus planteamientos, tienes un potencial maravilloso, que te da el don de convertir los sueños en realidad.

Gracias gran gurú por tu apoyo, por tus grandes palabras, por tu sabiduría, hija ve con Dios y con la gran ilusión de lograr lo que te plazca, con perseverancia, dedicación y amor, se abrazan un aura brillosa los envuelve. Voy a extrañar sus palabras del gran gurú, los consejos e intervenciones que plasman su grandeza, el gran campeón está próximo a llegar son las 19:25, ya lo observo en los monitores el gran campeón Mahatmae, adelante hijo, adelante gran campeón, gracias gran gurú, vengo a darte las gracias por tus grandes consejos que hicieron de mi un persona más humana, más espiritual, hijo yo estoy aquí para ayudarte cuando sea necesario, te admiro hijo sacaste todo tu potencial, todas tus herramientas, todas tus fortalezas, que imaginaste que no existían, si gran gurú, este lugar espiritual ha servido para encontrarme conmigo mismo, nunca por mi mente paso ganar y ser el máximo representante de este gran lugar, de este gran proyecto, si hijo me da gusto que sabes la responsabilidad que tienes en tu ser, eres un gran hombre, que siempre ha luchado, hoy sabes que tienes que luchar con más fuerza, porque eres un gran líder que representa a una gran comunidad, que representa al mundo, tus pensamientos globales, los encamino a tu espiritualidad que sobresale y tus ideas universales, hijo disfruta estos grandes momentos, goza con tu familia, tus seres queridos, para cuando ya te incorpores a aplicar el proyecto ya estés listo, gran gurú me siento con tanto entusiasmo que soy capaz de seguir y no descansar, lo se hijo tienes una energía magnifica que te caracteriza, pero es importante que tomes un descanso para que llegues con más fuerza, dispuesto a entregar todo, dispuesto si es a morir para vivir.

Si hijo cuando concluimos una meta y como tú con un gran triunfo es importante celebrar, ya que no fue fácil estar aquí ente grandes competidores, tu aprendizaje es pleno, siempre debes tenerlo en práctica constante, tu trascendencia es real, sofisticada, futurista, gracias gran gurú me encantan tus palabras geniales, hijo es algo que te corresponde fuiste el ganador, reconozco tu trabajo, tu labor, tu conciencia, tu conexión con el universo, gracias gran gurú, tuve problemas en el pasado, pero hoy mis cicatrices han desaparecido, me han hecho un ser humano que valora lo qué le rodea, si hijo tu sentido universal, le pertenece a los grandes líderes, tu heredaste esa fortaleza espiritual te conecta con el universo, hijo se siempre cómo eres, no necesitas cambiar nada de ti, sabes que hoy tienes que luchar con más fuerza, porque el mañana es incierto y el pasado sabes que únicamente debes consultar lo bueno, se positivo que tu corazón se llene con la aura de la felicidad, que la vida plena, las sonrisas, el disfrute pleno de lo que haces, le den sentido a tu vida, busca siempre tus complementos, aprovecha todas las opciones que te de la vida, la vida es única, los instantes muchas veces son irrepetibles, ama con fuerza, disfruta del amor al máximo, tus encuentros espirituales con el universo, sabes que los milagros existen y que todo comienza con un sueño, que cuando menos te lo esperas se puede hacer realidad, si gran gurú y muchas gracias este fue un gran sueño hecho realidad, un gran milagro nunca imaginado, me espera un gran trabajo, sé que en estos grandes momentos únicamente voy a disfrutar lo que tengo con todos mis sentidos.

Hijo ve con Dios, con mucha fuerza, mucha valentía, hoy hijo a acabado esta gran historia, pero comienza una nueva, eres el gran ganador de este gran proyecto Misión, eliminar la pobreza mundial, pertenecen al mundo las tecnologías globales serán fieles compañeras, unidas a las mentes maestras que estén a tu cargo, tu vida está llena de sentido, iluminaras muchísimos corazones alrededor del mundo, gracias gran gurú por tu apoyo, necesito tus bendiciones para continuar mi gran camino hacia la realización de un gran mundo que cuente con lo necesario para ser feliz, que todo el mundo se sienta orgulloso que se cumplan sus expectativas más básicas, hijo te bendigo en nombre del gran proyecto, todos los que formaron la gran organización en donde diste tus primeros pasos serán bendecidos por siempre, ya comenzaste hijo una serie de pasos que han creado las bases, para la gran estructura que se formara alrededor del mundo. Se abrazan la luz brilla como el sol, las buenas intenciones iluminan cualquier corazón, le espera un gran trabajo al gran ganador Mahatmae, se cumplió el milagro más grande de tener al ganador, ahora, tenemos que seguir soñando para que se logre el milagro más grande de toda la historia en el mundo "Misión, eliminar la pobreza mundial".

Existe una convocatoria mundial, en donde se buscan líderes comprometidos, con soluciones a las problemáticas existentes, en el perfil la innovación, la creatividad juega un papel muy importante siendo la base principal de cualquier estructura que se desea construir. Los retos existentes en el mundo globalizado, solicitan eficiencia, perseverancia, humanidad.

La transformación del mundo de forma positiva requiere de mucho trabajo y valor, para enfrentar los retos que están día con día, son grandes obstáculos que impiden la realización, el líder debe adaptarse con las herramientas que cuenta, haciendo a un lado los pretextos o fundamentos infundados que evitan la realización.

El líder de hoy debe tener el coraje de surgir de donde nadie imagino, en donde todos daban por perdido el proyecto, ahí es donde los grandes guerreros tienen que enfrentar la batalla que se presente, con la gran visión de encontrar la transformación hacia la realización, el enfoque manifiesta atreverse a inventar a crear ideas que hagan un mundo mejor, en donde las futuras generaciones se han observadoras con la premisa de que los sueños se hacen realidad, que las propuestas positivas que se lleven a cabo, cuentan para un mejor modo de vida.

Las tecnologías son una gran herramienta que facilita las comunicaciones, agiliza el intercambio de ideas, para la realización de objetivos determinados en lapsos de tiempo, metas a corto, mediano y largo plazo, en estos días se cuenta con mayor proyección hacia el éxito, con sus grados de dificultad, las barreras que simplifican los logros, deben derribarse con el gran sueño de un cambio que beneficie a las poblaciones, las comunidades en el mundo, buscan ejemplos fructíferos de enseñanza, para aplicarlos en sus organizaciones.

El hambre de conocimiento existe en el mundo, los líderes deben manifestar con el ejemplo, de que todo objetivo puede tener resultados con una gran dedicación, el amor hacia los proyectos manifiesta el entusiasmo, la gran energía que se necesita en tiempos de crisis, la motivación que llega en tiempos de tempestades, es necesaria para la realización, los grandes proyectos enfocados en la humanidad, adquieren un gran valor agregado, que por siempre se manifiestan en las sociedades.

Los fracasos pueden ser grandes barreras que impidan nuestro camino, pero es necesario comenzar a enfrentar cualquier reto que se presente, con la gran valentía en el presente, liberando todos los sentidos para estar a la expectativa de lo que nos espera por la gran convicción y atrevimiento de querer cambiar nuestra historia de vida, estar dispuesto a enfrentar lo que se presente es una gran armadura ante las tormentas y adversidades "En los fracasos no es todo dolor, te dejan grandes experiencias de cómo no se deben hacer las cosas" lo magnifico de la vida es el gran aprendizaje que te deja la práctica, es una gran realidad cuando te encuentras trabajando para conseguir tus objetivos, no será un camino fácil todo en esta vida tiene su grado de dificultad, de ti depende como estés dispuesto a tomar ese gran reto.

"El camino al éxito, no esta tan lejos como pensamos, se nos hará más corto si centramos nuestra mente en alcanzarlo; con esfuerzo, lucha y determinación", conseguir el éxito no es fácil, pero si lo consiguieras sin dificultades que valor le darías, cuando batallas, luchas constantemente y la realización del proyecto no llega, la desesperación te visita, te preguntas constantemente y balanceas todo el peso de lo que has hecho, de lo que has sacrificado para estar ahí en busca de tu meta, tu valorización en ocasiones es cruel te llena de amargura, al saber que no has conseguido tus prioridades, pero cuando llega la gran luz a tu vida que es el éxito, es ese gran vaso de agua que recibes en el desierto, ese gran premio que valoraras por siempre, el éxito tiene grandes grados de dificultad, pero ten en mente por siempre, que vale la pena el gran sacrificio.

¨La semilla que siembres, dependerá de ti si se marchita o crece¨, inicia tu proyecto con fuerza, sueña, mantente enfocado, haz tu realización parte de ti, tus grandes intenciones te acompañaran por siempre, pensar positivo, pero con un gran trabajo y perseverancia, te abre las puertas al gran logro, la manifestación enfocada en el gran instante que te pertenece, que es el gran presente, será una base necesaria para determinar, los pasos que te lleven a cosechar ese gran fruto preciado, que tu creaste dispuesto a entregar la vida misma, por recibir el gran trofeo a la realización de lo que comenzaste, ese producto que te identifica y te enfoca a recibir el máximo premio, el fruto que nació entre las tormentas.

¨En tu camino hacia el éxito habrá quien te critique, cuestione o se burle de ti, pero acaso esta persona ya lo intento. El mundo es de las personas entusiastas, que luchan a diario por diferenciarse, de los que no se atreven y que cuentan con una mente positiva, de un triunfador¨. Decídete es hoy el gran día, hoy comienza con fuerza, determinación, entusiasmo, para que cambies el mundo que te rodea, lo principal es que empiezas contigo, tú eres dueño de tus pensamientos cuentas con la capacidad de ser cada día mejor, da el gran ejemplo, que te atreviste a comenzar ante la incertidumbre, ante las tempestades, ante el dolor, ha desaparecido en ti el lugar de confort, estás dispuesto a luchar como un gran guerrero por conseguir tu gran sueño, tu decisión es un factor importante para comenzar, mentalízate día con día, observa tu objetivo y capitaliza lo que estás dispuesto hacer para que tu gran sueño se haga realidad.

"El deporte es la esencia del espíritu y la lucha constante, hacia la mentalidad del futuro", en tiempos de estrés, conflictos, falta de iniciativa, el deporte es una grandiosa herramienta de motivación, los neurotransmisores que liberas cuando realizas una actividad deportiva, te dan una mentalidad entusiasta ante los retos que se te presenten, el tomar la iniciativa ante los obstáculos requiere de mucho esfuerzo, el deporte te mantiene relajado y consiente de lo que debes aportar para que tus sueños se hagan realidad, cuando practicas un deporte con disciplina, enfoque, perseverancia, comienza a entrar a tu vida una mente saludable, con la premisa que todo lo que te propongas tendrá sus grados de dificultad, eres un gran guerrero dispuesto a entregar los esfuerzos que sean necesarios por conseguir que tu gran proyecto se haga realidad, tienes que pagar el precio de conseguir el sueño anhelado.

"Somos la única especie que piensa, si esta mentalidad es positiva, todo lo que nos propongamos lo vamos a lograr con esfuerzo y dedicación. Hay que realizar el máximo esfuerzo en el lugar que te pertenece el presente, porque en la mayoría de ocasiones el futuro es incierto", es difícil predecir el futuro, hoy, es el gran escenario que te pertenece, utiliza todas tus herramientas, toda tu experiencia, el gran desafío requerirá todo tu potencial, el pasado fue un gran tesoro toma lo mejor, lo que te sirva para la batalla presente, prepárate con valentía, tu camino hacia el éxito, tendrá obscuridad, tormentas, no tengas miedo continua tu camino con más fuerza, las lágrimas visitaran tu rostro, el dolor estará presente, pero cuando llegue el gran milagro, toque tu puerta, recíbelo con inmensidad, entusiasmo y amor, es el gran éxito que esperaste por siempre, disfruta su sabor, agradece con el corazón el fantástico momento.

¨Tenemos que atrevernos a llegar a donde muchos temen, a donde existen problemas, a donde sentimos que no podemos, ahí está el éxito¨, en nuestro gran camino existen dificultades, en ocasiones son tan potentes que impiden nuestro camino, incluso se nos dificulta levantarnos de las catástrofes, piensa por siempre porque estas en este maravilloso mundo, para ser el mejor, es difícil el concepto, pero cuando luchas con una fuerza descomunal, sin esperar un premio, te enfocas en el resultado del lapso de tiempo que te pertenece, en el gran presente, piensa por siempre, cada día es diferente, cada día requiere tu mayor esfuerzo, cuando el sudor corre por tu cuerpo, cuando el cansancio te hace desfallecer, es que hoy luchaste con fuerza y determinación, cuando tu esfuerzo es sincero, el gran universo escucha tu determinación, por querer cambiar de manera positiva en 360 grados, todo tu alrededor se ilumina con la gran fortaleza, de que estás dispuesto a entregarte al gran desafío con todo lo que cuentas, tu visión está enfocada en el gran instante, sabes que en cualquier momento inesperado comenzaras a observar los grandes resultados, que tu gran espiritualidad te ha otorgado.

¨Un libro sin subrayar lo importante para ti, es como si no lo hubieras leído¨, es importante que te documentes, que recibas toda la información que contribuya a tu crecimiento interior y exterior. En el mundo la información corre en segundos, el aprendizaje de ayer, el día de hoy puede haber cambiado, contamos con infinidad de información que las tecnologías nos proporcionan, de nosotros depende seleccionar la gran información que facilite nuestras vidas, que nos llene de conocimiento. Es importante tener hambre constante de aprendizaje, enriquecer el conocimiento, son grandes cimientos para la estructura de la vida, lee constantemente, analiza el mundo que te rodea, conoce a las mentes brillantes de todos los tiempos, tienes un variado menú de información, en donde únicamente tienes que seleccionar la que sea de tu agrado, la que sabes que complementara tus herramientas de desarrollo.

¨Lo que pienses que eres, es tu proyección de lo que eres, si piensas que eres fracasado, que estas derrotado, es verdad, si piensas todo lo contrario que eres positivo, exitoso, un gran triunfador, eso es lo que eres¨, tu gran mentalidad te trata como la trates, tus pensamientos sobre ti son los que proyectas en tu vida, si has tenido infinidad de problemas, tu sentido de existencia tiene muchos conflictos, comienza analizar casos, busca personas con más problemas que tú, observa como los enfrentan, analiza las historias de vida de las mentes brillantes de todos los tiempos, la mayoría tuvo infinidad de conflictos, peores que los tuyos, surgieron de la nada, surgieron de donde no existía salida, surgieron de donde muchos cayeron derrotados, busca historias de vida que te motiven a seguir adelante, recibe la información positiva que te enseñe como surgir de la nada, como levantarte ante las tormentas, ante las tempestades, enfócate en ser cada día mejor, eres única eres único en la vida no existe otra persona igual a ti, encontraras algunas características o rasgos semejantes, pero jamás otra persona igual a ti.

"Eres como una luciérnaga despides luz, no dejes que las malas influencias y las envidias apaguen ese brillo", quiérete, amate, apréciate, cuentas con una maquina magnifica, jamás comparable, es tu gran cuerpo que te pertenece, utiliza todos tus sentidos para apreciar lo que te rodea, se más espiritual, complementa tu gran vida siendo positivo, selecciona muy bien a las personas que te rodean, eres dueño de tu espacio, las amistades positivas contribuyen a tu desarrollo, evita a toda costa la amistades problemáticas, disfruta la vida al máximo, viviendo tus días con una gran felicidad, con un sincero amor, eres una luciérnaga fantástica, no permitas que te apaguen tu luz, que la positividad entre a tu vida, permanezca por siempre en tu corazón, los comentarios que sean como obstáculos, dales la espalda, evítalos al máximo, estas en este grandioso mundo para vivir de la mejor manera, aprecia los verdaderos sentimientos, enfócate en las emociones verdaderas, tu concepto de vida tiene que trascender y ser un digno ejemplo de la gran capacidad que tienes para vivir al máximo, tu vida es única, eres el gran actor que tiene que ser capaz de esforzarse en el gran escenario que nos pertenece el gran presente.

"El éxito está en tus manos, únicamente tienes que buscarlo; con lucha constante, perseverancia, dedicación, esfuerzo y valentía", tu gran objetivo debe estar plasmado en tu mente, ese sueño que te motiva a seguir ante las derrotas, tormentas, adversidades, decídete hoy a comenzar, lo que consigas por mínimo que sea celébralo, siente la gran satisfacción de la gratitud, que corra por tus venas. Eres una persona nueva, sabes que tus propósitos se pueden hacer realidad, pero cuando sientes todo lo contrario, que no hay salida, que estas destrozado, que tu cuerpo tiene una gran carga que no te permite continuar, que los obstáculos te han detenido, analiza las cosas al máximo, lo que buscas no será fácil conseguirlo, pero si llega el gran milagro lleno de luz, recíbelo con todas tus capacidades, lleva en tu mente grabado que los milagros existen, que en las tempestades puede surgir una luz inmensa, que cambie tus días tormentosos, decídete, es hoy el gran escenario que te pertenece.

"Al conocer las emociones que te producen dolor, te haces más fuerte", las emociones dolorosas afectan nuestras vidas, afectan nuestros logros, afectan nuestro gran camino, pero nadie en el mundo es inmune al dolor, todos en un tiempo determinado, nos enfrentaremos al gran reto de atacar las emociones que nos afectan, es complicado hablar de estas situaciones, pero es la vida real, en ocasiones el dolor nos puede hacer más fuertes o puede ser todo lo contrario impedir nuestro camino, existen infinidad de sufrimiento en nuestra vida que nos derrota, que en ocasiones hace que desaparezca el gran sentido de nuestras vidas, mentalízate, esas emociones en cualquier momento las vivirás o si las estás viviendo, no sientas temor la única arma sofisticada contra el sufrimiento es vivirlo al máximo, ser por siempre espiritual, llora, siente ese dolor que te consume, exprésalo no sientas temor, el tiempo será testigo del gran obstáculo que te impide ser feliz, el gran universo en cualquier momento te hará el gran milagro de sanar tus heridas o disminuirlas, eres una gran guerrera o gran guerrero, que surgirá con una fuerza descomunal de ese gran dolor, en ocasiones perderás infinidad de batallas, pero se consiente que no has perdido la guerra, si estas en este maravilloso mundo es por algo.

¨Cuando alguien te motiva, puedes realizar retos que jamás habías imaginado. El amor rompe todos los estereotipos¨, la motivación es muy importante en nuestras vidas, búscala constantemente, obtenla de personas, personajes, libros, ejemplos de historias de vida, de alguna persona que admires, de cualquier lugar positivo que se te presente, se inteligente al seleccionar la gran información, que te servirá como gran herramienta para surgir de lo imprevisto, la motivación es una gran esencia para cumplir nuestras metas con decisión, cuando existe a tu lado alguien o algo que te motiva es un gran tesoro que debes apreciar con todas tus fuerzas, ese gran tesoro es de los mejores combustibles del mundo, para enfrentar cualquier desafío que se te presente, la espiritualidad es una gran conexión con el universo, cuando la sinceridad invade tu corazón, tu mundo cambia desde el interior hasta el exterior, el amor verdadero complementa tu vida, si tienes esta gran emoción tan preciada, tu vida está completa y si no relájate disfruta al máximo lo que te rodea, en cualquier situación que utilices tus sentidos, la gran emoción aparecerá en donde menos te lo esperes, disfruta al máximo de las cosas que en ocasiones se llaman sencillas o sin valor, te pueden dar la gran sorpresa de que sean parte de tu vida y te lleven a una determinación positiva que te ayude a lograr tus metas.

¨El valor humano es un factor de desarrollo mundial¨, cuando valoras a las personas que te rodean, aceptas sus fortalezas y debilidades como todo gran ser humano, el valor humano es un gran factor de desarrollo para todas las organizaciones de éxito en el mundo, en donde los seres humanos se sienten felices, en donde realizan el trabajo del que están enamorados, en donde se aceptan los retos, en donde se dan soluciones, donde se innova, donde existe creatividad, ahí es donde aparece el mejor enfoque de desarrollo. Decídete a ser cada día mejor, a que en el lugar donde estés, el mayor esfuerzo es el que identificara tu gran perfil, el valor humano es un factor de desarrollo mundial, las personas comprometidas con proyectos para el desarrollo, mantienen una sinergia con las mentes brillantes, cada enfoque que se realiza, con sinceridad, con gran esfuerzo y perseverancia, es capaz de surgir desde las mismas cenizas, de donde nadie se imaginó, de donde infinidad de pensamientos dieron con la conclusión que solo un milagro podía dar la solución, colócate la camisa de tu organización, eres único en la vida y eres capaz de entregar la vida misma por trascender ante las tormentas, ante los grandes obstáculos, ante las grandes adversidades.

¨Todo trabajo tiene un significado, una forma de vivir¨, lo que te propongas lo conseguirás con trabajo duro, tu enfoque de perseverancia, dará los resultados esperados, ¨Pídele lo mejor a la vida, pero se consiente de lo que estás dispuesto a ofrecer para conseguir ese gran sueño anhelado, ese gran milagro divino que es la realización de tus metas, proyectos, de un gran modo de vivir¨, nuestras vidas son únicas, infinidad de vivencias no se volverán a repetir nunca, vive tus lapsos de tiempo al máximo, hoy es un gran día para utilizar todas tus habilidades, para disfrutar del gran orgullo de haber realizado tu labor al máximo esfuerzo, no tienes que darle cuantas a nadie de tus actos positivos, únicamente llévalos a cabo con una gran responsabilidad y decisión, sin esperar resultados, sin esperar premios, el gran universo detectara tus pensamientos, tu maravillosa mentalidad, cuando menos te lo imagines las grandes recompensas tocaran a tu puerta, con esa luz que iluminara incluso tu gran corazón.

Sigue los mejores ejemplos que te proporcione la vida, analiza las historias de vida ejemplares que llamen tu atención, rodéate de aprendizaje positivo, de los grandes conocimientos que complementen tu vida, lucha con una fuerza descomunal por ser cada día mejor, eres la actriz o el actor principal de tu vida, tienes el libre albedrío de unirte a la idea que te complazca, tienes el libre albedrío de tomar la decisión que sea efectiva para ti, que tu cuerpo este rodeado de luz, cambia los resultados si no son los esperados, ten el coraje de comenzar hoy, con la gran determinación de cambiar en 360 grados, tus grandes cambios los notaras en el corto, mediano o largo plazo, no busques lapso de tiempo, simplemente comienza, sueña, empieza a creer que existe una gran fuerza espiritual que ha movido a todas las mentes brillantes de nuestros tiempos, el pasado ha sido testigo de ese gran poder, decídete hoy a cambiar a ser una mejor persona para ti, para los seres que te rodean, para las sociedades, para tu cultura, para el mundo, hoy es el gran momento de demostrar porque estás en esta maravillosa tierra, acepta el reto que se te presente, por difícil que sea, tienes que encontrar las alternativas de solución, tus capacidades aumentaran, porque tu viste la valentía de aceptar el gran desafío que infinidad de personas no se atrevieron.

Vístete, utiliza esa gran armadura que tienes oxidada y guardada, para cuando te decidas a comenzar, tira los miedos a la basura, tira los pretextos, mejor vive al máximo la realidad, por dura que sea, todas las batallas que te atrevas a enfrentar aunque no seas triunfador, te dejaran un aprendizaje, por mínimo que sea te invitara al camino de la experiencia, tu trabajo es ir acumulando todo este aprendizaje, para que con el tiempo comiences a visitar los terrenos grandiosos de la sabiduría, cuando te atrevas tendrás infinidad de beneficios que estando cruzado de brazos, en tu zona de confort, no aparecerán por arte de magia, se consiente que todo lo que desees en esta vida puede ser tuyo, pero debes estar dispuesto a pagar el gran precio, renueva tus energías día con día siendo espiritual, existe una fuerza desconocida que escucha tu entrega, que lee tus pensamientos, llena tu mente de lo mejor, vive al máximo lo que el camino te otorga, no desesperes, relájate, practica un deporte, para que salgan tus frustraciones, tu mente debe conservarse limpia, debe estar lista para enfrentar el reto que se te presente, tus armas deben estar preparadas para lo que venga, nunca esperes el mejor escenario, espera con ansia lo impredecible, dispuesto a luchar y a soñar por conseguir el grandioso milagro de que llegue la luz a tu gran escenario, cuando sientas que no puedes mira tú objetivo, visualízate con fuerza y observa que valen la pena los sacrificios.

La fe un gran tesoro invaluable, se necesita en los tiempos de crisis o en los de trabajo arduo, para conseguir la meta anhelada, el mundo necesita un gran enfoque de fe hacia la superación. La creación de proyectos facilita un interior y exterior dinámico, la combinación de diferentes ideas hacia la solución de problemas, la intervención de diferentes actores de la sociedad, facilita una gran sinergia, en donde los resultados se pueden ver en lapsos cortos de tiempo, el deseo, la motivación hacia la creación y la innovación, es la premisa esencial para el desarrollo de prototipos, que beneficien a las sociedades en el mundo. Realizar constantemente convocatorias, para encontrar líderes comprometidos, entusiastas, perseverantes, mentes brillantes que estén dispuestas a desarrollarse en cualquier entorno, con las soluciones adecuadas para una contribución mundial.

Decisión de comenzar; llénate de valor, comienza, acepta el reto, enfócate en el gran desafío que te espera, hoy será un día diferente, porque has decidido a cambiar en 360 grados tu perfil interior, comienza con el gran anhelo de entregar toda tu energía, tu entusiasmo, tu coraje, en el gran objetivo que deseas con gran ansia, sueña no tiene ningún costo, es gratis visualizar tu objetivo, lo que si te va costar, será una gran inversión, llegar al éxito, analiza por siempre si lo que deseas no te cuesta, jamás lo apreciarías, cuando deposites todos tus esfuerzos, que al termino de tu día sientas desfallecer, ya estás listo para la siguiente etapa, el universo será gran observador de tu entrega total, de tus deseos de cambio, de tus deseos de superación. Si el sufrimiento te invade, no encuentras salida, deseas darte por vencido, analiza a que has venido a este grandioso mundo, estas aquí por ser cada día mejor, acepta el reto, cuando consigas el logro tan preciado lo disfrutaras con fuerza, pero estarás con la condición de esperar el siguiente desafío.

Conoce tu cuerpo, disfruta tus sentidos que son de tu propiedad, la gran manifestación espiritual invade tu mente, el mundo es complejo. Despierta eres un ser único y especial, enfréntate a tus debilidades, desarrolla cada día tus fortalezas, son tus herramientas que te identifican con tu entorno, estas vivo, siente el aire que acaricia tu cuerpo, busca ese olor agradable que impacta tus sentidos, observa lo que deseas, disfruta lo que deseas, la trascendencia de tu espíritu te pertenece, estas en este maravilloso mundo, con el simple hecho de ser feliz, claro mentalízate que abra sufrimientos, no todo en la vida es dulzura, pero esas tormentas tú no las creas, se manifiestan en instantes impredecibles, que en ocasiones te impiden continuar, escucha los sonidos que te agraden, para cuando se presenten los obstáculos, tus herramientas estén disponibles, para buscar la luz, la sensibilidad te hace receptivo a cualquier sentimiento, el valor que le des, será una parte de la arquitectura de tu vida.

Eres un ser creativo demuéstralo, en el mundo existen infinidad de tipos de inteligencia, eres inteligente, busca donde eres un buen guerrero o donde desearías serlo, tienes una gran capacidad de decisión, tienes el gran privilegio de escoger lo que desees, incluso el desafío que quieres enfrentar, es tu gran responsabilidad, enfócate en tus deseos, en donde estás dispuesto a entregar la vida misma, se receptivo a lo que te rodea, cuando menos lo esperes notaras el exterior grandioso que te pertenece. Une las piezas de tu creación, ve formando sin desesperación tus grandes bases, tu estructura, sueña con el gran momento de observación, hacia tu gran construcción, esa obra de arte que identifica todo tu logro, todo lo que fuiste capaz de ofrecer por conseguir tu fantástica meta, comienza hoy con una fuerza descomunal, que tú mismo te asombres, cuando detectes esa gran energía que facilita tu camino, dirígete con un paso lento, pero firme hacia tu proyecto de vida.

¨Despierta, hoy es el gran día para comenzar, en el maravilloso presente¨, constantemente en nuestro trayecto de realización, se nos presentan barreras, obstáculos, que en ocasiones nos impiden continuar, nos llenan de un gran temor, que constantemente manifestamos al intentar cambiar nuestra mentalidad, hacia pensamientos positivos, incluso en ocasiones detienen nuestro camino con tal fuerza, que no encontramos salida, sabemos de antemano que en infinidad de ocasiones solo un milagro puede salvarnos. Es muy importante ser espiritual, en lo que creas debes sensibilizarte y realizar una conexión de manera sincera en donde tus sentimientos sean una gran luz en unión con el universo. Si has pasado por infinidad de tormentas o actualmente estás viviendo problemas en donde las soluciones no llegan, tu sigue luchando con más fuerza, todo ese dolor transpórtalo con coraje a tu energía, con un gran coraje de querer cambiar positivamente, lucha con fuerza, tienes el derecho a la felicidad.

El sufrimiento en infinidad de ocasiones nos derrota hace que nuestros caminos sean complicados, es un gran peso que está en nuestro cuerpo, nos impide caminar con fuerza y decisión, todo el mundo en esta vida está expuesto al sufrimiento en mayor o menor grado, pero se manifiesta o se presentara en algún cuadrante de nuestras vidas.

El análisis, el valor, la gran experiencia que te da la vida en el día a día, examinar historias de vida comparadas con lo que estás viviendo, es un gran enfoque para desarrollar fortalezas en las tormentas, nadie es inmune al dolor, pero eres dueño de tus sentimientos, de tus actos, tienes el libre albedrío de dar solución a los problemas, cuando no encuentras salida, levántate del suelo, comienza de nuevo, camina, si no lo puedes hacer gatea, recuerda el aprendizaje que obtuviste cuando eras pequeño, todos esos grandes golpes que te hicieron madurar, ese gran aprendizaje que obtuviste de todas esas caídas, no desesperes lo importante es estar centrado en las manifestaciones de tus sentimientos, cuando expresas lo que sientes por muy duro que seas, a través del tiempo llega el gran milagro donde esas emociones que te afectaban día con día van disminuyendo, no en su totalidad, pero son grandes manifestaciones, que te ayudan a continuar luchando, comienzas a sentir como la energía recorre tu cuerpo, dándote las grandes herramientas necesarias para enfrentarte a lo que se presente.

Comienza de nuevo, es duro cuando sientes que casi llegas a la cima y de repente tienes que comenzar de nuevo, es muy duro y frustrante, pero en ocasiones sucede en nuestras vidas, pero debemos a preciar cuando obtenemos el gran logro de la meta realizada, llega un momento de calma, nuestro corazón manifiesta una energía poderosa, que nos mantiene activos y dispuestos a enfrentar el próximo reto, pero que en esta vida es fácil, todo lo que nos proponemos tiene sus grados de dificultad, cuando luchas día con día y mantienes tu mentalidad positiva, estas cerca de tu meta, tu enfoque debe manifestar una aceptación a los retos, porque solo con ellos conseguirás una vida activa en donde el sentido hacia lo que se te presenta lo manifiestes en el disfrute del lapso de tiempo que te pertenece en el gran presente.

Sueña con tu objetivo, los grandes personajes mundiales de nuestra historia comenzaron su proyecto de vida con una imagen, una gran visualización que se convirtió en un sueño, con trabajo duro, enfoque, perseverancia, determinación, sufrimiento, se convirtió en el gran sueño hecho realidad, que contribuyo al desarrollo mundial, la innovación, la creatividad, las grandes ideas, comienzas con un sueño, con el tiempo se vuelve un milagro hecho realidad. Que estás dispuesto a ofrecer por tu gran sueño, infinidad de personajes de la historia han ofrecido por su gran logro, incluso sus vidas, claro es un concepto de carácter individual, no es necesario dar tu vida, porque no disfrutarías de tu gran éxito, lo que si debes desarrollar, son tus habilidades al máximo y enfocarte en tu objetivo, cuando sientas desfallecer por el gran esfuerzo, es que estas cerca tu realización.

Existen infinidad de ocasiones en nuestras vidas, que estamos a punto de darnos por vencidos, inconscientemente decidimos continuar y cuál es la gran sorpresa que conseguimos nuestra grandiosa meta, llega nuestro análisis profundo en donde nos preguntamos ¿Ya estaba yo por darme por vencido? ¿Si me hubiera dado por vencido no lo hubiera logrado?, son grandes momentos en donde observamos la gran magia de continuar luchando por siempre. Los grandes milagros que se nos presentan en la vida, muchas veces no los percibimos hasta que ocurren. Cuando no encontramos salida, cuando sentimos que ya hicimos todo lo que era necesario para lograr nuestra meta y los resultados no se presentan, en esa gran obscuridad aparece una brillosa luz, que es el maravilloso milagro. Los milagros existen, pero para que se den, debes analizar que estás dispuesto a ofrecer, pide lo mejor a la vida, pero con el balance de lo que darás de tu parte, se positivo, pero cada día obsérvalo diferente, el gran esfuerzo que realizaste en el ayer a quedado en el pasado, estas en el magnífico presente, eres un gran guerrero, con la mentalidad y la fortaleza de enfrentar una nueva batalla.

Eres un gran actor, que está en un gran escenario que es tu vida misma, el libreto tú lo manejas, tienes el libre albedrío de hacer lo que te plazca, hazlo con una gran responsabilidad, deja tu huella en este mundo que el gran universo te reconozca, porque siempre luchaste, lloraste, sufriste, perseveraste, volviste a luchar con una fuerza que nunca supiste de donde salió, tu mente fue una gran herramienta para ser lo imposible, posible. Eres único en el mundo, el mundo algún día sabrá de ti, porque eres un individuo que decidió cambiar de su vida 360 grados de forma positiva para trascender por siempre.

Decídete a cambiar el mundo, comenzando con lo que te pertenece contigo mismo, cuentas con infinidad de herramientas tecnológicas que te conectan con el mundo globalizado, si utilizas con inteligencia todas las herramientas que te pertenecen, conseguirás tus objetivos de manera causal, la causa y efecto que se manifieste en tu extraordinaria vida, será una prioridad para tu desarrollo, ten por siempre hambre de conocimiento, siempre enfócate en el aprendizaje, voltea a tu alrededor, obtén la magnífica experiencia que a través del tiempo se convertirá en sabiduría, utiliza todos tus sentidos, ama con fuerza, enamórate de tus proyectos de tu vida misma, se consiente de que por algo estas en este maravilloso mundo.

Tu valentía manifiéstala en tus creaciones, en tus decisiones, la adversidad será un complemento para a preciar por siempre lo que tienes o lo que has obtenido, se siempre agradecido por lo mínimo que recibas, la abundancia llegara a tu vida de manera natural, si comienzas apreciar al máximo las maravillosas cosas que te rodean tu vida fabulosa te sorprenderá, es la única vida que tienes, no existe otra, vívela al máximo, con una gran responsabilidad enfocada en la creatividad e innovación, da sin esperar recibir nada a cambio, hazlo con mucho amor, cuando menos lo esperes la gran recompensa tocara la puerta de tu corazón.

Existe una gran convocatoria a nivel mundial, en donde se buscan líderes dispuestos a enfrentar cualquier reto que se les presente, estos grandiosos líderes deben pensar en la humanidad, la gran sinergia que une a las mentes brillantes, es una gran luz que se comunica con el universo, los pensamientos positivos, son eslabones que forman organizaciones, comunidades, países con una gran fortaleza que ejemplifican, el entorno con una fabulosa doctrina de cómo se deben hacer las cosas, para que trasciendan por siempre a las futuras generaciones.

Únete al equipo de los triunfadores, cambia tu pensamiento, muestra tus fortalezas, atrévete a enfrentar los desafíos que se presenten, piensa como los grandes líderes de todos los tiempos, que el sufrimiento, las tormentas y tempestades los hicieron más fuertes, cada paso, formo un gran significado a sus vidas, la entrega total en cada instante, fue la identificación única con el universo, tu poder de desenvolvimiento debe mantenerse ante los peores obstáculos que se presenten, tu iniciativa debe estar enfocada en trascender por siempre.

¨Para llegar al éxito, tienes que pasar por caminos impredecibles, encontraras obscuridad, tormentas, barreras, que impedirán tu camino, de ti depende si aceptas el gran desafío¨, es importante analizar nuestros caminos en la vida, cuando obtenemos las cosas de manera fácil, no sentimos algún sentimiento por haberlas conseguido, en cambio cuando batallamos, luchamos constantemente, por conseguir nuestro objetivo, queda grabado en nuestras mentes, todas las tempestades que pasamos, queda en nuestro subconsciente el esfuerzo realizado, es algo que jamás olvidaremos, tenemos tanto aprecio por la meta conseguida, porque casi dimos la vida por disfrutar el placer de tener lo más preciado qué nos llevó a la realización, valora lo que tienes con una fuerza especial, para que siempre se encuentre la abundancia en tu camino, el éxito no es fácil de conseguir, por tal motivo, cuando toca nuestra puerta, todas esas emociones manifestadas, aparecen toda la vida, aprecia lo que tienes con fuerza y determinación.

¨Las soluciones no es fácil conseguirlas, pero cuando se unen varias mentes brillantes, con el mismo objetivo, se puede hacer realidad un sueño¨, para que se haga realidad un sueño, se necesita mucho trabajo, perseverancia, entrega total, amor a lo que haces, dar mucho más, esforzarte al máximo día con día, por conseguir tus objetivos, es una gran estructura, cuando te unes a un grupo de mentes positivas y brillantes, pueden crear grandes soluciones, ante cualquier proyecto, la gran sinergia, juega un papel fundamental, en donde lo imposible se puede hacer posible, cada iniciativa que muestra, un gran esfuerzo, trabajo, dedicación, lleva consigo grandes resultados, que se apreciaran por siempre, porque en la obscuridad, donde nadie encontraba una alternativa, apareció por arte de magia, el gran milagro de hacer un sueño realidad.

¨Ser un guerrero, es fácil decirlo, pero colocarte la armadura, salir a explorar el mundo, con la gran determinación, de buscar y aprovechar las oportunidades que se presenten, son los inicios de una gran batalla¨, la decisión que hayas tomado, es de tu propiedad, tienes el libre albedrío de escoger, lo que sea de tu agrado, existe un gran menú mundial de alternativas, en donde puedes elegir, el camino que quieres, existen los caminos fáciles que cualquiera puede transitar o existen los complicados, únicos e incomparables, que solo pueden estar las actitudes guerreras, en donde te exigirán lo mejor de ti, tu máximo esfuerzo, incluso más, por simplemente conseguir una diferencia anhelada, si quieres ser un gran guerrero, lucha con todas tus fuerzas, demuestra porque estas en este maravilloso mundo, para ser el mejor, estás dispuesto a dejar tus huellas plasmadas en tu camino, con entrega decisión y una gran creatividad.

¨Todos en el mundo, contamos con un gran potencial, simplemente tienes que realizar la gran tarea, de encontrar ese gran tesoro anhelado¨, no es fácil, pero que camino maravilloso es fácil, si pides lo mejor, debes estar dispuesto a ofrecer mucho más de lo mejor, aumenta tus capacidades, toma la iniciativa de realizar lo que te propongas de la mejor calidad, para que no tengas que volver hacerlo, un tesoro es difícil de encontrar, si fuera fácil, cualquiera seria rico en el mundo, tus iniciativas tienen que ser enriquecedoras, para que encuentras todas las herramientas, ocultas en tu gran potencial, cuando descubres esas fortalezas ocultas, quedas asombrado, porque nunca imaginaste que fueran de tu pertenencia, explora, en cualquier momento puedes encontrar la gran sorpresa, de que has encontrado un mundo, fantástico, diferente al que estabas acostumbrado, aprovecha los grandes regalos que te proporciona la maravillosa vida.

¨Lucha constantemente, nunca te des por vencido, cada paso que des firme, con energía, determinación, en cualquier momento puede tocar a tu puerta, un gran milagro¨, la vida te exige que si deseas cumplir tus sueños, debes estar dispuesto a trabajar al máximo, con disciplina, espiritualidad y amor, en ocasiones cuando no encuentras salida, aparece de la nada una gran respuesta que ilumina tu mente, tu corazón, la mayoría de personas en el mundo, han presenciado o les han comentado sobre un milagro, los milagros existen, pero exigen lo mejor de ti, ofrece más de lo necesario, por cambiar tu vida, por el gran camino de la luz constante, de la realización, de la alegría, de la gran felicidad, tú tienes la gran decisión, atrévete a buscar nuevos resultados, que le den un sentido a tu vida, que le den la gran iniciativa, que te identifique por siempre, que tienes la valentía de enfrentar cualquier reto que se te presente.

¨Ser espiritual, es un gran logro, para enfrentar cualquier desafío que se presente, es también una base de soporte para la gran construcción, que piensas crear¨, en lo que creas es importante que manifiestes tus emociones, tus sentimientos verdaderos, existe algo maravilloso que nos rodea, que ha creado las cosas magnificas que se encuentran a nuestro alrededor, en tiempos de catástrofes, crisis extremas, el poder espiritual, es una luz de aliento que penetra nuestra mente, nuestra alma y nuestro gran corazón, cuando eres espiritual, sabes que los milagros existen, cuando no observas algún remedio, solución a tus problemas, el ser espiritual te conecta con el fantástico universo, llevándote en el camino de la gran realización.

¨La retroalimentación, es importante para el desarrollo de cualquier proyecto, para la gran realización de tu vida misma, toma lo que llegue a tu vida con gran agradecimiento¨, modificar constantemente tu vida, con intereses positivos, es importante, cada sistema necesita mejorar día con día, de ti depende lo que tomas, cada experiencia nueva te complementa, te dirige con el tiempo a la gran sabiduría, cualquier proyecto, en donde infinidad de personas participan, crea una sinergia que se ve manifestada, en el logro de objetivos, cuando te vuelves un gran explorador, estas atento a lo que ocurre a tu alrededor, estas alerta a los pequeños y grandes sucesos que te invaden, estar despiertos ante el conocimiento, es una gran alternativa que enfoca hacia el desarrollo constante, cada paso firme que presentes, se observara reflejado, en el camino hacia tus objetivos y metas.

¨Una idea puede llevarte hacia un gran camino, un conjunto de ideas te puede llevar a construir tu vida y de las personas involucradas¨, estar receptivo a lo que ocurre a tu alrededor, te muestra un camino diferente al que estás acostumbrado, una gran idea, puede llevarte al camino de la construcción, atrévete a soñar, a buscar las alternativas, que te faciliten las herramientas necesarias, atrévete a experimentar, no tengas miedo a cometer algún error, infinidad de realizaciones en el mundo, han comenzado con una idea, en donde el ensayo y error, fueron parte de ellas, decídete hoy es el momento de comenzar, si tienes una idea, comienza a trabajar, realiza las practicas que sean necesarias, para conocer la efectividad, complementa, organiza, atrévete a comenzar con decisión, fuerza, hambre de grandes conocimiento, no sabes a lo mejor cuentas con una de las mejores ideas del mundo.

¨Has lo que te gusta, trabaja en lo que te agrada, has con fuerza, perseverancia, con gran amor, lo que complementa a tu vida¨, dedícate al trabajo del que estás enamorado, siente que podrías realizarlo sin recibir un incentivo, claro siempre recibirás algo económico, porque todos tenemos este tipo de necesidades, pero cuando te mentalizas de esta forma, tienes la capacidad, de realizar lo que te propones con disfrute, entusiasmo, amor, hacer lo que te gusta debe ser un gran objetivo en tu vida, porque solamente se vive una vez, debes realizarlo al máximo, como si fuera el último día de tu existencia, cuando disfrutas lo que haces la vida es placentera, la vida es única, especial, toca a tu puerta el gran milagro que ilumina tu alma y tu corazón, la fantástica felicidad.

¨Toma las opciones positivas que te da la vida, puede ser que solamente se aparezcan una vez en tu camino¨, cuando estas atento a lo que ocurre a tu alrededor, tienes una percepción fabulosa que te enfoca en tus metas, en ocasiones hay grandes regalos que aparecen en nuestra vida, de nosotros depende el agradecimiento, la apreciación de cada detalle, para recibir las grandes opciones que nos dan la oportunidad, de conocer un panorama diferente, enriquecerse de nuevas experiencias, crear nuevas herramientas, que nos permitan desarrollar, nuevas estrategias, que complementen nuestro camino, hacia la realización.

¨Es importante que valores el pasado de forma inteligente, tomando las grandes experiencias, porque el futuro no te pertenece, eres dueño del magnífico presente, hoy es el gran día para comenzar¨, no puedes vivir en el pasado y estar constantemente soñando con el futuro, el lugar real, en donde debes utilizar todas tus fortalezas, todo lo que tengas, es en el fantástico presente, es el único lugar que te pertenece, cada paso que des, hazlo con firmeza, con la gran determinación, de estar dispuesto a luchar por conseguir tus objetivos, hoy es el día más importante de tu vida, aprovecha el escenario que te pertenece, para sacar tu máximo potencial, ten en cuenta que cada día es diferente, las grandes experiencias que obtuviste en el pasado, las debes utilizar en el presente, complementándolas como grandes herramientas, que te faciliten el entendimiento de los desafíos que te rodean, hoy es el día más importante de tu vida, lo que realices debes hacerlo con perseverancia, amor, espiritualidad, utilizando el máximo esfuerzo, por observar tus anhelos hechos realidad.

¨Existe una convocatoria mundial, en donde se solicitan líderes, dispuestos a entregar la vida misma, por sus ideales, por su poder trasformador¨, cada proyecto, cada iniciativa, requiere liderazgo, disciplina, un gran compromiso, todo enfocado hacia la construcción, tener unos fuertes cimientos estructurales, que soporten cualquier creación, es un gran inicio, hacia la transformación de proyectos, ideas, en donde el líder crea una unión de mentes brillantes, con el objetivo de enfrentar las tempestades, barreras, obstáculos que se presenten, para habitar el camino más complicado, el gran camino que exige el máximo esfuerzo, el gran camino de los triunfadores.

¨Abre tu mente al conocimiento, obtén nuevas experiencias, enriquécete de las alternativas que transforman, lo único que puede evitar tu crecimiento y desarrollo, es la muerte¨, cuentas con un fabuloso menú de alternativas, pero también existirán grandes barreras que eviten tu camino, de ti depende utilizar las herramientas necesarias, para salir en búsqueda del éxito, cada camino que transitas está lleno de cosa nuevas, de grandes experiencias únicas, existirán infinidad de obstáculos, pasaras sufrimientos, tempestades espectaculares, pero tú mentalidad positiva te dará la gran valentía de continuar hacia delante, sabes que lo único que te puede detener en esta maravillosa vida, es fallecer y no tienes miedo porque sabes que todas las personas en el mundo, están expuestas a esa triste realidad, el único remedio que tienes, es vivir cada lapso de tiempo que te pertenece al máximo, con el gran sueño, meta y objetivo de ser feliz.

Misión, eliminar la pobreza mundial, es uno de tantos proyectos creados en el mundo, por encontrar una razón existencial, por beneficiar a infinidad de personas, por observar un tesoro invaluable que es una sonrisa sincera, cuando se crean proyectos que salen del corazón, son iniciativas sinceras, que mueven mentes, almas, el amor está presente con una gran sensación indescriptible, existe una gran luz, que elimina cualquier obscuridad, se pierde la noción del tiempo, el cansancio desaparece, se encuentran infinidad de estrategias, en donde el crecimiento personal, la sinergia de varias mentes, se une para hacer un solo proyecto, beneficiar al mundo, pasar a la historia como un gran proyecto, que tiene una conexión espiritual con el universo, es una construcción que nadie puede detener, porque se formó con sentimientos verdaderos, con gran trabajo, entusiasmo, perseverancia, valentía, un grandioso y hermoso amor.

Atrévete a soñar, todas las grandes innovaciones en el mundo, han comenzado con un sueño, no tengas límites, has de tu propiedad, ese sueño magnífico que sale de lo más profundo de tu corazón, expresa tus emociones al máximo, disfruta los grandes momentos maravillosos que se presenten a tu vida, se por siempre agradecido, por lo mínimo que recibas, tómalo como si fuera un gran premio, fluye a través de la corriente de tu vida, existirán obstáculos, barreras impresionantes, que impidan tu camino, busca estrategias, alternativas, no te detengas, vienes a este maravilloso mundo a entregar lo mejor de ti, tu vida es el gran escenario que te pertenece, pídele lo mejor a la vida, pero atrévete a ofrecerle más de lo mejor, que en ocasiones sientas desfallecer, por los grandes esfuerzos que realices, siente un orgullo, será una luz ejemplar que te ilumine por siempre y que te sobre para iluminar a las futuras generaciones, con tu gran huella de creatividad, innovación y algo que es la base de tu vida el fantástico amor.

www.ingramcontent.com/pod-product-compliance
Lightning Source LLC
Chambersburg PA
CBHW031051250726
48655CB00004B/1389